사회복지법제론

사회복지 법제론

SOCIAL WELFARE AND LAW

김윤재 · 최 선 · 임정숙 · 전유림 공저

동문사

머리말

「돌과 여자」라는 톨스토이의 작품이 있다. 지혜로운 노인에게 두 여자가 찾아와서 삶에 관한 가르침을 받는 이야기이다. 한 여인은 젊었을 때 이미 재혼한 경험이 있고 그러한 이성관계로 인하여 큰 죄를 지었다고 생각하면서 일생동안 무거운 마음으로 회개하면서 살아가는 여인이다. 또 한 여인은 도덕적으로 깨끗하게 살았다고 자부하는 여인이다.

지혜로운 노인은 첫 번째 여인에게 큰 돌 하나를 주워 오라고 하고, 두 번째 여인에게는 작은 돌을 많이 주워 오라고 했다. 두 여인은 돌을 가져왔다. 노인은 그것을 제자리에 가져다 놓으라고 말한다. 첫 번째 여인은 제자리에 갖다 놓았지만 두 번째 여인은 제자리에 갖다 놓을 수가 없었다.

법치국가에서 법대로 하면 된다는 말을 많이 하게 된다. 그러나 그 법도 사람을 살리는 것이 우선되어야 한다.

사회복지법제 과목은 사회복지법에 대한 접근으로 사회복지학과 법학적 지식을 요구한다. 즉, 사회복지학을 토대로 하고 법학적 개념 도구를 응용하여 사회복지에 대한 법적 이해를 도모하는 것이 필요하다.

부족하지만 강단에서 학생들에게 가르쳤던 사회복지법제를 정리하여 한 권의 책으로 세상에 선보이게 되었다. 훌륭하신 분들의 좋은 책을 참고로 나름대로 가르쳤지만, 남의 것으로는 미흡한 것 같아 부족하지만 현장경험을 토대로 세상에 선을 보이게 되었다.

지금까지의 서적은 법제의 이론에 중점을 두고 전개한 내용들이 지배적인 것 같아서 나름대로 경험을 토대로 한국이라는 사회맥락 속에서 정부입장의 공공복지는 물론 민간부문의 사회복지기관이나 시설들이 어떻게 운영·관리됨으로써 클라이언트의 생존권이 보장되며 행복권이 추구될 수 있을지에 최상의 가치와 목적을 두고 그것을 토대로 이 책을 태동시키는 데 의미를 두었다.

끝으로 수고해 주신 모든 연구자분들께 감사드리며 출판을 허락해 주신 도서출판 동문사에 감사드리는 바이다.

2019년 8월

저자 일동

차 례

▮ 머리말 / 5

Chapter 01 법과 사회복지

1. 법의 기초이론 13
2. 법의 형식 25
3. 법의 분류 29

Chapter 02 사회복지법의 정의

1. 헌법상의 정의 35
2. 사회복지의 정의 36
3. 사회복지의 연대적 발달 38
4. 사회복지사업법의 정의 40
5. 사회복지법과 사회보장법 42

Chapter 03 사회복지법과 생존권

1. 생존권의 의의 59
2. 생존권 이념의 관계 62
3. 생존권의 법적 규정 71
4. 생존권 이념의 실천적 원리 75

Chapter 04 사회복지법의 전개

1. 영국의 사회복지 81
2. 독일의 사회복지 99
3. 미국의 사회복지 103

Chapter 05 사회복지법의 법적 지위와 구성체계

1. 사회복지법의 법적 지위 109
2. 사회복지법의 구성체계 114

Chapter 06 사회복지급여 수급권

1. 인권과 기본권 129
2. 권리의 개념 132
3. 사회복지수급권의 권리성 134
4. 사회복지급여 수급권의 성격 138
5. 급여수급권의 규범적 구조 141
6. 사회복지급여 수급권의 보호와 제한 145

Chapter 07 한국 사회복지법의 역사

1. 사회복지 역사연구의 의의와 방법 153
2. 근대 이전의 사회복지 155
3. 일제강점기 및 미군정시기의 사회복지 161
4. 정부수립 이후의 사회복지 163
5. 우리나라 사회보장제도의 현황 169

Chapter 08 사회보장기본법

1. 법의 의의 175
2. 입법배경 175
3. 법의 주요 내용 176
4. 문제점 및 개정방향 192

Chapter 09 사회보험법

1. 사회보험법 개념과 원리 197
2. 국민연금법 199
3. 국민건강보험법 202
4. 산업재해보상보험법 208
5. 고용보험법 211

Chapter 10 공공부조법

1. 공공부조법의 이해 219
2. 국민기초생활보장법 226
3. 국민기초생활보장법의 급여 230
4. 의료급여법 235
5. 긴급복지지원법 236

Chapter 11 사회복지서비스법 I

1. 사회복지서비스법 245
2. 아동복지법 255
3. 저출산 · 고령사회기본법 268

Chapter 12 사회복지서비스법 II

1. 노인복지법 275
2. 장애인복지법 287
3. 장애인차별금지 및 권리구제 등에 관한 법률 302

Chapter 13 노인장기요양보험제도

1. 노인장기요양보험법 309
2. 장기요양서비스 이용 지원 320
3. 노인장기요양 등급외자 지원사업 322
4. 선진국의 장기요양보험제도 323

▌참고문헌 / 326

Chapter 01

법과 사회복지

1 법의 기초이론

(1) 법의 정의

한 나라의 법제는 국가경영의 기본 틀이며 추구하는 이념과 사회상을 반영하는 것으로, 사회에는 질서와 지켜야 할 원칙들이 필요에 의해 제정된다. 따라서 국가는 경영을 위한 제도와 정책을 법을 통해 체계화시키고, 이렇게 체계화된 법을 집행함으로써 통치한다.

오늘날 법제는 최상위 법인 「헌법」을 정점으로 체계적으로 규정되어 있으며, 국민의 권리, 의무 등이 「헌법」의 내용으로 제시되어 있다.

일반적으로 법은 법률(法律), 법전(法典), 법규(法規), 법령(法令)의 유사용어로 다양하게 표현된다(최종고, 1991). 법률은 실질적 의미에서는 '법'과 동일한 뜻으로 사용하지만, 형식적인 의미에서는 국회의 의결을 거쳐 대통령이 서명 · 공포한 법을 말한다. '법'은 보다 추상적이고 포괄적이지만, '법률'은 현실세계에서 사회통제의 기능을 갖춘 것이다. 법전은 헌법, 법률, 규칙과 같은 실정법을 체계적으로 편별한 조직적 성문 법규집을 가리킨다. 예를 들면, 육법전서, 상법전, 형법전 등이 해당된다. 법규는 넓게는 법규범 일반의 준말이고, 좁게는 성문의 법령을 말한다. 법령은 법률과 명령을 함께 부르는 말인데, 넓은 의미로는 법률이나 법 전체를 가리킬 때도 있다. 법전을 법령집이라고 부르기도 한다.

법이란 일반적으로 인간의 사회적인 공동생활에 있어서 행동과 행위의 준칙으로 국가에 의해 강제되는 사회적 규범이라 할 수 있다. 사회적 규범과 관련하여 법을 정의하면 다음과 같다(김훈, 2004).

첫째, 법은 근대화 과정에서 나타났다. 법치국가의 개념에서 알 수 있는 바와 같이 근대국가에서부터 법에 의한 통치가 시작되었다. 근대국가에서 법은 국가차원의 사회통제로서 한 국가와 그 시민의 일상적인 생활이었다(Black, Yale Law Journal, 1972). 그러므로 법은 사회통제의 한 형태로서 통치권, 시민권의 제한 및 법적 절차를 나타낸다.

둘째, 법은 사회통제 방식을 갖는다. 법은 한 당사자에 의해서는 '권리'로서 간주되고 다른 당사자에 의해서는 의무로서 인정되는 양 당사자 간의 책무들의 총체이다. 이 권리와 의무는 사회구조에 내재하는 '상호성'과 '공공성'이라는 특수한 기제(힘)에 의해서 실현된다(Malinowski, 1961 재인용). 이것은 법이 사회에서 작용하는 데에 필요한 기본요소이다.

셋째, 법은 권위가 부여된 물리적 힘을 지니고 있다. 물리적 힘이 없는 법은 존재하지 않는다(Hoebel, 1954 재인용). 사회적 규범은 그것의 위반이 있을 때, 위협으로든 사실로든 그 위반이 사회적으로 인정된 권한을 가진 개인(또는 집단)의 물리적 힘에 의해서 규칙적(규율적)으로 해결되는 것이 법인 것이다. 결과적으로 법은 사람들에게 그렇게 요구하지 않으면 선택하지 않을 행동을 선택하도록 요구하고 있음을 알 수 있다.

넷째, 법은 행위에 대응하는 강제가 수반된다. 질서는 법에 의해서 유지된다. 질서에 대한 순응 또는 위반에 대해 응보목적의 심리적 또는 물리적 강제가 준비되어 있고, 이 강제가 실행될 것이라는 가능성이 주어짐으로써 법이 보장된다. 한편 법에의 순응을 달성하기 위해서 국치주의나 경제적 보상이 이용된다(Weber, 1954).

다섯째, 법은 정의이다. 법의 핵심에는 정의가 있다(Selznik, 1961). 법을 단지 '국가 차원의 사회적 통제'로만 정의한다면, 정부의 적법성 여부를 구별해 낼 수 없다. 법적 정당성의 핵심은 힘과 통제력의 실시에 있는 것이 아니라, 힘을 사용하는 사람들의 정의로움에 근거한 예상 가능한 억제력에 있다. 그러므로 법은 정의를 생산하는 조직된 통로이다.

여섯째, 법은 다시 제도화된 관습이다. 법은 법률문제를 다루도록 계획되고 제도화된 사회기관에 의해서 재창조된 관습이다(Bohannan, 1967). 관습은 집단 내의 서로 관련 없는 규범들이 제도화될 때 발전된다. 관습이 그러한 제도들을 뒷받침하는 것에 점점 무력해짐으로써 이를 극복하기 위한 필요성에서 법이 나중에 발달한 것이다. 그러므로 법은 관습규범을 재제도화시킨 것이다.

법이 대상으로 하고 있는 것은 사람의 행위로 인간이 자기의 의사결정대로 행하는 신체의 외부적 동정을 말하며 수면 중의 행위나 의사결정이 있더라도 외부로 표현되는 동작이 없으면 법의 대상이 되지 않는다. 그러므로 결국 법이란 인간의 사회공동생활에 있어서 해야 할 것과 하지 말아야 할 것을 정해 놓은 행위의 준칙인 것이다.

법은 국가의 사회질서를 유지하기 위하여 그 구성원들이 지켜야 할 도덕, 관습, 종교, 규범 등과 같은 사회규범의 일종이며, 다른 사회규범과는 달리 그 실효성을 확보하기 위하여 국가권력의 도움을 받거나 강제성을 띠고 있는 규범이라고 할 수 있다.

그 외에 국가의 기능이 확대되는 추세와 발맞추어 경제개발과 사회복지 발전 등 중요 정책까지도 반영하여 제시되기도 한다. 그러므로 사람이 지켜야 할 규범, 법칙 등과 같이 사회가 존속하는 이상 반드시 사회적 규범인 법, 종교, 도덕, 관습 등이 필요하다. 또한 강제규범으로 물리적 강제력에 의해 유지, 지배기구에 의해 정립, 직접 강행되는 규범이 있다.

법의 구조

① 행위규범 : 작위, 부작위와 같은 행위규범
② 강제규범 : 재판을 통하여 강제력이 확정되고 집행되는 규범
③ 조직규범 : 법의 정립(입법), 적용(사법), 집행(행정) 등 조직의 근거가 되는 규범
④ 사회규범 : 사회질서 유지를 위한 법

(2) 법의 필요성

그리스 철학자 아리스토텔레스(Aristoteles, B.C. 384 ~ 322)는 '인간은 사회적 동물'이라고 말한 바와 같이 모든 사람은 태어나면서부터 사회의 구성원으로 사회생활을 해야 하며 집단을 이루며 생존 · 유지 · 발전되어 가는 것이다. 공동생활에는 질서유지를 위해 개인들이 지켜야 할 규칙과 규범이 필요하였다.

사회생활의 발달과 함께 타인과의 관계에서 실현되어져야 할 사회적 법률, 도덕, 종교, 관습 등의 사회규범이 자리 잡게 되었고, 그 사회가 발전됨에 따라 법은 사회규범(사회질서 유지를 위한 법), 강제규범(벌금, 구류, 과태료, 형벌), 행위규범(체포, 구금, 압수 수색), 조직규범(법의 제정이나 적용, 집행을 담당하는 기관의 조직) 등으로 분화되어 나뉜다.

다시 언급하면, 사회규범은 인간의 사회생활에 관한 규범이라는 의미이며, 당위(當爲)의 규범으로서 지켜야 될 것에 관한 것을 내용으로 한다. 당위규범으로서 법은 인간의 사회생활에 관한 규범으로서 '약속은 지켜야 한다'는 당위성을 말하는 것이다. 강제규범은 정치적으로 조직된 사회의 강제성을 띤 규범이다. 예링(Jhering)은 '강제 없는 법은 타지 않는 불꽃과 같다'고 할 정도로 법의 강제적 속성을 중요시하였으며, 켈젠(Kelsen)도 '강제는 법의 본질적 속성'이라고 하였다. 도덕, 종교적 명령, 또는 관습도 사회규범이지만 강제성은 갖지 못한다. 따라서 법을 위반한 자는 비난보다는 강제적 처벌을 받게 된다. 행위규범은 사회구성원의 행동이 기준이다. 어떤 영역에서는 법을 통해서 사람들의 행동이 어떠할 것이라고 예정하고, 본인도 그렇게 행동할 것을 예상한다. 또 타인도 그 사람이 그렇게 행동할 것이라고 예상할 수 있는데 이는 경쟁적 사회에서 일정한 질서를 예측할 수 있다.

"사회가 있는 곳에 법이 있다"는 말과 같이 모든 사회는 반드시 그 사회에서 요구되는 법률이 존재해야 하고 지켜져야 한다. 독일의 법학자 예링(Rudolf von Jhering, 1818~1892)이 "법은 사회생활의 조건이다", "육체적·정신적 생존은 바로 권리의 주장이다"라고 말한 것을 보더라도 인간의 사회생활에서는 꼭 필요한 불가분의 관계임을 알 수 있다(홍성화, 1991).

(3) 법의 목적

① 학자들의 정의

법이 달성하고자 하는 목적은 정의의 실현과 질서의 유지, 안정, 도덕적 생활의 실현, 문화의 증진 등 그 시대적인 변천에 따라 달리해 왔다. 학자들은 법의 목적을 설정함에 있어 객관성과 진실성을 찾으려고 노력했으며 플라톤(Platon, B.C. 427~347)과 아리스토텔레스는 "법의 목적은 정의를 원칙으로 한 도덕생활의 실현이다"라고 하였고, 칸트(Kant)는 "도덕적인 개인 인격의 확보를 위해 봉사하는 것"이라고 하였다. 루소(Rousseau)는 "개인의 자유, 평등을 확보하고 발달시키는 것이 법의 목적이다"라고 하였으며, 피히테(Fichte)는 "법은 민족의 유지·발전을 목적으로 한다"고 하였다. 이러한 법의 정의는 가치판단을 하는 궁극적인 기준이 되는 하나의 지도이념으로 하며, 법에 의하여 달성하려고 하는 목적 또는 이념을 의미한다. 이것은 곧 법의 가치를 평가하는 척도가 된다. 여기서 공통적으로 지니는 입법의 목적인 법은 본래의 보편적 이념인 구명을 실현하는 것이다.

한편 벤덤(Bentham)은 "법은 최대다수의 최대행복을 목적으로 하는 것"이라고 하였으며, 예링은 "법이 사회이익을 확보하는 것을 목적으로 한다"고 주장하였다. 이러한 주장은 사회복지학적 의미를 지닌 정의라고 할 수 있다.

이와 같이 인간이 법을 통하여 실현하고자 하는 노력은 사회생활의 실천적 목표가 되기도 하며, 그 법을 통해서 사회가 지속적으로 발전하는 것은 법이 지향하는 최상의 가치이며 생명이기도 하다.

② 법의 이념

사람이란 사회를 떠나서 살 수 없고 사회가 있는 곳에 법이 존재하고 있으므로, 법이 인간의 행위로서 지켜야 할 최소한도를 정하여 이를 위반하면 원래 자유스러워야 할 인간의 본성에 반하는 강제성을 행사할 수밖에 없다. 이러한 의미에서 법은 사회질서의 유지라는 목적을 달성하기 위하여 불가피하게 존재하는 필요악이라고 표현할 수 있다. 법이 인간 사회에서 필연적으로 존재해야 한다면, 그 법이 왜 인간과 사회에서 타당한지를 설명할 수 있어야 한다. 법이 무엇인가 하는 문제는 법 개념의 문제이며, 법의 이념은 법으로 하여금 법답게 하는 것을 말한다.

법 개념의 문제와 법이념의 문제는 서로 다른 것 같으면서 밀접한 관련이 있다. 법의 개념은 다른 사회규범과의 구별을 통해서 밝혀지는 것이다. 이에 대하여 법의 이념은 법의 개념에 내재하는 보다 근원적인 것을 말하며, 법의 개념이 외형적인 문제라면 법의 이념은 법의 내용적 · 실재적 · 객관적 문제, 그 근원에 관한 문제라고 할 수 있다. 이것을 법의 목적이라고도 하며, 법의 목적 중에서 최고의 목표를 법의 이념이라고 할 수 있다(현외성, 2009: 116-117).

일반적으로 법의 공통된 목적은 정의, 합목적성, 법적 안정성이며, 이것은 정의의 실현, 공공복지의 실현, 법적 안정성의 유지를 의미한다.

아리스토텔레스는 법의 공통된 목적의 정의를 다음과 같이 분류하였다.

첫째, 평균적 정의이다. 이것은 급부와 반대급부, 손해와 배상, 범죄와 형벌 등에서처럼 가치의 균형을 유지하는 것이다.

둘째, 배분적 정의이다. 사회가 각 개인에 대하여 그 능력과 공헌에 대응하여 명예, 재화, 기타 이익을 공정하게 배분하여야 한다는 것이다. 이러한 의미는 각각의 가치 또는 공적에 따른 개인차에 의한 대우가 있고, 그 개인차는 국가와 사회에 공헌하는 비율에 따라 결정하게 된다. 예를 들면, 부자에게는 세율을 높게 하고, 능력 있는 자에게는 봉급을 더 많이 주는 것이다.

셋째, 일반적 정의이다. 사회의 일원인 개인으로 하여금 사회를 위하여 필요한 힘을 쓰게 하는 것으로 국가의 위기해결을 위한 순국(殉國)이 이런 정의에 해당한다. 이러한 정의는 여러 차원으로 정의될 수 있으나 그 정의의 개념 속에는 개인 상호 간의 관계(형식적 평등) 또는 단체의 개인에 관한 관계(실질적 평등)처럼 '평등'이라는 개념과 분리될 수 없다.

합목적성은 일정한 목적에 맞추어 방향을 결정하는 의미이다. 법의 합목적성은 국가의 법질서가 어떠한 표준에 의하여 구체적으로 정의의 내용을 정하는 실정법의 가치기준이다. 즉, 그 사회가 가지는 가치관이 어떠한 것인가에 따라 정의를 평가하는 기준을 다르게 가지며, 사회의 가치관에 따라 달라지는 상대적 개념이다. 법의 목적은 사회적 · 정치적 · 사상적 배경에 의해 구체적 내용이 결정되는 것이므로 정의가 법의 내용을 일반화하는 데 반하여 합목적성은 법이 요구하는 가치관에 따라 법의 목적을 현실화하는 데 있다. 국가는 국가의 질서유지가 기본적 목적이며, 법이 실현해야 하는 가치기준으로서의 법의 목적은 세계관에 의하면 다음과 같다.

첫째, 자유의 이념이다. 자유 이념은 개인의 자유를 최고의 가치로 삼는 것을 말하고, 또한 개인이 행복을 최대한 확보할 수 있도록 제정되어야 함을 의미한다.

둘째, 국가의 존립과 번영의 이념이다. 국가는 민족의 힘과 위력을 가장 중요시하는 것이 목적이므로 개인은 국가를 위해 존재하고, 개인의 행복은 국가의 번영보다 하위에 존재한다.

셋째, 문화 이념이다. 공동사회의 주된 목적을 예술과 학문의 융성과 문화적 업적의 창조에 두는 이념이므로, 따라서 목적은 국가의 세계관이 어디에 중점을 두느냐에 따라서 달라진다.

즉, 개인주의에서는 모든 개인이 평등하게 존중되도록 평균적 정의가 강조되고, 법의 목적은 국가의 목적에 직결되는 것이기 때문에 법의 합목적성은 결국 국가의 목적에 의해서 결정되는 것이다. 따라서 합목적성의 이념은 법의 궁극적인 목적이 무엇인가를 확인시켜 주는 실체적인 이념이 아니라, 단지 법의 목적이 어떤 방식으로 결정되고 나면 모든 법의 내용이나 국가의 정책은 이러한 목적을 달성하기 위하여 규정되어야 한다는 것을 요구하는 수단적 의미가 있다(김영옥, 1996: 39).

한편, 법적 안정성은 법에 따라 안심하고 생활할 수 있는 상태, 즉 법에 따라 보호되는 사회생활의 질서와 안정을 말하고, 사회질서를 유지하는 것이 법의 목적이며, 기능이 법의 가치이므로 사회는 법이 필요하며, 어떤 행위나 권리의 행사가 정당한 것이면 보호를 받고 어떤 행위를 하면 손해배상을 하여야 하고 형벌을 받게 된다는 것을 밝히는 것이 법적 안정성이고, 이런 법적 안정성이 유지되기 위해서는 다음 사항이 요청된다.

첫째, 법은 명확해야 한다. 불명확한 법에 의하여 처벌되거나 단속을 받게 되면 국민은 항상 불안하다.

둘째, 법은 규정된 대로 실제로 행해져야 한다.

셋째, 법은 함부로 변경되어서는 안 된다. 법의 안정성을 보장하지 못하여 사람들이 법의 실체에 혼동을 일으키고 안심하고 생활할 수 없기 때문이다. 또, 법을 따르려는 자들도 언제 법이 바뀔지 모른다는 불안감을 가질 것이다.

넷째, 법은 국민에게 합당하여야 한다. 법이 너무 엄하다거나 국민의 정의감에 반한다면 법적 안정성은 없어지게 된다. 국민이 그 정의감에 반하여 법을 위반한다고 하면 사회의 질서는 문란해지고 법 앞에서 안심하고 생활할 수 없다. 이와 같이 법적 안정성은 법의 기능에 관한 이념이며, 정의와 합목적성은 법의 내용에 관한 이념이다(김훈, 2006).

따라서 법의 정의, 합목적성, 법적 안정성은 법의 이념이나 목적이므로 변하지 않을 것이다. 그러나 법의 내용은 사회의 변화에 따라 변화해 갈 수 있다.

(4) 법의 기능

오늘날의 사회는 여러 가지 현실적인 목적을 위하여 법의 필요성을 인정하고 있다. 사회의 질서유지, 분쟁의 해결, 권리와 이익의 보호, 사회개량, 기타 국가목표의 실현 등은 법의 기능에서 설명된다(고문현 외, 2007).

법이 어떠한 기능을 하는가에 대해서는 크게 두 가지 기능주의와 갈등주의의 입장이 대립되고 있다. 법이 갈등해결과 사회통합을 수행하는 중립적 지위를 갖는 것으로 보는 기능주의 입장이 있고, 그 반대로 법은 갈등을 야기하고 심화하는 권력의 도구라고 보는 갈등주의 입장이 있다. 이러한 대립적 이해는 법이 진정 사회적 합의에 기초하여 만들어졌는가, 아니면 법이 지배계급 또는 지배 권력의 이익을 증진하기 위한 도구에 불과한 것인가 하는 문제와 관련해서 반복된다.

미국의 파운드(Roscoe Pound, 1870~1964)는 법은 사회통합의 기능으로 사회 속에서 갈등하는 이해관계의 균형을 맞추어 줌으로써 사회적 응집과

질서 있는 사회변동을 보장하는 기능을 한다고 하였다.

르웰린(Karl Llewellyn, 1893~1962)은 분쟁의 처리, 예방적 유도와 재교육, 권위의 배분, 집단 내 활동의 조직과 조화 등 네 가지를 법의 기능이라고 하였는데, 이는 많은 학자들이 주장하는 대표적인 법의 기능들이다.

법의 기능으로 중요한 것은 법의 사회통제(social control) 기능이다. 사회통제라 함은 개인이나 집단이 사회의 기대에 일치하는 행동을 하도록 영향을 주는 과정을 말하며, 법은 이러한 사회통제의 수단 중 대표적인 것이다.

그러므로 법은 개인이나 집단 간의 이해관계의 대립을 조정하고, 사회구성원을 통제하여 사회질서를 유지하는 과정을 말하며, 적법 절차의 원리로 국민의 인권을 보장하고 사회통제 기능을 수행하기 위한 대표적 기능이라고 할 수 있다.

(5) 법의 의의

① 사회규범과 법과 사회의 관계

법은 한마디로 말하기는 매우 어려우나 학자마다 정의가 매우 다양하기 때문에 이러한 다양한 법의 개념을 학자들의 견해를 종합하여 "사람의 사회생활에 있어서 행위의 준칙으로 국가권력에 의해 강제성을 띠는 사회규범"으로 정의된다.

사회규범이 필요한 이유는 인간이 공동생활을 하면서 각자 자기 자신의 이익을 위해서 여러 가지 사회활동을 하게 되는데, 이때 인간은 삶의 목표나 사상이 같을 수 없으므로 사회질서를 유지하기 위해서는 개인과 개인 또는 개인과 공동체와의 관계를 규율해야 하기 때문이다.

사회규범에는 도덕, 관습, 종교, 법 등이 있으며, 이 중 가장 강력한 실현방법을 가진 것이 법이다. 따라서 법은 국가 또는 정치적으로 조직화한 사회에서 정립되고 그 구성원에 대하여 물리적 강제력을 행사하여 스스로 실현하게 하는 사회규범이라고 할 수 있다. 규범(規範)이란 무엇인가? 일반적으로 "규범은 당위를 명제한다." 당위(當爲, ought to, sullen)는 사람이 '마땅히 하여야 할 것'을 의미한다. 예컨대, 인간이 해야 할 것(명령), 또는 해서는 안 될 것(금지)을 말한다. 이처럼 당위는 명령이나 금지와 같은 내용을 가지고 있는 명제를 규범이라고 한다.

법의 규범은 다음과 같은 측면이 있다. 첫째, 법은 사회규범이다. 인간 사회는 두 사람 이상이 함께 살아가는데, 이들 사이에 이익 투쟁적인 혼란 없이 평온하게 질서가 유지되기 위해서는 서로 모종의 약속이 있어야 한다. 이 질서유지를 위한 약속이 바로 법이며, 인간이 지켜야 할 당위의 사회규범이다. 둘째, 법은 행위규범이다. 법은 사회구성원의 행동 기준이다. 어떤 영역에서는 법을 통해서 사람들의 행동이 어떠할 것이라고 예정하고, 본인도 그렇게 행동할 것이다. 또 타인도 그 사람이 그렇게 행동할 것이라고 예상할 수 있기 때문이다. 셋째, 법은 강제규범이다. 법학자 예링은, "강제성 없는 법은 타지 않은 불꽃과 같다."라고 하면서 강제를 법의 본질로 보았다. 이처럼 법은 그 내용을 실현하기 위하여 '강제'라는 수단을 갖고 있다. 이 법의 강제는 인간이 합의한 국가라는 정치적인 조직에 의하여 시행된다(나무위키, 2019).

② 법과 도덕과의 관계

법과 도덕과의 관계를 어떻게 생각하느냐에 따라서 그 사람의 법사상이 판정된다고 할 정도로 법과 도덕과의 관계는 법에 있어서 가장 중심적인 과제이다. 대별하면 양자의 가장 본질적인 관련을 인정하는 견해와 양자를 분리하는 견해가 있다. 적어도 근세 초기까지는 전자의 견해가 지배적이었으며, 법은 도덕철학 가운데에서 한 분과로서 고찰되었다(다음백과, 2019).

일상생활에서 법에 따라 규율되는 극히 일부분을 제외하고는 대부분의 경우에 도덕에 의해 규율되고 있는데, 이때에 도덕은 주로 인간의 양심에만 호소를 하고 있으며, 사회생활이 단순했던 시대에는 도덕규범만으로 충분히 사회질서를 유지해 왔으나 사회생활이 발달하고 복잡해짐에 따라 도덕규범에서 법규범이 서서히 독립하여 나뉘어 왔고, 법이 독자적인 영역과 역할을 가진 이후에도 법은 도덕을 실현하는 수단이 되어 왔으며 법의 구속력의 근거는 도덕에 있다고 볼 수 있다.

한편, 법을 기준으로 행위의 평가에 합법성도 문제가 되고, 양심을 대상으로 평가해도 도덕성이 문제가 되는 관점에서 본다면 법에는 강제가 있으나 도덕성은 강제가 없다는 것이 오늘날 널리 행해지고, 이것이 법과 도덕이 구별되는 통설일 수 있으나 법과 도덕의 구별을 강제의 유무만으로 판단하면 안 되는 것은, 예를 들어 도덕이 다른 이의 물건을 절도하지 말라고 명령하나 그럼에도 불구하고 절도한 이가 있다면, 이는 법을 적용하여 절도범을 징역이나 벌금을 규정한다. 이때 법은 도덕적 명령이 이행되게 도와주는 경우가 된다. 따라서 사회질서 유지를 위해 최소한 도덕을 실효성 있도록 만들기 위한 것이 법이다.

그러므로 도덕의 내용이 그대로 법의 내용이 될 수 있고, 법의 강제규정이 시간에 따라 완화되면 도덕규범도 될 수 있다.

예를 들어, 과거 '빈곤한 자에 대한 자선'이나 '약자에 대한 배려' 등 사회적 약자에 관한 도덕적 시혜성의 명제이나, 이제는 국가와 국민을 강제하는 사회복지법이라는 법규범이 만들어지게 된 것이다. 결국, 도덕과 법은 서로 밀접한 관계가 있어 양자의 융합은 반드시 필요하다.

(6) 법의 효력과 한계

① 법의 효력

법의 효력은 보통 타당성과 실효성의 2가지 측면에서 고찰된다. 법의 규범적 측면은 그 타당성에서 찾아볼 수 있다. 즉, 어떤 법규범이 효력을 가지고 있다는 것은 일반적으로 당해 법규범이 속해 있는 법체계의 지배를 받는 일반 개인이 그 법규범을 준수하고 있고, 법원이나 기타의 공권력 기관에 의해 적용되어야 함을 의무화하는 규범적 구속력을 지니고 있어서 일반 개인과 공권력 기관이 각자의 행동지침과 그 정당성 등을 당해 법규범에서 구할 수 있다는 것을 의미한다.

한편 법의 효력의 당위적 측면인 타당성과는 달리, 법의 효력을 사실적

측면인 실효성의 문제로 환원해 논하는 경험주의적 입장이 있다. 즉, 법이 타당성을 가지고 있다고 할지라도 그 실효성을 결여하게 되면 완전한 효력을 지닐 수 없게 된다. 사실상 효력이 없는 법은 존재의 이유가 없으므로 법의 실효성의 문제는 법의 존재성의 문제와 직결된다(다음백과, 2019).

② 법의 한계

법의 존재론적 한계는 필연의 문제이므로 법이 지키지 않으려 해도 지키지 않을 수 없는 것이다. 이 점에서 법의 존재론적 한계는 법의 효력 중에서 실효성의 문제와 밀접히 관련된다. 그런데 법이 관철될 수 있는 가능의 영역에 속함에도 불구하고 법이 지켜야 하는 한계가 존재한다. 다시 말해, 법은 당위의 세계에서도 한계를 갖는다. 이는 법의 효력 중에서 정당성의 문제와 관련되는 것이다. 무엇보다도 법은 개인의 자유를 자의적으로 침해해서는 안 된다는 규범적 한계에 부딪힌다. 과거 오랫동안 국가권력은 법을 통하여 개인의 영역에 개입하였고, 국가 내지 공동체의 공공선 또는 공익을 위하여 개인의 자유를 제한하는 것은 불가피하다고 생각하였다. 하지만 근대 계몽주의의 영향 아래에서 사회계약론이 등장하고 인간의 존엄과 가치가 강조됨에 따라 국가권력이 법으로써 정당한 이유 없이 개인의 자유를 제한해서는 안 되며, 그 정당화 사유도 극히 제한적으로 인정될 뿐이라는 견해가 점차 자리를 잡게 되었다. 그럼에도 불구하고 국가권력이 그 속성상 법을 통하여 개인의 자유를 침해할 위험은 상존하며, 또 실제로 종종 침해하고 있다. 나아가 국가권력은 지난날 개입하지 않았던 영역, 즉 개입하지 않는 것이 바람직하다고 여기거나 개입하려 해도 할 수 없다고 여겨 개입하지 않던 영역에 대해서도 끊임없이 개입하려 한다. 도덕, 사생활이나 가정 등이 그러한 영역이 될 것이다. 성매매, 동성애에 대해서 국가권력은 법을 통해 규제의 손길을 뻗으며 낙태, 부부강간, 가정폭력에 대해서 자기의 존재 의의를 과시하려 한다. 그러나 많은 경우에 그러한 법은 그 정당성에 대하여 의문을 품게 만들 뿐 아니라 실효성을 확보하지 못한 채 상징입법에 그치고 만다(오세혁, 2013: 3).

그러므로 사회적 목적들을 달성하기 위해 법을 제정할 때 이 한계들을 극복할 수 있는 보편적인 조건들을 찾아야 하고, 또한 해결하려는 특정 문제의 주요 사실들을 과학적으로 조사하여 제시된 결정의 효과가 지닌 한계에 관하여 다양한 관점에서 검토되어야 한다.

2 법의 형식

법의 존재형식은 다양하고 그 형식에 따라 나름대로의 특성과 기능, 효과를 지니고 있다. 법의 존재형식을 안다는 것은 그 법의 특성과 기능을 안다는 것과 마찬가지이다. 그러므로 그것은 실정법의 인식근거가 되고 특정 법을 이해하는 데 필수적인 요소이다. 법은 그 법이 문서형태로 존재하는지의 여부에 따라 성문법과 불문법으로 구별된다(김훈, 2006).

(1) 성문법

성문법이란 문서로 되어 있는 것으로 일정한 형식과 절차에 의해 권한을 행하는 기관에서 제정하고 공포된 법을 말한다. 따라서 이 법을 국가기관에서 제정되었으므로 제정법이라고도 한다.

오늘날 대다수의 국가는 성문법을 기본으로 하고 있으며, 성문법의 장점은 인간의 의사에 의하여 법규범이 합목적적으로 제정되는 것이므로 법의 존재와 의미 및 내용을 명백하게 하고 있다는 것이고, 또한 법 이념을 구체화할 수 있으며, 법 생활의 안정을 도모할 수 있다는 것이다.

그 반면 단점으로는 문장으로 표현된 법의 내용이 일반 국민들은 정확히 알기가 어렵고 법의 내용이 경직되어 있으며, 사회의 변천에 뒤떨어진다는 것이다(김훈, 2006).

이 성문법에는 구체적으로 헌법, 법률, 명령, 자치법규, 조약 등이 있다.

① 헌법

헌법은 한 나라의 자치질서에 관한 최고 국내법이다. 헌법은 한 나라의 최고, 최상의 법규범이며, 그 나라의 모든 법규범은 이 헌법에 합치되어야 하고, 또한 헌법에 위반되어서는 안 된다.

헌법은 이와 같이 강력한 힘이 있고 그 나라의 국민 의사의 총체이기 때문이다. 헌법을 일반 법률과 구별하는 것은 이미 고대 그리스 시대부터 행해져 온 바로 이러한 의미의 헌법은 국가의 조직과 통치에 관한 근본법으로서 제정 및 개정의 절차를 엄격히 거친다. 형태 여하를 막론하고 동서고금의 헌법은 국가의 모든 법체계를 기초하는 법이며, 헌법은 모든 법의 상위법이라고 할 수 있다.

이러한 실질적 의미의 헌법이란 국가의 본질을 결정하는 기본 결정, 최고 국가기관의 조직, 작용, 권한 등에 관한 모든 규범과 더 나아가서 국가와 국민 간의 기본적인 관계를 규정하는 모든 규범의 총체를 말한다.

또한, 본래 국가의 기본 조직에 관한 법, 즉 영토의 범위, 국민의 자격 요건 및 국가 통치기관의 조직과 기능 등을 정하는 법이다. 우리나라의 경우 법원에는 위헌심사권만 인정되고, 위헌결정권은 헌법재판소에 전담시키고 있다(「헌법」 제107조 제1항).

일반적으로 성문 헌법을 가진 국가는 헌법에 최고 법규성을 부여한다. 즉, 일반 법률과 성문의 헌법이 충돌하면, 헌법이 우선한다.

② 법률

법률은 국회의 의결을 거쳐서 대통령이 공포한 법을 말한다. 법은 법률만이 아니라 명령 · 규칙 · 조례 등의 성문법 및 판례 · 관습법 · 조리 · 사적 단체의 규칙 등을 포함하는 것이다. 그럼에도 실제에 있어서는 법률과 법을 혼동하는 경우도 있다.

법률은 헌법의 하위법이며 헌법에 위반된 때에는 무효이다. 법률의 하위법에는 명령 · 규칙 · 자치법규 등이 있다(김훈, 2006).

③ 명령

명령은 국회의 의결을 거치지 않고 대통령 이하의 행정기관에 의하여 제정된 법규를 말한다. 명령은 법률의 하위에 있으므로 명령으로 법률을 개폐하지 못한다.

광의로는 대통령이 국가비상사태에 처하여 비상조치를 할 때 발하는 비상명령(독립명령)을 비롯하여 위임명령, 집행명령 및 행정명령(행정규칙)을 모두 포함하여 말하기도 하나, 협의로는 비상명령을 제외한다. 또한 명령은 그 권한의 소재에 따라 대통령령, 국무총리령 및 부령으로 나뉜다.

④ 규칙

헌법 · 법률에 입각하여 정립된 규범을 말한다. 규칙은 입법 · 행정 · 사법의 각 부에서 제정된다. 입법부에 관한 것으로는 소속 공무원의 인사행정에 관한 사항을 규정한 국회인사규칙이 있고, 국회의장 또는 사무총장이 제정한다. 행정부에 관한 것으로는 감사원사무처리 규칙 등이 있고, 사법부에 관한 것으로는 법원사무 규칙 등이 있다. 그 밖에도 지방공공단체의 장이 제정하는 규칙이 있다.

⑤ 조약

조약은 국제법상의 주체인 국가 간의 합의 문서를 말한다. 조약은 국가대표기관에 의하여 체결되고 국회의 동의와 대통령의 비준 및 공포로 성립되며, 국내법과 동일한 효력을 가진다(「헌법」 제6조 제1항).

(2) 불문법

불문법이라 함은 성문법 이외의 법, 즉 성문법과 같이 일정한 절차와 형식에 의하여 제정 · 공포되지 아니한 법을 말한다. 불문법에는 관습법, 판례법, 조리 등이 있다. 대부분의 국가는 성문 헌법을 가지고 있으나 이스라엘과 뉴질랜드, 영국의 3개국만이 불문 헌법을 가지고 있다.

① 관습법

관습법이란 국민 사이에 장기적 · 계속적으로 오랫동안 반복되고 그 관행이 국민 일반의 법적 확신으로 되어 이를 지키는 것이 법적 확신에까지 이른 관행으로서, 법원의 재판결정에 의해서 법규범으로 승인에까지 이른 것을 말한다. 사회적 관습에는 여러 종류의 것이 있으며, 그 가운데 법규범적 내용을 담고 있는 것이 아니라면 관습법으로 되지 않는다.

현행 사회복지법은 시행된 지 얼마 되지 않아 이 부분에 관하여는 관행으로 일반화된 것이 많지 않고, 사회복지에 관한 관습이 법원으로 인정받기가 어려울 수 있다. 그러나 현재 사회복지법 규정에 미비점이 많아 법해석상 보충적으로 관습법을 활용하지 않을 수 없을 것이다. 그러므로 앞으로는 관습법이 사회복지법의 법원으로서의 성격이 중요시될 것이다(박차상, 2005).

② 판례법

판례법이란 법원으로부터 인정하는 경우에 판례의 형식으로 존재하는 법이다. 영미법계에서는 판례가 가장 중요한 법원이며 성문법을 중심으로 하는 우리나라에 있어서는 판례를 법원으로 인정할 것인지 아닌지에 관하여 다툼이 있다. 실제로는 대법원이 판례의 하급심을 구속하므로 판례는 주로 대법원의 판례에 의해 형성된다. 따라서 판례의 구속력은 사실상 매우 강하다.

③ 조리

조리는 「민법」 제1조에서 “민사에 관하여 법률에 규정이 없으면 관습법에 의하고 관습법이 없으면 조리에 의한다”고 규정하고 있어 보충적 법원이라 할 수 있다.

조리란 일반사회의 정의감에 비추어 반드시 그러하여야 할 것이라고 인정되는 것을 말한다. 조리는 법해석의 기본원리이며, 성문법 · 관습법 등이 없는 경우에 최후의 보충적 법원으로서 중요한 법원이 된다.

조리는 사회복지법에서 중요한 법원이 된다. 그것은 사회복지법체계가 총칙규정이 없고 법 자체가 복잡하여 미비한 점이 많으므로 조리에 의해 판단

내지 해석을 하는 경우가 있을 수 있기 때문이다. 따라서 사회복지는 양적으로 확대 변화되어 가고 복지 분야에 걸쳐 성문법의 완성을 기대하기는 어려운 것이 현실이다(박차상 외, 2005).

3 법의 분류

법의 체계는 자연법과 실정법으로 나눌 수 있고, 법의 규율대상인 생활관계의 실체에 따라서 공법과 사법으로 나눌 수 있으며, 시민법과 사회법으로서 적용영역의 표준에 따라 일반법과 특별법으로, 법의 효력을 기준으로 하는 강행법과 임의법, 법의 규정내용에 따라 실체법과 절차법으로 나눌 수 있다.

(1) 자연법과 실정법

자연법은 당연히 그러해야 한다는 당위법인데, 인위적이 아닌 자연적 성질에 바탕을 둔 보편적이고 항구적인 법률 및 규범으로 실정법에 대비되는 법 개념이다.

실정법은 민족이나 사회 및 국가에 따라 내용이 달라지는데, 민족과 국가나 환경에 따라 다르게 요구하는 규범을 명문화한 것이다.

실정법에서의 국내법은 한 국가 내에서 효력을 갖는 법으로 그 법 안에는 공법, 민법, 사법이 있고, 국제법이란 국가 상호 간의 권리, 의무를 정한 국가 간에 통용되는 법을 말하며 조약, 국제관습법, 국제법규 등을 말한다. 여기에는 국가기관이 제정하는 헌법 · 법률 · 명령 · 규칙 등 성문법이 보통이지만 예외적으로 관습법 · 판례법 등과 같이 경험적인 사실에 기하여 성립되고 현실로 행해지고 있는 불문법도 있다.

(2) 공법과 사법

헌법 · 형법 · 형사소송법 · 행정법 등은 공법에 속한다고 하는 것이 국내 통설이고 민법 · 상법 등은 사법으로 속한다. 그러나 무엇이 공법이고 무엇이 사법인지를 구별하는 데 있어서 여러 가지 학설 중 이익설, 주체설, 법률관계설, 생활관계설 등이 있다.

이익설은 공익의 보호를 목적으로 하는 것을 공법이라 하고 사익의 보호를 목적으로 하는 것이 사법이라고 하는 견해이다. 주체설에는 법이 규율하는 생활관계의 주체를 표준으로 하여 공법과 사법을 구별하려는 견해이다.

법률관계설은 권력, 복종의 관계, 수직관계, 불평등관계를 규율하는 법을 공법이라 하고 평등, 대등의 관계, 수평관계를 규율하는 법을 사법이라고 한다. 생활관계설은 인간의 생활 관계를 국가생활 관계와 사회생활 관계로 나누어 국민으로서의 생활관계를 규율하는 법을 공법이라 하고 인류로서의 생활관계를 규율하는 법을 사법이라고 하는 견해이다.

(3) 시민법과 사회법

공동체를 유지해 오던 전통사회가 해체되면서 탄생한 시민사회는 새로운 법질서를 확립하게 되었으나, 시민사회는 자체의 모순으로 인해 새로운 형태의 법질서를 필요로 하게 되었다. 이렇게 성립된 새로운 법질서를 시민법이라 일컬을 수 있고 새로운 형태의 법질서는 사회법을 일컫는다.

(4) 일반법과 특별법

일반법은 효력이 미치는 범위를 표준으로 하여 특별한 제한 없이 일반적으로 적용되는 법을 말한다. 반면 특별법은 일정한 장소 · 사람 · 사항에 제한하여 적용되는 것을 말한다.

(5) 강행법과 임의법

강행법이란 당사자의 의사 여부를 묻지 않고 강제적으로 적용되는 법이다. 임의법은 법률행위 당사자의 의사에 따라 적용되는 법이다. 원칙적으로 공법에 속하는 규정은 헌법, 행정법, 형법, 형사소송법 등이며 거의 강행규정이라 할 수 있다. 반면 임의규정은 사적 자치를 원칙으로 하는 사법에 그 규정이 많다. 그 예로 민법, 상법 등 사법 분야에는 임의법이 많다.

「민법」 제468조 전단에 "당사자의 의사표시가 없으면 변제기전이라도 채무자는 변제할 수 있다"고 하는 규정은 임의법규이다.

(6) 실체법과 절차법

실체법은 권리 · 의무의 실체를 규율하는 법이고, 절차법은 권리 · 의무의 실질적 내용을 실현하기 위한 절차를 규율하는 법이다. 법을 실현하고자 하는 상태 자체의 실체법으로는 헌법, 행정법, 형법, 상법이 있고, 절차법으로는 민사소송법, 형사소송법, 행정소송법, 부동산등기법, 파산법 등이 있다.

실체법과 절차법의 관계는 실체법이 목적인 데 비하여 절차법은 수단이라고 할 수 있으며 상호불가분의 관계에 있다.

용어정리

- **성문법** : 국가적인 입법기관에서 일정한 절차를 거쳐 제정되는 법을 제정법(制定法)이라 하는데, 성문법은 모두 제정법이다. 성문헌법도 성문법의 일종이며, 그 하위의 성문법으로는 법률 · 명령 · 조약 · 규칙 · 조례 등이 있다.
- **육법전서** : 온갖 법령을 다 모아서 수록한 종합 법전
- **상법전** : 상업에 관한 기본 법규를 체계적으로 엮어 놓은 책
- **형법전** : 성문법 자체를 헌법전 · 민법전 · 형법전 등으로 일컫는 경우가 있다.
- **통치권** : 국민과 국토를 지배하는 국가의 최고 권력
- **시민권** : 주권과는 다른 개념이며, 주권이 국가의사를 결정하는 원동력인 데 비하여 통치권은 주권에 의하여 결정된 국가의사를 실현시키기 위한 권력이다.
- **합목적성** : 목적을 실현하는 데에 적합한 성질. 또는 어떤 사물이 일정한 목적에 적합한 방식으로 존재하는 성질이다.
- **급부** : 재물 따위를 대어 주는 것
- **조령모개** : 아침에 명령을 내렸다가 저녁에 다시 고친다는 뜻으로, 법령을 자꾸 고쳐서 갈피를 잡기가 어려움을 이르는 말
- **문민정부** : 제6공화국의 두 번째 정부인 김영삼 정부의 다른 이름이다. 직업 군인이 아닌 일반 국민이 수립한 정부를 말한다.

02

Chapter

사회복지법의 정의

1 헌법상의 정의

(1) 헌법상의 정의

사회복지법은 사회보장기본법, 사회보험법, 공공부조법, 사회복지서비스법, 복지관련제도를 말하여 약 70여 종류로 구성되어 있다.

「헌법」 제34조 제1항의 "모든 국민은 인간다운 생활을 할 권리를 가진다", 제2항의 "국가는 국민의 인간다운 생활을 보장하기 위하여 사회복지의 증진에 노력할 의무를 진다"라는 규정에서 사회보장과 사회복지를 병렬적으로 사용가능하다고 명시하고 있다. 이는 개인을 사회적 위험으로부터 보호하고 인간의 존엄성에 상응하는 건강하고 문화적인 최저한의 생활을 보장한다는 것이다.

사회복지란 어의적으로 볼 때 사회적으로 안녕한 평안상태를 말하며, 이념적으로는 인간의 가치와 존엄성이 실현되는 상태이다. 기능적으로는 가족 또는 시장경제 등이 정상적인 사회구조로서 제 기능을 발휘하지 못할 때 어려운 사람들을 도와주거나, 정상적인 기능 상태가 되도록 돕는 것을 말한다.

(2) 헌법의 분류

헌법은 국가의 근본법으로서, 국가의 통치조직과 통치 작용의 원리를 정하고, 국민의 기본권을 보장하는 최고법을 말한다.

헌법은 성문법과 불문법으로 분류하며 성문법은 성문화된 형식적 헌법전을 가지고 있는 헌법을 말하며, 오늘날 세계 각국의 대부분의 헌법은 성문헌법이며 우리나라가 이에 속한다.

불문법은 성문화되어 있는 헌법전이 없고, 다만 관습헌법 또는 헌법에 해당되는 법률로서 이루어진 헌법을 말하며, 영연방제국(영국 · 캐나다 · 뉴질랜드 등) 헌법이 이에 속한다.

2 사회복지의 정의

(1) 사회복지 개념

프리드랜더와 압테(Friedlander & Apte)는 "사회복지란 국민복지의 기본적인 것으로 인정된 사회적 욕구의 충족과 사회적 질서의 유지를 위하여 필요한 입법, 프로그램, 급여와 서비스를 포함하는 제도"라 했으며, 베이커(Baker)는 "사회를 유지하는 데 기본적인 사회적 · 경제적 · 교육적 · 건강의 욕구를 충족시키기 위한 국가적 프로그램, 급여, 서비스 체계" 등으로 나누었다.

로마니쉰(Romanyshin)은 "사회문제의 치료와 예방, 인력자원의 개발, 인간생활의 향상에 관련된 일체의 과정 및 개인과 가정에 대한 서비스 제공뿐만 아니라 사회제도를 강화, 개선시키려는 노력의 일체"로 보았고, 던햄(Dunham)은 "개인과 지역사회 및 전체 인구를 위한 보호, 수입유지, 치료 및 예방활동 등이 있음"을 말했다. 김영모는 "인간의 사회적 욕구에 대한 서비스이며 동시에 사회문제를 해결하기 위한 노력"이라고 말하였다.

사회복지는 모든 국민의 인간다운 생활을 보장하고 건강과 번영을 증진시키기 위하여 인간과 사회제도 및 사회체계 간의 상호작용에서 파생되는 제반문제나 사회적 요구에 보다 효과적으로 대처해 나가도록 계획적인 사회정책과 사회적 서비스를 통하여 제공하려는 공공 및 민간기관들의 조직적인 실천노력과 체계적인 실천방법의 활동이다.

(2) 사회복지 개념의 변화

① 좁은 의미의(협의적) 개념

사회적 약자 보호를 위한 제반 사회복지정책 및 법률(국기법)로서, 법적 존재의 형식이나 명칭에 구애받지 않으며 가족이나 시장기능으로부터 복지욕구를 충족치 못한 요보호자들을 정상적인 생활을 하게 하는 공공복지 정책으로 개입, 치료, 예방정책과 서비스를 제공하는 것이다.

② 넓은 의미의(광의적) 개념

전 국민을 대상으로 물질적 · 정신적 · 사회적 기본욕구 해결을 위한 제반 사회적 서비스와 관련된 법률로, 사회보장, 보건, 의료, 교육, 주택, 사회복지서비스 등으로서 인간의 삶의 질을 높이기 위한 보장과 서비스를 말한다.

③ 로마니쉰(Romanyshin)의 복합적 개념

잔여적 모형과 제도적 모형을 접목한 이론으로, 약자에 대한 재정적 원조나 서비스로 국민의 보편적 욕구에 대한 사회적 책임을 말하며 복지적 개념을 복합적인 이해로 주장했다. 제도적 모형의 장점이란 사회적 문제에 대한 사전 예방, 국가가 국민 전체를 책임지는 공공부조적인 성격을 띠고 있다.

사회복지개념의 변화 과정은 잔여적 개념에서 제도적 개념으로, 자선에서 시민권으로, 특수한 서비스에서 보편적 서비스로, 최저조건에서 최적조건으로, 개인적 개혁에서 사회적 개혁으로, 자발성에서 공공성으로, 빈민복지에서 복지사회로 변화되었다.

④ 윌렌스키와 르보(Wilensky & Lebeaux)의 잔여적 모형과 제도적 모형이론

협의적 개념 : 잔여적 모형(residual), 공공복지 정책
광의적 개념 : 제도적 모형(institutional), 사회적욕구 보장법

영국에서 첫 도입된 잔여적 모형은 선별주의를 적용하고 있으며 실제로 도움이 필요한 수혜자들을 직접 찾아가서 도와주고 지원하는 면에서 효율적이고 효과적이라고 할 수 있다.

㉮ 잔여적 복지

자본주의 사회에서 복지는 가족과 시장제도를 통해서 기본적으로 충분히 달성가능한데, 단지 정상적인 가족을 갖고 있지 못하거나 또는 시장을 통해 수입을 얻을 능력이 부족하거나 또는 시장을 통해 필요한 상품을 구입할 능력이 없는 일부 사람들이 문제가 될 뿐이고, 따라서 이들에 대해서는 국가

가 도움을 제공해야 하는데, 이러한 도움을 제공하기 위한 제도가 바로 사회복지라고 보는 입장이다. 또한 잔여적 복지개념은 가정이나 시장경제제도에 맡길 때 복지욕구를 충족하지 못한 자들을 정상적인 생활을 하게 하는 공공복지 정책으로 중요한 복지기능이 제대로 수행되지 않을 때 개방하여 정책과 서비스를 제공해 주는 것을 말한다.

㈏ 제도적 복지

현대사회에서 발생하는 여러 가지 어려움에 대해 개인이 가족과 시장을 통해 혼자의 힘만으로는 대처하기가 불가능하기 때문에 대처가 가능하도록 도움을 제공하는 제도가 필요하며, 이 제도가 바로 사회복지라고 보는 입장이며, 제도적 복지개념의 사회적 욕구를 위한 보장법에는 의식주 욕구, 보건 · 의료 욕구, 교육훈련 욕구, 취업 · 수입유지 욕구, 오락 · 휴식의 자유, 보호 · 훈련의 자유 등으로 구분되며 잔여적 복지개념의 온전한 운영이 어렵기 때문에 제도적 사회복지는 사회를 유지하는 데 필수이기도 하다.

㈐ 유사제도

사회사업에 있어 개인의 사회적응력 강화를 위한 인간관계상의 지식과 기술에 토대를 둔 전문적인 사회서비스, 사회복지사업, 사회보험, 사회보장, 공공부조와 대인 서비스, 보편적인 인간의 욕구 해결하기 위한 소득보장, 교육, 의료 등의 서비스가 있으며 질병, 장애, 노령 등의 사회적 위험으로부터 국민을 보호하고 삶의 질 향상을 위한 사회복지서비스가 있다.

3 사회복지의 연대적 발달

산업화와 자본주의의 발달로 정치경제의 변동에 따라 생긴 사회문제를 해결하기 위해서 형성되고 발전한 것이 사회복지법이다.

(1) 사회복지의 역사적 발달

① 중세 – 자선사업, 종교와 봉건제의 시대
② 근세 – 빈민정책, 절대주의와 민주혁명의 시대(1347 ~ 1833)
③ 근대 – 사회사업과 사회정책, 자유주의의 시대(1834 ~ 1940)
④ 현대 – 사회보장과 복지사업, 국가독점자본주의 시대(1941 ~ 현재)

(2) 우리나라

우리나라는 한국전쟁과 4 · 19 혁명을 겪으면서 국민의 생활안정에 대한 욕구가 하나의 가치로 대두되었으며, 5 · 16 군사정부는 '절대빈곤해방'이라는 정치공약을 내세우고 경제개발 우선의 국가정책을 추진하였다. 제3공화국 당시 '사회안정과 복지증진'이라는 정책적 목표를 제안하기는 하였지만, 빈곤의 문제가 커다란 국가적 문제였던 만큼 경제우선정책에 의해서 복지는 명목적 · 선언적 의미를 가졌을 따름이었다.

1960년대 초에는 다양한 사회복지입법이 있었는데, 1960년 공무원 연금법, 1961년 생활보호법과 아동복리법, 1962년 선원보험법, 1963년 군인연금법과 산업재해보상보험법이 그것이다. 1963년 「사회보장에 관한 법률」이 제정되어, 사회보장을 사회보험에 의한 제급여와 부상으로 행하는 공적 부조로 제한하거나, 국가의 경제적 실정을 참작하는 소극적 입장으로 보아 매우 한정된 규정으로 사회보장에 관한 '기본법'으로서 기능을 수행할 수가 없었다.

우리나라의 사회복지 발달연대를 보면 1963년 「사회보장에 관한 법률」이 제정되었으며, 1995년 「사회보장기본법」 제정으로 사회보장과 사회보험에 의한 제급여와 무상으로 행하는 공공부조가 시행되었다.

「사회복지사업법」은 1970년에 제정되어, 사회복지를 필요로 하는 사람의 인간다운 생활 보장을 보장하고, 사회복시 선분성을 높이며, 사회복지사업의 공정, 투명, 적정을 기함으로써 사회복지증진에 기여하게 되었다.

연 혁	개정 내용
1961. 3	사회보장제도 심의위원회 규정안 법제처 통과
1962. 3	사회보장제도 심의위원회 규정안의 국가재건최고회의 통과
1962. 7	국가재건최고회의 의장의 '사회보장제도 확립' 지시각서(제12531호)
1963. 10	국가 재건최고회의 상임위원회 질의 및 심의
1963. 11	사회보장에 관한 법률 통과
1970. 2	사회보장심의위원회 규정 제정(대통령령 제4575호)
1994. 10	사회보장기본법안 국회 제출
1995. 12	사회보장기본법 제정(법률 제5134호) 및 사회보장에 관한 법률 폐지
1996. 7	사회보장기본법 시행령 제정(대통령령 제15118호)
2005. 1	사회보장기본법 개정
2013. 3	사회보장기본법 개정

4 사회복지사업법의 정의

사회복지사업에 관한 기본적 사항을 규정하여 사회복지를 하는 사람의 인간다운 생활을 할 권리를 보장하고 사회복지의 전문성을 높이며, 사회복지사업의 공정·투명·적정을 기하고 지역사회복지의 체계를 구축함으로써 사회복지의 증진에 이바지함을 목적으로 제정되었다(제1조).

1970년 1월 1일 법률 제2191호로 제정되어 1983년 5월 1차 개정되었으며 전문 29조와 이에 따른 시행령이 있다. 사회복지사업이라 함은 생활보호법, 아동복지법, 노인복지법, 장애인복지법, 윤락행위 등 방지법 등의 법률에 의한 보호, 선도, 또는 복지에 관한 사업과 사회복지 상담, 재해, 구호, 부랑인 선도, 직업 보도, 인보복지, 의료보호, 사회복지관 운영, 나병완치자의 사회복귀에 관한 사업 등 각종 복지사업과 복지시설의 운영 및 지원을 목적으로 하는 사업을 말한다(제2조).

사회복지사업법의 법적 성격은 사회복지에 관한 특유한 국내법으로, 법의 실체는 세 가지 요소를 갖는다(김근조 · 김훈, 2000).

첫째, 사회복지사업법은 사회복지에 관한 법이다. 국가와 지방자치단체, 민간이 주체가 되어 국민의 요구와 각종 사회문제를 해결함으로써 국민에게 인간다운 생활을 보장하려는 생존권적 기본권을 중심관념으로 한다.

이 법은 사회복지의 조직과 작용, 즉 제 급여 및 재정에 관한 법, 권리구제에 관한 법이며, 사회복지현상을 다루는 법이다.

둘째, 사회복지사업법은 사회법이다. 생존권 보장을 이념으로 하는 사회법이다. 사회법은 시민사회의 자유권 중심적 원리와 자본주의의 결함으로 인한 사회적 모순을 해결하는 과정에서 발달한 법의 영역이다. 사회법이 보장하려는 권리인 생존권은 국민이 문화적 수준의 인간다운 생활을 보장받기 위하여 국가에게 일정한 조치를 취해 주도록 요구할 수 있는 헌법적 권리이다. 사회법은 시민의 자유권의 보장을 기본으로 하는 공법 또는 사법의 영역과 다른 성격을 지닌다. 예를 들면 산업재해보상법, 국민기초생활보장법 수급권의 압류의 제한, 아동복지법의 아동을 통한 약취행위에 대한 처벌 규정 등이다.

셋째, 사회복지사업법은 사회복지에 관한 국내법이다. 국내법이란 한 나라의 통일적 법체계에 속하는 법규범의 총체를 말하고, 국제법은 자신의 영역에 한하여 법적 관할권을 갖는 주권국가들을 기본적인 구성원으로 하여 성립되고 있는 국제사회의 법이다.

국내법은 국적을 기본으로 하여 대한민국 국민을 대상으로 하며, 지리적으로는 대한민국 영토 내에서 적용되는 법이다. 사회복지사업법은 대한민국의 통일적 법체계 속에서 사회복지현상을 다루는 국내 법규범의 총체이다(김훈, 2006).

5 사회복지법과 사회보장법

(1) 사회복지법의 발달

사회복지법(socail welfare law)은 인간과 사회현상에 관한 정의에 있어서 정의자의 개인적 철학과 가치관이 반영되며, 그의 경험적 사회 환경의 다양성을 나타내기 때문에 필요한 작업임에도 불구하고 어려움이 있다. 또한 지금까지도 사회복지법은 역동적으로 떠오르는 학문영역으로 명확한 정의가 부족하기 때문이기도 하다.

한편으로는 사회복지법이 그 사회현상에서 지역과 시대적 상황에 따라 통합적이고 체계적인 일원론적인 개념이 곤란한 것은 그 사회적 현상은 사람의 대상에 따라 다르며 시대적 상황에 따라 달라지기 때문이다. 따라서 사회복지법의 통합된 개념을 도출하기는 어려운 일이지만, 사회복지학의 학문적 성과를 반영하기 위해서 그리고 오늘날은 사회복지에 관련된 모든 사회현상에 관한 체계적인 개념을 필요로 하고 있다.

'사회복지법'이란 용어는 '사회복지'와 '법'이란 단어의 합성어이다. 이는 사회복지에 관한 법으로서 법의 일반적인 성격과 틀을 지니고 있으되 그 내용은 사회복지를 다루는 법이라고 할 수 있다. 사회복지법은 현실생활에서 어려움을 겪는 사회적 약자, 혹은 요보호대상자를 위한 좁은 의미의 제반 사회복지정책 및 사회정책을 의미하며 주로 실정법상의 의미가 중심이 되고 있다. 또한 사회복지법은 전 국민의 물질적·정신적 기본욕구를 해결함으로써 인간다운 생활을 영위하게 하는 공사의 제반 서비스와 관련된 법률을 의미한다.

이와 같이 사회복지법은 전 국민의 사회복지를 구현하기 위한 구체적인 사업을 국가가 법의 형태로 사회보험법, 공공부조법, 사회복지서비스법에 이어 사회복지관련법 등, 그 법적 체계가 제도화되고 외형상, 법의 내용, 법의 일부조항 등에 의거해서 기재되었다(김훈, 2006).

① 사회복지법의 출현

사회복지법은 산업화와 자본주의의 발달과정을 거치면서 정치 · 경제 · 사회 체제의 변동에 따른 사회 및 정치적 문제를 해결하기 위하여 탄생한 법이다.

전통적인 농경사회에서는 개인의 기본적 욕구의 충족은 가족과 지역사회라는 공동체 내에서 이루어졌다. 이 당시 가족과 지역사회 구성원은 가장의 지배와 관리하에서 생산과 소비활동의 공동체로서 존재하였다. 그러나 근대 시민사회에 와서 자본주의 사회가 출현함에 따라 가족이 담당하고 있던 생산과 소비가 분리되어, 가족은 단순히 소비생활의 공동체로 전락되었고 가장은 임금 노동자로 변하였다. 이때부터 가족의 생존과 부양은 임금노동자인 가장의 노동수입에 의존하게 되었다. 이러한 가장의 노동수입은 가족의 생존과 부양을 책임져야 하는 법적인 부양책임자로서 의미가 부여되었다.

자본주의 시장 경제에서의 임금이란 노동력의 가격일 뿐 가족의 생존을 책임지기에 충분한 것이 아니었다. 이로 인해 시민사회의 가족부양책임과 자본주의의 분배 사이에 모순이 발생하게 되었다.

자본주의 사회에서 필연적으로 인간의 생존과 부양에 대한 새로운 법리가 필요하다는 것을 뜻하며, 이 법리가 바로 사회복지법리이다. 이처럼 사회복지법은 정치 · 경제적 사회의 역사적 변천 및 발전과 자본주의의 발달과정에서 생겨났으며, 개인주의 · 자본주의를 근간으로 하는 근대법의 법리를 수정하여 현대법에서 확립하게 되었다(강희갑, 2006).

---

① 전통적인 농경사회와 왕권, 군주사회
② 중세말기의 토지에 기반
③ 자본주의의 출현
④ 노동법의 발전
⑤ 경제법, 사회보장법 발전
⑥ 사회복지가 해결해야 할 영역확대

사회복지의 시대적 발전은 약자를 대상으로 국가적 책임을 강제하는 방향으로 변화 발전한 것이다. 사회복지가 지향하는 첫째 목표는 인간존엄성

의 구현이며, 인간존중사상은 사회복지의 본질적인 가치를 이루고 있다.

또한 현대 복지국가의 기본이념은 사회적 평등에 기초하고 있으며, 평등의 개념은 기회의 균등을 말하는 자유주의 이념에서 좀 더 발전한 것으로 본다.

② 사회복지법의 기원

사회복지법의 기원은 영국, 독일, 미국 등의 주요 복지선진국의 사회복지 발달 역사를 법적 관점에서 구체적으로 살펴볼 수 있다.

영국의 경우, 일단 국가적 차원에서 빈민문제를 다루었고, 19세기 말 이후 공공부조법으로 발전해 갔던 빈민법을 사회복지법의 기원으로 삼을 수 있다. 빈민법은 빈민들을 억압하고 통제 또는 관리하는 법으로서의 성격이 강하다. 지방의 교구별로 이루어지던 구빈 행정을 중앙정부 차원으로 체계화시킨 것이다.

독일은 산업화가 빠른 속도로 이루어지면서 급속한 도시화, 노동계급의 형성, 사회주의사상의 영향 등으로 치열한 계급갈등이 전개되었으며, 노동계급을 위하여 질병보험법, 재해보험법, 노령 및 폐질보험법 등의 사회보험 입법을 비스마르크(Bismarck)가 추진하여 정치적으로 이용하려는 의도와는 달리 사회복지발전에 기여하게 되었다.

미국에 있어서의 공황은 자유주의적 성향이 강한 미국에도 사회보장 입법을 출현시켰다. 대공황으로 인한 광범위한 실업과 빈곤이 전사회적인 문제로 등장하게 되자 미국정부는 뉴딜(New Deal) 정책의 일환으로 사회보장법(1935)을 제정하고 세계 최초로 사회보장이라는 용어를 공식화하게 되었다.

(2) 사회복지법의 특성

① 사회법의 성격

사회법은 근대 사법인 시민법의 내용 및 그 원리에 대한 수정 · 보완의 목적을 갖고 성립된 현대적인 법의 형태이다. 그러나 사실 사회법이란 처음부터 일정한 법체계로 확립되어 있는 것을 지칭했던 것이 아니라 근대 시민법의 원리와는 구별되는 법 원리를 기초로 점차 발달해 온 일련의 법체계에 적용되어 온 개념이다.

사회민주주의를 표방하면서 제정된 바이마르 헌법 제153조는 처음으로 소유권은 의무를 수반하며, 공공복리에 봉사하여야 한다고 규정하였으며, 소유권의 절대성을 표방했던 프랑스혁명의 '인간 및 시민의 권리선언'은 프랑스 민법전의 시민법적 기본원리에 대한 중대한 변화를 초래하는 사회법적 원리를 규정하고 있다.

질서유지를 목적으로 하는 근대적 야경국가의 이념 및 형식적 법치주의의 원리는 공공복리의 증진을 목적으로 하는 사회국가 내지 복지국가의 이념 및 실질적 법치주의의 원리로 변화하였다. 이처럼 사법체계를 지탱해 온 근대 시민법 원리에 대한 수정원리와 더불어 사회적 법치주의 또는 복지주의 원리를 실현하는 새로운 법체계에 대한 전통적인 법 원리의 등장은 사회복지의 원리를 제공하는 데 초석이 되었다.

이처럼 전통적으로 공법과 사법의 양대 체계로 분류되어 오던 법체계는 19세기 말부터 20세기 초에 걸쳐서 사회법이라고 불리는 새로운 법체계의 성립으로 말미암아 구조적 변화를 맞게 되었다.

오늘날 사회법을 광의로 이해하면, '사회정책과 관련된 모든 법'을 의미하는 것으로 보고 있으며, 사회보장법, 노동법, 그리고 교육, 환경, 위생, 주택 등에 관한 법규를 포함시키지만 경제법은 제외한다. 협의의 사회법은 사회보장법과 동의어로 사용되며, 사회보험법, 사회보상법, 사회원호법 등으로 이해한다.

② 시민법과 노동법

시민법이란 18세기 말에서 19세기 초에 봉건사회의 붕괴와 더불어 생성된 시민사회를 지배하는 법을 지칭한다. 이 시민사회의 성립배경에는 경제적 능력과 지식을 갖춘 시민계층의 힘이 있었으며, 신분적 상하 지배체계의 부정, 시민의 천부인권 인정, 자유 · 평등 · 독립적 인격을 특징으로 하여 경제적 자본주의와 정치적 민주주의의 기초가 되었다. 시민사회의 시민법은 사유재산제도, 계약자유의 원칙, 자유의사, 자기행위에 대한 책임의 네 가지 원리가 있다.

이 네 가지 원리는 개인생활의 원활한 발전을 도모하기 위하여 국가의 간섭을 최소한으로 줄이고, 사적 자치의 원리에 입각하여 개인의 자유로운 의사에 따라 그 생활관계를 영위하도록 하는 데 있다. 시민법의 원리적 · 법형식적 관점에서는 사용자와 노동자는 동일한 독립된 법적 지위 및 자유와 평등을 가진다. 이처럼 시민법의 원리는 초기의 자본주의의 발전에 지대한 공헌을 하였으며, 엄청난 경제적 발전 및 산업의 변화가 이루어졌다. 이러한 변화는 경제적 발전과 산업의 변화와 함께 이루어졌으며, 사회의 구조적 변화를 초래하였다.

따라서 시민사회에서 국가는 자유로운 경제활동에 대하여 방임적 태도에서 공공의 복리, 사회질서의 유지, 신의성실 등의 법리를 통하여 계약자유를 제한하는 시민법의 원리의 수정과 사회법의 원리가 등장하게 되었다.

노동입법은 경제사회의 모순을 해결하기 위한 방법으로써 경제적 약자를 보호하기 위한 법체계로 등장하였다. 이 노동입법은 제1차 세계대전 이후 사회법의 한 영역으로 인정되었다. 최초 노동입법은 노동법과 노동조합법을 포함하는데, 노동자 이외의 일반인의 의료보장, 건강보장은 제외되었다. 그 시기에 노동자 이외의 일반인의 보호가 가능한 입법이 필요하게 되어 나타난 법이 사회보장법이다. 예를 들어, 노동재해, 노령 · 질병에 의한 경제적 위험, 재해 · 질병에 대한 의료급부, 신체적 기능회복, 경제생활보장을 위한 사회보장법이 출현하였다. 이와 같이 노동법은 노동계약관계를 매개로 하여 노동자의 생존권 실현을 목적으로 하며, 사회보장법은 모든 국민에 대하여 직접적으로 생존권을 실현하기 위한 법이다.

③ 사회복지법의 속성

사회복지법전의 근거는 사회복지법이 있는 경우와 관련법의 조항에 명시되어 있다면 사회복지법이 없는 경우로, 예를 들면 사회복지법의 영역

설정 시 타당성이 무시될 가능성이 크고 바로 경직될 가능성이 커지는 것이며 한 국가의 바람직한 법의 속성과 특성을 크게 두 가지로 나누어 제시해 본다.

첫째, 사회복지법의 안정성으로 법의 개정은 엄격하게 입법의 과정을 거쳐야 하며, 둘째, 객관화한 타당성을 바탕으로 법에 적용되어야 하며 사회 변화 역시 동시에 반영해야 하므로 외적인 접근 방식을 가지고 있다.

사회복지법은 공법이나 사법이 아닌 그 중간에 위치해 있는 '제3의 법'의 성격을 가지며, 자본주의 모순을 해결하기 위해 생성된 법이다. 공법과 사법으로의 구분은 근대사회에서 국가와 사회를 이원화하되 국가에 더 특별한 지위를 부여하려는 정치적 이데올로기의 소산으로 발생된 것이다. 공법이 힘을 가진 대표적 시대는 로마시대 및 근대였으나, 자유방임시대에 들어서면서 국가의 간섭이 최소화하고 개인의 자유 보장이 증가하면서 사법의 영역이 확장되었다. 그러나 20세기적 복지주의를 지향하는 근대국가에 있어서는 사적 자치를 제한하여 사법의 공법화 경향이 나타남으로써 점차 공법의 영역이 확대되었으며, 마침내 양자의 구별이 명확치 않게 되었고, 급기야 양법이 서로 융합하는 사회법의 발달을 가져왔다(홍성찬, 2002: 110).

자본주의의 발전과 더불어 소득불평등, 빈부의 격차, 전통가족구조의 붕괴, 실업의 증가 등의 사회문제가 야기되었고, 자본주의 문제를 해결해야 할 위기에 직면하게 되었다. 이에 모든 사람에게 인간다운 생활을 보장하고자 하는 사회국가 또는 복지국가의 실현을 위한 정책 중 하나로 사회복지법이 대두되었다.

④ 사회복지법의 기본원리

㉮ 보험의 원리

장래 발생할 생활상의 특정 위험으로부터 자기를 보호하고자 하는 사람들이 상호부조의 정신으로 각각 일정한 기여금을 지불하고, 자기에게 생활상의 그 위험이 발생하게 되면 소정의 급여를 받게 되는 원리를 의미한다.

보험의 원리에 근거한 사회보험법에는 국민연금법, 특수직역연금법, 산업재해보상보험법, 고용보험법, 선원보험법 등이 있다.

㉯ **보상의 원리**

국가와 민족을 수호하기 위하여 활동한 사람이 상해를 입거나, 사망하거나, 근로능력을 상실하여 본인이나 유족의 생활이 빈곤하게 될 때, 그들 본인과 가족 또는 유족의 생활을 보장하기 위하여 국가의 재정을 재원으로 하여 급여하는 원리를 의미한다. 군사원호보상법, 국가유공자 특별원호법 및 귀순북한동포 특별원호법, 재해로 인한 의사상자 구호법, 국가유공자 예우 등에 관한 법률 등이 보상의 원리에 기초하고 있는 사회복지법이다.

㉰ **부조의 원리**

개인의 가중된 경제적 부담을 경감시켜 주기 위해 국가의 재정에서 소득을 보장해 주는 원리를 말하며, 즉 자립상실자, 소득능력 결여자, 소득능력의 미 확립자 등 사회적으로 요보호자를 보호하기 위하여 최저생활을 보장하는 원리이다. 부조의 원리에 의한 현금급여 대상자는 반드시 자산조사를 거쳐 급여를 지급 받는다는 특징이 있다.

㉱ **원조의 원리**

원조의 원리란 부조의 원리를 전제로 하여 사회복지서비스인 상담, 생활지도, 재활서비스 등이 있으며, 우리나라 「사회복지사업법」 제2조에 규정된 사회복지사업법상의 사회복지사업를 아동복지법, 노인복지법, 장애인복지법, 모자복지법, 영유아복지법, 윤락행위 등 방지법에 의한 보호, 선도 복지에 관한 사업과 사회복지상담, 부랑인 선도, 직업보도, 재가복지, 무료숙박, 지역사회복지, 모자복지, 의료복지, 사회복지기관운영, 정신질환자와 나병완치자 등, 사회복귀에 관한 사업, 각종 복지사업과 복지시설운영, 지원을 목적으로 하는 원조의 원리에 기초하고 있는 사업을 말한다.

(3) 사회보장기본법

사회보장제도란 모든 사회구성원이 최소한의 인간다운 삶을 영위할 수 있도록 각종 사회적 · 경제적 위험으로부터 사회구성원을 보호하는 제도를 의미하며, '사회보장'은 질병 · 장애 · 노령 · 실업 · 사망 등의 사회적 위험으로부터 모든 국민을 보호하고 빈곤을 해소하며 국민 생활의 질을 향상시키기 위하여 제공되는 사회보험 · 공공부조 · 사회복지서비스 및 관련복지제도를 말한다.

국제노동기구가 1989년에 발간한 〈사회보장입문(Introduction to Social Security)〉이란 책에서 "사회보장이란 질병, 분만, 산업재해, 실업, 고령, 폐질(장애), 사망 등에 의한 소득의 중단 또는 감소가 미치는 경제적 · 사회적 불안을 공적 대책을 통해 대처하기 위해서 사회가 그 구성원에게 제공하는 보호(protection)"라고 규정하였다.

사회적 위험과 관련법

질병	장애	노령	실업	사망
• 국민건강보험법 • 산업재해보상 보험법 • 의료부조법	• 국민건강보험법 • 산업재해보상 보험법 • 의료부조법	• 국민연금법 • 공무원연금법 • 군인연금법 • 사립학교교직원 연금법	• 고용보험법	• 국민연금법 • 국민건강보험법 • 산업재해보상보험법 • 국민기초생활보장법

개인의 사적 소유와 시장경제체제 중심의 자본주의 사회에서 개인의 생활보장문제는 자조의 원칙하에 개인의 책임으로 귀결된다. 그러나 산업화와 도시화에 따른 사회경제구조의 변화로 인해 개인의 일상생활 중에 당면할 수 있는 사회적 위험의 범위가 확대되었다. 또한 인구의 노령화와 핵가족화는 각종 복지수요를 증대시켰고 전통적인 가족 간에 연대감이나 부양의식을 약화시켰다. 이러한 사회 · 경제적 변화는 개인의 생활보장문제를 전적으로 개인에게만 의존할 수 없는 상황을 초래하여 국가가 개인의 생활을 보장

하는 사회보장제도가 등장했다.

김근조의 입법목적에 따른 체계론은 사회복지법을 생존적 입법, 생활보장 및 생활향상 입법, 사회적응 원조 입법 등으로 체계화하고, 사회복지법의 급여나 서비스가 충족시키고자 하는 목적의 기능적인 정도를 나타내는 것으로서 공공부조법, 사회보험을 포함하는 각종 사회정책입법, 사회복지서비스법 등으로 분류하고 있다.

① 사회보장제도의 운영

사회보장제도의 운영원칙은 보편성, 부담비용의 형평성 · 민주성 · 연계성 · 전문성의 원칙을 규정하고 있다.

㉮ **보편성의 원칙:** 국가 및 지방자치단체는 사회보장제도를 운영함에 있어 이를 필요로 하는 모든 국민에게 적용하여야 한다.

㉯ **형평성의 원칙:** 국가 및 지방자치단체는 사회보장제도의 급여수준 및 비용 부담에서 형평성을 유지하여야 한다.

㉰ **민주성의 원칙:** 국가 및 지방자치단체는 사회보장제도의 정책결정 및 시행과정에 공익의 대표자 및 이해관계인 등을 참여시켜 민주성을 확보하여야 한다.

㉱ **연계성 · 전문성의 원칙:** 국가 및 지방자치단체는 사회보장제도를 운영함에 있어서 국민의 다양한 복지욕구를 효율적으로 충족시키기 위하여 연계성 · 전문성을 높여야 한다.

② 사회보장제도의 분류

㉮ 사회보험

국민에게 발생하는 사회적 위험을 보험방식에 의하여 대처함으로써 국민건강과 소득을 보장하는 제도를 말한다. 특징은 강제가입과 운영주체가 국가의 독점이라는 점 등이 있다.

첫째, 국민연금법으로 국민의 노령, 질병, 폐질, 실업, 사망 등 사회적 위험이 발생한 경우에 가입자의 연금보험료를 주된 재원으로 하여 연금급여의 실시를 통한 장기적 소득보장을 함으로써 국민의 생활안정과 복지증진에 기여함을 목적하는 하는 법이다(「국민연금법」 제1조).

둘째, 국민건강보험법은 국민의 질병, 부상에 대한 예방, 진단, 치료, 출산, 사망 및 건강 증진에 대하여 보험급여를 실시함으로써 국민건강을 향상시키고 사회보장을 증진함을 목적으로 한다(「국민건강보험법」 제1조). 국민건강보험은 질병발생 시의 의료비나 소득감소에 대비한 보험이자 재원에 있어서 소득에 따른 차등부과방식으로 소득재분배 효과가 있다.

셋째, 산업재해보상법은 산업재해를 당한 근로자를 보호하기 위한 사회보험으로 근로자의 업무상 발생하는 재해에 대한 보상이다. 산재보험의 보험료는 사용자가 전액 부담하고, 정부가 운영사업비의 일부를 부담하며, 사업장 재해발생 위험도에 따라 차등부담원칙에 의거한다.

넷째, 고용보험은 고용보험의 시행을 통해 실업예방, 고용촉진, 근로자의 직업능력 개발 및 향상을 도모한다. 실업보험이 단순하게 실직자의 생계를 지원하는 사후적 소극적 사회보장제도라면, 고용보험은 실직자에 대한 생계지원과 재취업을 촉진하고 나아가 실업의 예방 및 고용안정, 노동시장의 구조개편, 직업능력개발을 강화하기 위한 사전적 · 적극적 차원의 종합적 노동시장정책의 수단이라고 할 수 있다(조원탁 외, 2012: 445).

다섯째, 노인장기요양보험법은 치매나 중풍 등 노인성질환으로 일상생활이 불편한 이들에게 사회연대원리에 따라 국가와 사회가 요양을 담당하는 제도로 2007년에 제정되어 2008년 7월 1일에 시행되었다.

의의	관련법
"국민에게 발생하는 사회적 위험을 보험 방식에 의하여 대처함으로써 국민건강과 소득을 보장하는 제도"(제3조 제2호)	「국민건강보험법」, 「국민연금법」, 「고용보험법」, 「산업재해보상보험법」, 「노인장기요양보험법」

㉯ 공공부조

공공부조(public assistance)라 함은 국가와 지방자치단체의 책임 아래 생활유지에 능력이 없고 생활의 어려움을 겪고 있는 국민들 대상으로 최저생활보장(국민기초생활 보장), 자립을 지원하는 제도이다. 또한 의료보호법은 국민기초 생활보호 대상자들에게 의료보호를 실시하는 선별적 국민보건의 혜택이다.

사회보험이 장래의 생활불능이나 생활 빈곤상태를 방지하려는 예방적 성격을 가지는 반면, 공공부조는 공공비용으로 현재의 저소득계층에게 현금과 현물서비스를 제공하는 사후 구제적 성격을 가지는 점에 차이가 있다.

의의	관련법
"국가 및 지방자치단체의 책임하에 생활유지능력이 없거나 생활이 어려운 국민의 최저 생활을 보장하고 자립을 지원하는 제도"(제3조 제3호)	「국민기초생활보장법」, 「의료급여법」

㉰ 사회복지서비스

사회복지서비스는 "국가 · 지방자치단체 및 민간부문의 도움을 필요로 하는 모든 국민에게 상담 · 재활 · 직업소개 및 지도 · 직업소개 및 지도 · 사회복지시설 이용 등을 제공하여 정상적인 사회생활이 가능하도록 지원하는 제도"이다(제3조 제4항).

사회복지사업에 대한 기본적 사항 규정, 인간다운 생활을 할 권리 보장, 사회복지의 전문성 향상, 사회복지사업의 공정, 투명, 적정을 기함으로 사회복지증진에 기여한다. 따라서 사회적으로 불우하고 열악한 위치에 있는 아동, 노인, 부녀, 장애인 등을 전문화된 지식과 방법을 활용하여 이들에게 문제해결을 통해 정상적인 사회로의 복귀를 시키는 데 그 목적을 두고 있다.

㉱ 관련 복지제도

보건 · 주거 · 교육 · 고용 등의 분야에서 인간다운 생활이 보장될 수 있도록 지원하는 각종 복지제도를 말한다. 예컨대, 최저임금법, 모자보건법, 청소년보호법, 윤락행위등방지법, 가정폭력방지법, 남녀고용평등법, 사회복지공동모금회법, 주택임대차보호법, 사회복지사업법 등이 이에 속한다.

❖ 사회보험 · 공공부조 · 사회복지서비스의 특징

구분	시행주체	대상	목표	급여	재원
사회보험	국가	국민	건강 · 소득의 보장	현금	보험가입자 보험료, 국가의 재정
공공부조	국가 · 지방 자치단체	생활유지능력이 없거나 생활이 어려운 국민	최저생활 보장 · 자립지원	현금 · 현물서비스	공공재정
사회복지서비스	국가 · 지방 자치단체 · 민간사회복지시설	국가 · 지방 자치단체 및 민간부문의 필요로 하는 모든 국민	정상적인 시회생활 지원	현물급여 비물질적 · 전문적 서비스	정부보조금, 사회복지법인의 부담, 후원금 등

③ 사회보장 기본이념

사회보장은 모든 국민이 인간다운 생활을 할 수 있도록 최저생활을 보장하고 국민 개개인이 생활의 수준을 향상시킬 수 있도록 제도와 여건을 조성하여, 그 시행에 있어 형평과 효율의 조화를 도모함으로써 복지사회를 실현하는 것을 기본이념으로 한다(「사회보장기본법」 제2조).

㉮ 생존권의 구현

생존권은 인간다운 생활을 하기 위한 국민의 기본적 권리를 말한다. 「헌법」은 "모든 국민은 인간다운 생활을 할 권리를 가진다"(제34조 제1항)고 규정하고 있다. 국민 개개인이 생활의 수준을 향상시킬 수 있도록 제도와 여건을 조성하여, 그 시행에 있어 형평과 효율의 조화를 기함으로써 복지사회를 실현하는 것이다. 생존권을 구현하는 방법으로 "국가는 사회보장 · 사회복지의 증진에 노력할 의무를 진다"(제2항)고 규정하였다.

㉯ 복지국가의 실현

복지국가(welfare state)는 현대국가의 지표로 정립된 국가상으로서 국민의 생존권사회 보장을 위해 적극적으로 사회보장정책을 수립 · 실시하는 국가라고 할 수 있다. 자유주의, 조합주의, 사회민주주의 복지국가가 있다. 복지국가는 국가가 국민들의 최소한의 복지를 보장하여야 한다는 전제를 가지며 정치체제로는 민주주의 이념, 경제체제로는 자본주의 체제와 완전고용의 이념을 기반으로 한다.

㉰ 사회연대 사상에 의한 상호부조

사회보장법은 사회적 위험을 사회구성원들의 공동체의식과 사회연대사상에 근거하여 상호부조에 의해 대처하는 것을 기본이념으로 한다.

㉠ 빈곤의 예방과 구제 ㉡ 삶의 질 향상
㉢ 사회계층 간의 갈등 완화 ㉣ 인간다운 생활의 조건 확보
㉤ 소득의 재분배 ㉥ 정치 · 경제 · 사회의 안정에 기여

㉱ 관련 복지제도

'관련복지제도'란 "보건 · 주거 · 교육 · 고용 등의 분야에서 인간다운 생활이 보장될 수 있도록 지원하는 각종 복지제도"를 말한다(제3조 제5호).

용어정리

- **자치법규** : 지방 자치 단체가 자치 입법권에 기초하여 법령의 범위 안에서 제정한 자치에 관한 규정 · 조례 · 규칙 따위가 있다.
- **구빈세** : 조세의 하나. 가난한 사람을 구호하는 비용 지출을 위하여 설정하였다.
- **공공 부조** : 국가나 지방 공공 단체가 생활 능력이 없는 사람에게 최저한도의 생활수준을 보장하기 위하여 보호 또는 원조를 행하는 일. 현대 선진 국가에서는 사회 보험 제도와 함께 사회 보장의 일환으로 이 사업을 활발히 진행하고 있다.
- **1차 빈곤** : 가족의 소득이 생물학적 효율성(biological efficiency)을 유지시킬 수 있는 기본 필수품, 즉 식료품 · 연료 · 주택 · 의복 등 4개 항목에 전부 투입하더라도 모두 구입 할 수 없을 정도인 경우를 의미한다.
- **2차 빈곤** : 가족의 소득이 식료품 · 연료 · 주택 · 의복 등 4개 항목을 구입할 수 있을 정도이나 그 소득 중 일부를 다른 용도에 소비함으로써 빈곤해지는 경우를 의미
- **다수파와 소수파 보고서** : 다수파는 주로 COS를 옹호한 자유주의 이데올로기자들로 구빈법의 개혁을 제시하였고 소수파는 페이비안 협회를 옹호한 사회주의 이데올로기자들로 구빈법의 폐지를 주장하였다. 결국 다수파의 보고서가 채택되었지만 소수파의 의견이 반영된 사회입법(무료급식, 노령연금, 국민보험법)이 탄생하였다.
- **임차료** : 남의 물건을 빌려 쓰는 대가로 내는 돈
- **자산조사** : 공적부조사업 대상자 및 무갹출연금, 노령부조 · 연금 등에서 대상자가 사회보장제도를 악용하지 않도록 대상자(피보험자)의 수입, 재산, 다른 저축수단, 친지의 도움 여부를 실제로 가려내는 조사
- **기회균등** : 국적에 따른 차별 없이 모든 국가의 국민에게 국제간의 통상이나 다른 사항에 관하여 균등한 이익을 얻을 수 있도록 경쟁의 기회를 주자는 외교정책상의 주의.
- **편부모** : 부모 중 한 명만 있고, 한 명은 부재인 상태
- **영국병** : 1960년대부터 1980년대 영국에서 나타난 사회 · 경제적인 장기 침체, 물가 상승, 실업자 증내, 파운드 가치 하락 따위가 주요한 현상이었다.

03 Chapter

사회복지법과 생존권

1 생존권의 의의

18, 19세기의 자유권적 기본권은 신분제도와 종교적 속박으로부터 시민을 해방하여 자유와 평등을 주었다. 이를 터전으로 하여 자본주의 경제가 고도로 발달하고 세계 인류에 고도의 번영 그리고 발달을 가져 왔으나 자본주의의 발달이 빈부의 격차나 계급 간 대립의 격화와 노사 간의 갈등 그리고 실업의 급증과 같은 사회문제를 야기하면서 불평등을 불러일으켰다고 볼 수 있다.

20세기에 들어와서 국민의 기본적인 생활을 위협하는 자유권적 기본권은 고쳐야 할 수밖에 없었다. 국민들의 인간다운 생활을 위해서는 국가로부터의 형식적인 자유의 보장 대신 국가의 적극적 개입이 필수이기 때문에 실질적 자유를 보장하기 위한 주장이 제기되었는데, 이러 자유권 이념의 수정에서 생긴 것이 생존권의 기본권이라고 할 수 있다. 생존권이 세계 최초로 헌법에 규정된 것은 1919년 제정된 독일의 바이마르 헌법이었다.

이 헌법은 제151조 제1항 전단에서 "경제생활 질서는 모든 사람에게 인간다운 생활을 보장하는 목적을 갖는 정의의 원칙에 적합해야 된다"는 규정과 "소유권은 의무를 수반한다"라는 규정 및 "노동력에 대한 국가의 보존"의 규정 등에 의하여 생존권을 보장한다.

(1) 생존권의 개념

법률에서 생존권이란 "인간의 기본적인 자연권의 하나이며 각 개인이 완전한 사람으로서 생존하는 데 필요한 모든 것을 국가에 요구할 수 있는 권리"라고 정의하고 있다.

생존권이란 국민이 최저생활의 유지를 위하여 필요한 조건의 확보를 국가에 대하여 요구하는 권리로 국가의 적극적인 관여와 배려에 의하여 국민이 현실생활에 필요한 조건의 보장을 요구하는 권리의 총체이며, 국가의 부작위를 요구하는 자유권과는 질적으로 상이하다.

생존권적인 기본권이란 인간이 살아가기 위해서 기본적인 조건이라 할 수 있으며 소득의 보장, 의료의 보장은 물론이고 사회적 서비스의 보장 등이 충족되어야 한다. 따라서 의식주의 생활조건은 물론이고 심리적 · 사회적 욕구도 기본적인 것은 반드시 충족될 수 있어야 하며, 인간다운 생활을 할 수 있는 권리, 인간의 존엄과 가치, 신체의 자유 등과 같은 권리이다.

슈미트(Carl Schmitt)는 생존권을 사회주의적(약하게는 사회적) 권리라고 하면서 이는 개인이 국가에 대하여 적극적인 급부를 요청하는 권리로 보고 있으며, 이 권리는 제한될 수 있다고 한다. 왜냐하면 타인과 급부에 대한 권리가 제한되기 때문이다. 국가에 대한 모든 급부 청구권은 제한된다고 한다. 이러한 급부청구권은 국가의 존재를 전제로 하고 있다고 한다. 그는 생존권의 종류로서 노동에 관한 권리, 구조와 원조에 관한 권리, 교육에 관한 권리를 들고 있다(강희갑, 2006).

생존권적 기본권은 주 생존권과 그에서 파생하는 개별적 생존권으로 나누어진다. 주 생존권은 인간다운 생활을 할 권리이며, 단순한 물질적 최저한도의 생활을 할 권리가 아니고 경제적 · 문화적 · 사회적 생존권까지를 포함한다. 이 주 생존권은 개별적 생존권으로 성별, 나이, 인종, 국적, 장애, 성정체성 등의 차이나 재산의 많고 적음에 관계없이 모든 사람은 경제적 · 사회적 · 문화적으로 적절한 생활수준을 향유할 수 있어야 한다.

① **주 생존권** : 인간이 인간다운 삶을 영위하기 위한 최소한의 살아가기 위한 권리

② **문화적 생존권** : 교육을 받을 권리, 문화생활을 할 권리

③ **사회적 생존권** : 가족생활과 혼인생활을 할 권리

④ **경제적 · 물질적 생존권** : 최저한도의 물질적 생활을 할 권리, 사회보장청구권, 생활보호 청구권

⑤ **노동생존권** : 노동을 할 권리, 노동자의 노동 3권

⑥ **환경권** : 쾌적한 환경생활권, 주거의 권리

⑦ **건강권** : 보건에 관한 권리, 의료보호청구권

이와 같이 생존권의 기본을 바탕으로 한 우리나라 「헌법」 제10조에서의 생존권의 의미는 사람은 누구나 인간다운 생활을 할 권리를 가지고 있으며, 사회복지법이 추구하고자 하는 최고 가치의 총체이기도 하다.

따라서 생존권은 인간다운 생활을 하기 위해 최저생활의 유지에 필요한 기본적 조건을 국가에 요구할 수 있는 권리로 정의한다.

(2) 생존권의 특징

1919년 독일의 바이마르 공화국 헌법 제151조 제1항에서는 "경제생활의 질서는 인간다운 생활을 보장하는 목적을 갖는 정의의 원칙에 부합, 소유권 제한, 노동력에 대한 국가 보존 등의 규정에서 생존권적 기본권 보장을 갖게 된다"고 생존권적 기본권 보장에 대해 규정하고 있다.

바이마르 헌법의 생존권규정에는 시민법의 원리인 개인주의나 자유주의를 통제하기 위한 목적으로 계약자유의 원칙, 소유권의 신성불가침, 과실책임주의 등이 있다. 여기에서 생존권이란 인간다운 생활을 유지하는 데 필요한 조건을 확보하기 위해 국가에 요구할 수 있는 권리이며, 생존의 차원을 넘어 문화적 기본욕구 충족까지를 말한다.

우리나라 「헌법」은 생존권 보장에 관한 규정을 다음과 같이 두고 있다.

「헌법」 제10조(존엄과 가치), 제34조(인간다운 생활), 제34조 제2항(국가는 사회보장, 사회복지증진에 노력할 의무를 진다), 제32조(모든 국민은 근로의 권리를 가진다), 제119조(소득분배관련) 등에 규정하고 있다.

이 법에 규정되어 있는 생존권적 기본권이 자유권에 관한 제한으로 국가의 적극적인 생존권 보장을 의미하는 것으로 그 후로부터 이러한 생존권은 국제사회에서 크나큰 영향을 미치며 대부분의 국가가 헌법에 생존권에 대한 규정을 두고 있었다.

한편 인간다운 생활의 보장에 대하여 국가의 책임이나 의무로 규정한 생존권적인 기본권의 세 기지 특징을 살펴보면 다음과 같다.

먼저 생존권은 사회적인 약자에 대해 국가가 온정주의 은혜가 아니고 사회에서의 삶에 대한 영위를 하려는 자에 대한 권리로 볼 수 있고, 다음으로는 생존권이 단순히 생존을 의미하는 것이 아니라 문화적인 생존권을 의미하는 권리이며, 마지막으로 생존권은 소득이나 의료의 보장과 더불어 사회복지서비스를 통해 재활과 사회복귀하는 것을 포함한다.

그러므로 생존권은 국민들의 인간다운 삶을 유지하는 데 필요한 기본적 조건으로 의식주와 기타 일상생활에 필요한 생활용품을 조달하며 확보할 권리가 있다는 것으로써, 다시 말해 생존권은 국민이 생활에 꼭 필요한 기본적인 의식주의 생활조건은 물론이고 나아가 심리적이고 사회적인 욕구를 국가권력이 적극적으로 개입하여 확보해 주라고 요구하는 권리이다. 생존권은 복지권, 사회권, 생활권적 기본권이라고도 할 수 있다.

2 생존권 이념의 관계

(1) 시민법과 생존권

시민법의 출현 배경으로는 중세 봉건사회의 타파로 18~19세기 초 자본주의 사회가 성립되고, 프랑스혁명, 영국의 시민혁명, 산업혁명 등의 결과로 시민사회의 질서를 이끌어 갈 법의 체계가 필요하게 되었고, 이 법이 바로 시민법이다. 시민법체계의 기본이념에는 자유주의, 개인주의 등이 있으며, 그 기본이념 안의 3대 원칙으로 계약자유의 원칙, 소유권 절대의 원칙, 과실책임주의원칙을 들 수 있으며, 생존권의 핵심은 인간다운 생활을 하기 위해 최저생활의 유지에 필요한 기본적 조건을 국가에 요구할 수 있는 권리로 생존권이 기본권이라면 그 생존권의 차원을 넘어 문화적 기본욕구까지 충족하는 것을 시민권이라 말한다(김유성, 1999).

18세기부터 등장한 근대사회의 정치 질서에서 시민들이 중심이 되는 시민국가체제였다. 이러한 경제 질서는 자본주의의 경제체제였고, 자본주의 경제체제의 정치적인 기반은 시민사회라고 할 수 있다. 시민사회에서의 원활한 유지 또는 발전을 위한 규범체계로는 시민법의 체계를 들 수 있겠다.

시민법 체계를 살펴보면 시민사회의 정치적 지도원리가 되고 더불어 자본주의의 경제 질서를 규율하는 규범체계로 볼 수 있겠다. 또한 시민법의 형성 이념은 자유권으로써 결국 자본주의 사회에서의 법질서는 자유권의 법체계를 중심으로 하여 유지되고 발전되었다고 해도 과언이 아니다. 시민법은 개인의 자유나 평등의 이념을 구현하고 있으며, 자본주의의 원활한 발전을 도모하기 위해 다음과 같은 원칙을 지도원리로 삼게 되었다.

첫째로는 소유권에 대한 절대의 원칙으로 이 원칙에 따르면 사유재산존중의 원칙이라고도 말하는 것으로, 근대 시민사회에 있어서 '개인생활의 안정은 사유재산의 보장 없이는 불가능하다'는 이념으로부터 비롯되었다. 그러므로 각 개인의 사유재산권에 관한 절대적인 지배를 인정하며 소유권행사 및 처분을 소유자 개인에 대한 절대적 자유로 하고, 국가와 다른 개인을 간섭하거나 제한하지 않도록 하였다.

둘째로는 계약자유의 원칙으로 개인의 자유의사에 의한 계약에서 나타나 '계약자유의 원칙'이라고도 하고, 자유로운 교환관계가 형성되는 것으로써 사법상의 법률관계는 개인의 자유로운 의사에 의해 발생하여 사법상의 법률관계에서 '사적 자치의 원칙'이라한다.

셋째는 과실책임의 원칙으로 이 원칙은 개인이 다른 사람에게 준 손해에 대해서 그 행위가 고의나 과실에 기인하는 경우에 손해배상책임을 지게 하고 고의나 과실이 없을 때 어떤 책임도 지지 않는다는 것이다.

앞에서 언급한 바처럼 시민법의 3대 원칙은 근대 시민사회의 구성원인 각 개인은 생존권과 인권을 함께 확보하고, 근대자본주의 사회에서 인간을 전근대적인 봉건적 신분관계로부터 해방한다.

또한 시민법은 자본주의 제도의 법적 근간이되, 근대 자본주의의 경제를 발전시키는 데 바탕이 되었다. 그렇지만 자본주의가 매우 발전하며 그 자체에 포함되어 있는 다양한 모순과 폐해가 나타나, 자본의 독점과 부의 편중으로 결국에는 사회구성원 간에 심각한 빈부차가 사회계급을 발생하게 만들었다.

따라서 시민법의 근본원리인 법 때문에 자유와 평등에 기초한 인간관과 국가 개입과 간섭원리로써 시민법 수정이 불가피하게 되었고, 시민법의 수정이 구체적 개인생활에 관한 국가 개입이라는 관념을 만들게 되어 생존권의 이념을 형성시켰다.

이와 같이 시민법이 많은 사회문제의 야기로 이어짐에 따라 시민법의 3대 원칙은 비판이 가해지게 되었고, 이를 바로잡기 위해 투쟁이 벌어지게 되어 자본주의 경제 폐해로부터의 탈피로 국민을 위한 보호 때문에 국가가 개입해야 한다는 인식이 강화되었다.

(2) 노동법과 생존권

노동법은 넓은 의미로는 사회법에 포함되며 노동법의 역사를 보면 영국의 구빈법(poor law) 개정 이전에 요보호아동들의 가혹한 착취가 사회문제로 대두되자 소년노동에 대한 보호 장치로 공장법이 등장하게 되었다. 이것이 노동법의 기원을 이루게 되었고, 따라서 노동법은 주로 시민법의 계약자유의 원칙을 토대로 국가가 개입하여 원칙을 조정 내지 수정한 법이고 사회복지법은 자기책임의 원칙에 노동자의 보호입법에서, 노동 3권(단결권, 단체교섭권, 단체행동권)을 보장하는 데까지 발전하였으나 근로자의 근로조건 보호를 통한 생존권 보호의 한계성을 가지고 있다.

시민법의 3대 원칙은 첫째로 소유권절대의 원칙이 수정되었는데, 소유권의 행사는 절대적 자유가 아니고, 사회적·국가적 견지에서 제한과 구속을 받아야 하였는데, 근대 시민사회의 초기에는 소유권 절대의 원칙에 관한 제한이 소극적이었으나 현대사회에 소유권의 제한이 보편적이며, 일반적인 것으로 인식되고, 공공복지를 위해 제한된 것이 당연하였다.

둘째로는 계약자유의 원칙이 수정되었는데, 근대 시민사회에서 국가가 개인의 경제활동에 대해 자유방임주의를 취하기 때문에 강행법규의 계약자유의 제한을 가능한 한 피하게 되었다. 그렇지만 사회적인 약자나 노동자의 생존권을 보장하기 위해 계약자유의 원칙이 수정되어야 했고, 이에 따라 계약자유를 제한의 강행법규가 늘어나게 되었다.

셋째로는 과실책임의 원칙이 수정되어 사용자가 고의나 과실로 근로자에게 입힌 손해는 물론 업무상 재해에 대해 사용자가 손해배상을 하도록 수정하였다.

시민법의 한계성, 현실적인 경제사회 간 모순은 시민법 원칙이 수정이 불가피하게 되었고, 자신과 가족에 대한 부양을 책임지고 있는 노동자는 경제적 약자로 그에 주어진 직업선택 자유, 임금조건 등, 노동조건이 자신의 의사에 따라서 사용자와 대등한 관계로 고용계약을 체결할 수 없었기에 추상적 인간을 전제로 형식적 자유, 평등이 구체적 인간에 실질적 자유와 평등을 보징할 수 없었기에 구체적인 인간의 자유와 평등을 보장하기 위해서 사용자가 손해배상의 책임을 지도록 한다.

이런 시민법의 수정원리에 의하여 대두한 법이 노동자의 생존권을 보장하기 위한 노동관계 법규이고, 노동자를 보호하기 위한 노동관계 입법은 처음에는 아동, 여성 노동자 보호입법과 노동계약 내용의 규제에 관한 노동자 보호입법과 안전과 위생의 측면에서는 노동자 보호입법, 노동시간의 제한과 철야 작업금지를 규정한 노동자 보호입법 등이지만 점차 노동조건의 보호입법과 임금 보호입법으로 확대되었다.

그 후로 노동관계법은 노동권, 노동 3권을 보장하는 입법, 노동조합법을 입법화함으로 노동자 근로조건을 보호하게 되었으나 노동 3권을 비롯한 노동관계법만으로는 근로자의 생계보장이 어려웠다. 따라서 근로자는 노동자로서의 인간인 동시에 생활인으로서 인간은 양면성을 갖는데, 노동 3권이 이런 노동자로서의 인간이 직면하게 되는 사회적 사고나 생활의 문제를 해결하는 데 국한되었기 때문이다.

이와 같이 노동법은 근로자 근로조건 보호와 근로자의 생존권을 확보하는 데 기여했지만 생활인으로서 생존권은 노동법으로 해결하지 못했고, 노동법의 한계가 드러나 근로자의 생활인으로서의 생존권을 확보하기 위해 나타난 법이 사회보장법이라 할 수 있다.

오늘날 노동자의 문제를 노동법만으로는 해결될 수 없게 되었으며, 노동현장에서 파행하는 사회적 위험으로부터 그들의 생존과 생활을 보장하며 노동력을 보전시키기 위한 사회보험법이 등장하였다. 이러한 사회보험법은 대부분 산업재해보상보험법이 먼저 제정되었으며 오늘날 국민 모두를 포함하는 방향으로 발전하게 되었다. 노동법이 계급관계에 대한 조정적인 입법이라면 사회보험법은 생활관계를 조정하려는 입법으로 자리 잡게 된 것이다.

(3) 사회보장법과 생존권

사회복지법의 포괄적 목적은 생존권보장이라 할 수 있다. 또한 근로자를 포함한 다수의 국민을 사회적 사고(질병, 실업, 노령, 산재, 사망, 장애, 출산 등)로부터 보호하며, 사고의 원인이 개인적 요인에 국한된 것이 아니라 사회적 요인으로 인식함에 따라 사회보장법이 등장하였다. 1963년에 제정된 '사회보장에 관한 법률'에 그 범위를 더 확대한 것이 사회보장으로 산재, 질병, 노령, 실업, 사망 등의 다섯 가지 사회적 위험순으로 구체화되었지만 선진국의 사회보장체계와 국제조약에는 매우 제한적으로 규정되었다.

현대의 사회법은 근대 시민법의 개인주의적 원리를 수정하여, 국가가 개입하는 형태로 표현된 새로운 생존권의 법 영역이다. 사회법은 노동법, 사회보장법이 있다. 노동법은 노동자로서의 인간이 직면하는 생활상의 위험에 대처하기 위한 극히 제한적인 법적 장치였다. 그런데 노동자가 생활인으로서 직면하게 되는 각종 생활사고가 근로자의 생활에서 큰 비중을 차지하게 됨에 따라서 생존권의 이념은 노동법의 이념에서 벗어나 이제 사회보장법을 통해서 실현되지 않으면 안 되었다. 또 사회생활의 변화에 힘입어 노동자를 포함한 대다수 국민이 생활보장을 요구함에 따라 사회보장법이 입법되었다.

따라서 노동법은 근로자 자신이 직면하는 사회적 사고나 생활문제를 해결하는 데 국한되어 있을 뿐 근로자와 가족의 생계를 보장할 수 없었다. 이에 따라 노동법의 한계를 극복하고 근로자와 가족의 생존권을 확보하기 위하여 출현된 법이 사회보장법이다. 사회보장법에서 말하는 사회적 위험은 실업, 질병, 출산, 다자녀와 산업재해, 장애나 부양책임자의 사망 그리고 노령 등을 말한다. 이러한 사회적 위험은 개인적인 이유에서 비롯된 것이 아니라 사회적 요인에 의해 발생한 것으로 볼 수 있다.

이렇게 사회적 위험을 개인이나 가족만의 능력으로 대처한다는 것은 거의 불가능하다. 그 결과 사회보장법이 등장하였다. 이 법에 따라서 근로자와 국민의 생존권을 보장하게 된 것이다. 사회보장법과 노동법은 원래 밀접하게 연관된 자매영역에 속하는 법으로 양 법의 한계가 있는 법이 근로자를 대상으로 한 노동법이고, 이 법은 노동법과 사회보장법으로 실질적으로 중복된다. 사회보장법은 그 형성 과정에서 볼 수 있는 것과 같이 노동법을 기초로 전개하게 되었다.

따라서 사회보장법의 적용 대상의 상당한 부분은 근로자이고 생활위험급여법의 원형은 노동법에서 찾아볼 수 있다. 사회보장법의 전개 과정은 국가에 따라서 차이는 있겠지만 대체로 산업재해보상보험법, 질병보험법, 노령연금법, 실업보험법 순으로 제정되었고, 이 같은 생존권의 이념을 실현하기 위한 사회보장제도는 처음에 근로자의 근로조건이라는 노동법적 영역에서 출발하였으나, 현대에는 전체 국민의 생존권을 보장하기 위한 사회보장제도로 발전하게 되었다.

(4) 사회복지서비스법과 생존권

자립능력 상실자와 비자립자를 대상으로 한 서비스가 필요하므로 국가, 지방자치단체, 민간기관 등 모두가 주체라는 점에서 사회보장법과의 차이가 있으나 사회복지서비스법의 특징으로 비자립자에게 상담, 재활 등과 같은 비물질적·심리사회적 서비스를 제공하여 자립지원, 개별적 처우, 전문가에 의한 서비스 전달, 청구권적 권리 보장 등이 있다.

또한 생존권적 기본권은 노동법과 사회보장법만으로는 완벽하게 구현할 수 없었는데, 노동법에 의한 노동자와 그 가족의 생존권이 보장되었다. 근로자를 포함한 전 국민의 생활상의 위험에 대해 사회 보장법으로 대체할 수 있었으나 생활상의 위험을 당해 자립능력을 상실하거나 자립능력을 키우지 못한 사회적 기능 손상자의 생존권은 노동법과 사회보장법에 의하여 보장할 수 없고, 따라서 자립상실자와 비자립자의 생존권을 보장하기 위하여 등장한 것이 사회복지서비스법이라고 할 수 있다.

한편, 사회복지서비스법의 특징을 살펴보면 다음과 같다. 첫째, 사회복지서비스법은 자립상실한 사람과 비자립자에게 상담, 지도, 치료, 재활 등과 같은 비물질적 · 심리사회적 서비스를 제공하여 이들의 자립을 도모하여 생존권을 보장하고자 하는 것이다. 둘째, 사회복지서비스법은 급여의 특성상 개인적 욕구의 특성에 따라 개별적 처우를 제공해야 한다. 셋째, 사회복지서비스법은 전문적 지식과 기술을 갖춘 전문가에 의해 서비스가 제공되어야 한다. 넷째, 사회복지서비스법에서 생존권의 보장은 생활상의 장애라고 하는 상황에 있기 때문에 사회복지서비스를 받아야 할 권리가 부당하게 거부되거나 침해되어서는 안 된다. 국민의 자각과 사회 연대의식을 기반으로 생존권의 보장을 지속해서 국가에 요구할 때 생존권의 내용과 수준이 노동자와 국민의 요구에 맡게 결정될 수 있을 것이다. 따라서 자립상실자와 비자립자의 생존권을 보장하면서 전문인력의 자질과 실천적 윤리의식이 성공적 사회복지서비스법의 실천에 결정적으로 중요한 요소가 될 것이다.

(5) 국제기구와 생존권

제2차 세계대전 이후 생존권보장은 인권보장 속에 포함되어 한 국가적 보장을 넘어 국제적으로 그 보장을 인정하려는 보편화 추세 속에 있다. 국제노동기구(ILO)는 1919년 설립되어 실업보험, 산재, 질병보험 등을 각국에 권고하고 있으며, 인권보장의 국제화 속에서 특히 생존권보장의 내용을 더욱 확대 · 심화시키고 있으며 16개의 유엔 전문기구 가운데 유일하게 정부와 기업인, 노조대표가 참가하여 세계의 모든 근로자를 위한 사회정의 구현과 노동조건 개선을 위해 노력하며 매년 6월 총회를 개최하여 회원국의 근로실태를 점검하고 각종 협력사업 등을 협의한다. 1948년 UN의 세계인권선언 제22조에서 '인간은 사회보장을 받을 권리를 경제적 · 사회적 · 문화적 제 권리를 실현할 권리'가 있음을 밝히고 있다.

국제기구와 생존권과 관련된 국제기구의 종류는 다음과 같다(나무위키, 2019).

① 국제노동기구

1919년에 설립된 국제노동기구(ILO)는 제1차 세계대전 후 창설 이래 오늘날까지 국제연합의 협력기관으로써 근로자의 근로조건은 물론 사회보험과 사회보장 수준에 관해서 그 체계와 권리보장을 실현해 왔다. ILO는 사회보장에 관한 국세석 기준을 설정하고 실업보험(1919), 산재보험(1927), 질병보험(1933), 노령 · 폐질 · 유족연금보험의 실시를 각국에 권고하는 등 사회보장법 제정에 커다란 영향을 미쳤다. 특히 1952년의 사회보장에 관한 최저기준 조약은 획기적인 국제기준을 제시하여 생존권 보장을 보다 구체적으로 명시하였다. 또한 1952년 모성보호조약, 1964년 산업재해 직업병 급여에 관한 조약, 1967년 노령 · 장애인 · 유족연금에 관한 조약, 1969년 의료급여에 관한 조약 등을 채택하여 각국에 사회보장제도를 시행할 것을 권고하였다. 이러한 ILO의 활동은 조약비준 등의 촉진을 통해서 ILO 가맹국들이 사회보장을 통한 근로자의 인권보장은 물론이고, 구체적으로는 생산과정에서 ILO가 설정한 근로자의 근로조건과 생산환경 최저기준의 설정 및 사회보장의 최저수준을 준수하도록 함으로써 가맹국들의 관계입법과 그것에 따른 행정시책 등에 영향력을 발휘하고 있다.

② 국제연합

국제연합(UN)은 1948년 제3차 총회에서 세계인권선언을 채택하면서 생존권을 천명하였다. 세계인권선언 제22조에서 "인간은 누구나 사회의 일원으로 사회보장을 받을 권리를 가지며, 또한 국가적 노력 및 국제적 노력을 통하여 나아가서는 각국의 조직 및 자원에 따라 자기의 존엄과 자기의 인격의 자유로운 발전에 있어 없어서는 안 될 경제적 · 사회적 · 문화적 권리를 실현할 권리가 있다."라고 규정하고 있다. 제23조 제3항에는 "노동하는 사람은 누구나 인간의 존엄에 상응한 생활을 본인과 그 가족에 대해서 보장하고 필요한 경우에는 다른 사회적 보장수단에 의해서 공정하고 유리한 보수를 받을 권리를 가진다"라고 규정하여 근로자와 그 가족의 사회보장을 명시하였다.

제25조에서는 "① 모든 사람은 자기 가족 및 가족의 건강과 복지를 위하여 의식주, 의료 및 필요한 사회복지시설을 포함한 충분한 생활수준을 유지할 권리가 있으며, 또한 실업, 질병, 장애, 배우자의 상실, 노령 또는 불가항력에 의한 생활불능의 경우에 보장을 받을 권리가 있다. ② 모와 자는 특별한 보호와 원조를 받을 권리가 있다. 모든 아동은 적출의 여부를 불문하고 같은 사회적 보호를 받는다."라고 규정하여 모든 사람의 사회보장권을 인정하고 있다.

국제연합은 1966년 세계인권선언에 기초하여 국제인권규약을 제정하였다. 이 인권규약 A는 경제적 · 사회적 · 문화적 권리를 규정하고, 인권규약 B는 시민적 · 정치적 권리를 규정하고 있다. 즉, 자유권 보장에 관한 것과 아울러 사회복지 · 사회보장에 관련된 구체적 규정을 많이 포함하고 있다. 이처럼 사회보장은 국제연합에서도 인간의 생존권으로 확인되어 각국에서 그 제도화가 촉진되었다.

③ 세계노동조합

1945년 2월 런던에서 세계노동조합회의가 개최되었는데, 이 회의에서 생존권과 관련하여 노동자와 그 가족을 위한 사회보장의 권리성과 사회보장의 발전을 위해서 노력할 것을 합의하였다. 이것이 세계노동조합연맹 결성의 기초가 되었다. 세계노동조합연맹은 1961년 비엔나에서 각국 노동조합의 대표, 의사, 국회의원, 법률가, 사회보장 실무자 등이 참가하여 '사회보장강령'을 만장일치로 채택하였다. '사회보장강령'은 1961년 모스크바에서 개최된 제5차 노동조합대회에서 채택한 '국제사회보장헌장'의 기초가 되었다.

이 헌장의 사회보장 5원칙은 근로자 무각출의 원칙, 의료의 사회화 원칙, 적용사고의 포괄성의 원칙, 피보상자의 포괄성의 원칙, 무차별의 원칙을 제시하고 있다.

3 생존권의 법적 규정

(1) 헌법

「헌법」 제34조 제1항에서 "모든 국민은 인간다운 생활을 할 권리를 가진다."라고 규정하여 국민의 기본권으로서 생존권의 원칙을 밝혔다. 여기서 '인간다운 생활'이란 인간의 단순한 생물학적 생존뿐만 아니라 인간의 존엄성에 상응하는 건강하고 문화적인 생활을 누리는 생존을 말한다.

현대사회에서는 경제적 약자의 불평등을 제거하고 실질적 평등을 실현하기 위하여 국가가 개인 및 기업의 경제생활 관계에 적극 개입하기에 이르렀다. 자유 · 평등한 인격자를 보장하는 사법원리에 공공복리의 실현을 위하여 국가의 간섭을 원리로 하는 공법원리가 침투되어 사법도 아니고 공법도 아닌 그 중간 영역의 법인 사회법을 탄생시켰다.

사회복지법은 이러한 사회법의 한 영역으로서 모든 국민에게 인간다운 생활을 보장하며 사회복지를 실현하기 위한 법인 것이다. 이 사회복지법상의 생존권적 기본권(복지권 : 사회권) 이념을 바탕으로 하며 이 생존권적 기본권을 법률에 의하여 구체적으로 실현하는 데 필요한 여러 가지 권리를 보장하고 있다. 이를 사회복지법상의 권리라 한다. 사회복지법상의 권리는 국민이 국가에 대하여 사회복지급여 및 사회복지서비스를 청구할 수 있는 권리이다. 이를 사회복지수급권이라고 한다. 이는 「헌법」 제34조 제2항에서 규정하는 국가의 사회보장과 사회복지의 증진에 노력할 의무를 구체적으로 시행하기 위한 법률인 사회보장기본법이다(강희갑, 2006).

헌법은 한 국가와 국민 개인의 권리 · 의무에 관한 기본법이다. 또한 기회의 균등, 생존권 보장(「헌법」 제10조), 행복추구권(제31조 교육, 제32조 근로, 제33조 노동기본권, 제34조 인간다운 권리, 제35조 쾌적한 환경생활, 제36조 가정생활과 모성의 보호), 평등권, 자유권적 기본권(인신 · 사생활 · 정신적 · 신체의 자유, 거주이전 · 양심 · 종교의 자유, 언론 · 출판 · 집회 결사의 자유 등), 생존권의 이념은 복지조치 및 급여의 수급이 국민의 권리이다. 동시에 국가의 의무로 나타난다(곽효문, 2000).

「헌법」상의 생존권에 관한 규정의 권리성이 취약하고 불확실하여 국가의 모호한 행정조치로 사회복지급여수급권의 실현에 많은 문제점이 있어 생존권의 법적 효력에 대한 논의가 있다. 즉, 생존권 규정의 법적 효력에 관해서는 프로그램 규정설과 법적 권리설로 나누고, 다시 법적 권리설은 추상적 권리설과 구체적 권리설로 나누어 논의되고 있다. 또한 헌법에 규정된 생존권의 법적 효력을 규정하는 일은 사회복지법의 연구에서 매우 중요한 일이다. 헌법상의 생존권의 조항이 갖는 하위 법률들과의 관계와 그 내용은 생존권 실현의 관건이므로 생존권의 법적 효력을 분명히 파악해야 하기 때문이다(현외성, 2009: 83-84).

① 프로그램 규정설

생존권은 단순히 입법의 방침을 정한 것이지 국민에게 구체적인 청구권을 부여한 것이 아니라는 설이다.

프로그램 규정설의 논거는 다음과 같은 두 가지로 요약된다.

첫째, 생존권은 국가의 사회적 · 경제적 제력(帝力), 특히 그 재정적 · 예산상의 능력에 의존하는 것이므로, 헌법에서 생존권을 규정하고 있는 경우에도 현실적으로 국가와 국민 전체의 경제력이 이에 도달하지 아니하면, 그것은 단지 사회정책의 기본 방침이나 사회국가적 원리로서 장래에 대한 정치적 공약을 선언한 것에 불과하다고 한다.

둘째, 생존권에 관한 헌법규정은 생존권을 법적 권리가 되게 하는 데 필요한 구체적 입법, 즉 누가, 어떠한 조건하에서, 어떤 내용을 어떤 경우에,

어떠한 절차와 방법을 따라 요구할 수 있는가 하는 점이 명확하게 규정되어 있지 않기 때문에 단지 프로그램 규정에 지나지 않는다고 한다.

② 법적 권리설

법적 권리설은 사회복지 권리에 관한 헌법규정은 법적인 권리로서 개개 국민은 사회복지를 누릴 권리가 법으로 보장되어 있으며 국가는 이를 이행할 의무가 있다는 학설이다. 즉, 헌법상 국가가 적극적으로 개입해야 성립된다는 것이다. 법적 권리설에서 사회권적 기본권은 입법권뿐만 아니라 행정권과 사법권을 모두 구속한다고 본다.

추상적 권리설은 환경권이 건강하고 쾌적한 환경에서 생활환경을 조성하고 유지하는 추상적 권리라는 설이다. 환경권의 효력에 관하여 양면적 권리설을 이루는 것 가운데 하나이다.

구체적 권리설은 환경권의 효력을 국민 개개인이 직접 법원에 청구할 수 있는 구체적인 법적 권리로 보는 입장이다.

복합설은 헌법상 사회권 규정으로 인정하고 있는 '인간다운 생활의 수준'이 무엇이냐에 따라 다르게 해석할 수 있다는 입장이다.

이상의 견해 중에서 우리나라 헌법학자들은 추상적 권리설을 다수설로 받아들이고 있고, 이것은 법적 안정성을 위한 논리에 근거하고 있는 것으로 국가의 능력에 비추어 볼 때 타당한 견해이다. 그러나 생존권적 기본권이 국민의 최저생활보장을 위한 매우 절박하고 최후적인 권리이므로 구체적 권리설에 입각하여 법적 효력을 인정해야 할 것이다.

(2) 사회보장기본법의 이념과 생존권

「사회보장기본법」은 모든 국민이 인간다운 생활을 할 수 있도록 최저생활보장, 생활수준 향상을 위한 제도와 여건 개선, 형평과 조화를 통해 복지사회 실현히는 것을 기본이념으로 하고 있다(제2조).

「사회보장기본법」은 근로자를 사회구성원으로서 생활주체의 측면으로부터 파악하고 그 생활상의 요보장 사고에 대하여 생활보장급여를 지급함으로써, 노동법이 직접 취급하지 않는 영역에서 생존권의 실현을 기도하는 법이다. 「사회보장기본법」이 포괄하려는 사회적 사고란 실업, 질병, 출산, 다자녀, 산업재해, 장애, 부양책임자의 사망, 노령 등이다. 사회적 위험으로부터 보호하고 빈곤을 해소하며 국민생활의 질을 향상시키기 위하여 제공되는 사회보험, 공공부조, 사회복지서비스 및 관련복지제도를 지칭한다(제3조 제1항).

(3) 사회복지서비스법

사회복지서비스는 공공부분이나 민간부분에서 도움을 필요로 하는 국민들에게 사회생활이 가능하도록 지원하는 제도를 말하며, 사회복지사업에 대한 기본적 사항 규정, 인간다운 생활을 할 권리 보장, 사회복지의 전문성 향상, 사회복지사업의 공정, 투명, 적정을 기함으로써 사회복지증진에 기여한다. 따라서 사회보험이나 공공부조와 같이 사회보장의 중심이 되는 제도이기도 하다.

사회의 산업화, 핵가족화, 정보화에 따라 사회문제가 야기되고 사회적으로 불우하고 열악한 위치에 있는 아동, 노인, 부녀, 장애인 등을 전문화된 지식과 방법을 활용하여 이들에게 문제해결을 통해 정상적인 사회로의 복귀를 시키는 데 그 목적을 두고 있는 것이다.

(4) 사회복지관련법

사회복지관련법이라 함은 보건, 주거, 교육, 고용 등 분야의 각종복지제도를 말하는 것으로, 최저임금법, 청소년기본법, 청소년복지지원법, 보호관찰법, 건강가족기본법, 고령자 고용촉진법, 사회복지공동모금회법 등이 있다.

사회복지관련법은 모든 인간의 생존권적인 기본권 이념에 기초를 두고 있으며, 인간의 존엄성과 가치에 내용을 두고 생존권의 기본이념의 출발이기도 하다.

4 생존권 이념의 실천적 원리

생존권 이념의 실천이념 원리는 인간다운 생활의 보장, 사회복지의 증진, 자활·자립, 소득재분배, 사회적 통합 등이다(장동일, 1997).

(1) 인간다운 생활의 보장

생존권 이념의 실천이념 원리는 인간다운 생활의 보장과 국민을 사회적 사고(질병, 실업, 노령, 산재, 사망, 장애, 출산 등)로부터 보호하며 건강하고 문화적인 삶을 영위하도록 보장하는 것이다. 현대사회의 문제는 복잡하고 다양하여 모든 국민이 위험으로부터 보호받고 안전하기를 바란다. 복합적으로 변화하는 사회의 적극적인 개인의 능력과 재능을 개발하여 기회를 보장해 주고 확장해 나가는 것이 사회복지 목적을 실현하는 것이다(김훈, 2006).

(2) 사회복지의 증진

사회복지증진은 인간이 추구하는 안녕과 인간다운 생활을 영위하기 위한 노력이다. 반면 인간의 안녕과 인간이 충족해야 할 욕구를 해결하기 위한 사회복지증진의 방법이기도 하다. 사회복지증진의 방법으로 소득, 의료보장, 사회복지서비스에 관한 법을 통해서 달성하기도 한다.

(3) 자활 · 자립

생존권 실현의 궁극적인 목표는 자립적인 인간다운 삶이다. 인간은 다른 개인이나 국가로부터 도움을 받아 의존적으로 살기보다는 스스로 독립적인 삶을 꾸릴 수 있을 때 바람직하다고 한다. 이러한 독립적이고 자립적인 측면의 삶을 보장하기 위하여 공공부조나 사회복지서비스에 관한 법이 있다. 이러한 법의 영역에서 대상자들의 자립적인 의지를 키워 주고 자립능력을 배양하는 목적을 갖는 여러 시책과 서비스를 구비하고 있다(김훈, 2004).

(4) 소득재분배

소득재분배는 생존권보장을 실천하기 위한 통로이다. 국가는 소득재분배의 재원을 조세법이나 다른 사회정책수단을 통해서 이루게 하고 사회복지법에 의한 소득재분배는 보다 대규모적이고 지속적인 효과를 제공하게 된다. 소득재분배에 나타나는 효과로는 의료보장제도나 공공부조제도에서 잘 나타나는데, 그 예로 건강보험 가입자의 기여금은 크고 작고의 사회적 위험부터 결정되는 것이 아니라 소득비례에 의해 결정되고, 특히 공공부조 대상자들은 그들의 기여에 근거하지 않고 단지 소득무능력 또는 저소득이라는 이유만으로 생존권보장을 받을 수 있기 때문이다(김훈, 2004).

(5) 사회적 통합

생존권보장은 사회적 통합을 이룬다. 인간은 사회 속에서 다양한 경험과 보이는 삶을 통해 인간과 인간의 계층적·물리적·질적 차이를 갖게 되며, 그로 인한 위화감이 존재하고 사회구성원들 간에 이질감을 초래하게 되기도 한다. 이러한 이질감은 사회의 동질성을 저해하고 사회적인 결속력과 협력을 저해시키는 요인으로 작용하기도 하다.

결국 사회는 정체되거나 붕괴할 수도 있고 그로인해 생존권의 보장이 위협을 받는 어려움을 겪게 되며, 계층 간에 합리적이고 평등한 보장을 생존권에서는 보장해 줌으로써 사회적인 통합을 가져올 수 있다.

용어정리

- **실정법** : 경험적 · 역사적 사실에 의하여 성립되고, 현실적인 제도로서 시행되고 있는 법. 입법기관의 입법 작용이나 사회적 관습 또는 법원의 판례 따위에서 볼 수 있다.
- **자연법** : 인간 이성을 통하여 발견한 자연적 정의 또는 자연적 질서를 사회 질서의 근본 원리로 생각하는 법. 고전적 자연법은 신법(神法) 또는 영구법의 한 부분이었으며, 근세의 자연법은 인간 이성의 우위에 입각하여 합리주의, 개인주의, 급진주의의 특징을 지니고 있다.
- **사회법** : 사법과 공법이 혼합되어 있는 분야를 사회복지법이라 한다.
- **노동단체협약** : 산재급여, 실업급여, 상병급여, 노령급여 등이 있다.
- **경제법** : 기업끼리, 기업과 국가, 기업과 소비자의 관계를 실질적으로 경제 질서의 측면에서 파악하려는 법률
- **미자립자** : 아동, 노인, 편부모가족 등이라고 할 수 있다.
- **생존권** : 경제적 자립 이상의 시민적 자립권이라고 할 수 있다.

04 Chapter

사회복지법의 전개

1 영국의 사회복지

(1) 자본주의 사회복지법의 형성

사회복지법의 대두 배경은 산업화와 자본주의 발달과 모순(생산력과 생산관계의 모순, 가족부양과 노동력의 상품화), 사회적 권리에 대한 인식의 변화와 시민법의 한계성이 나타나면서 정치적 · 경제적 · 사회적 변동에 따른 문제를 해결하기 위하여 탄생한 법이다.

(2) 사회복지법의 기원

① 영국의 초기 자선사업

영국은 사회복지가 잘 정비되어 있는 나라 중의 하나이다. 그렇지만 처음부터 영국의 사회복지가 제도로서 확립된 것은 아니다. 초기 영국의 사회복지는 종교적 차원에서 출발하였으며, 그 성격은 자선적 · 시혜적이었다. 14~16세기는 흑사병으로 인해 노동력부족 사태가 발생하여 근로빈민들의 임금을 상승시켰다. 이에 대한 대책으로 1351년 노동자규제법이 제정되었는데, 이 법은 걸식과 부랑을 금지하고, 임금억제를 위해 임금의 상한선을 두며, 지주 상호 간의 농민 쟁탈을 억제하는 것이었다. 노동자규제법은 1388년 빈민법으로 더욱 구체화되었는데, 이 빈민법 제정의 목적은 임금을 고정시키고, 임금 상승을 야기하는 노동력의 이동을 금지하는 데 있었다. 그 후 1531년 걸인과 부랑인 처벌법을 만들었고, 1536년에는 더 이상 구걸행각을 할 수 없는 노동능력을 상실한 빈민을 구제하기 위해 교구에게 금전을 모금할 수 있는 권한, 즉 구빈세 징수권을 부여하였다.

② 구빈법 시대

㉮ 1601년 엘리자베스의 구빈법(Elizabethan Poor Law)

빈민들이 발생된 배경은 14~15세기 봉건제도가 해체의 길로 접어들면서 신흥시민세력이 사회의 영향력이 있고 경제력을 가진 계급으로 성장하고 화폐의 가치가 인정되기 시작하면서 시장경제의 확립과 더불어 산업혁명의 길로 치닫게 되었다. 엘리자베스 구빈법의 역사적인 의미는 그동안 내려오던 빈민구제의 법을 성문화시킨 것과 구빈제도를 국가의 책임하에 실시하려는 구빈행정의 중앙집권화 시도라고 평가할 수 있다. 이 법은 1601년 영국에서 300년간 정부의 책임 아래 시행되는 공적인 구호사업의 유형을 설정하여 교구에서 공동적인 책임을 지고 스스로의 생계를 마련할 수 없는 사람들을 도와주는 책임을 수용하였다는 것이 특징이며, 미국의 빈민법에 영향을 미치는 등 오늘날의 공공부조에 중요한 영향을 미친 것으로 평가된다.

엘리자베스 구빈법

① 빈민구제에 대한 정부책임의 인식
빈민구제에 대하여 교회가 아니라 국가의 책임(당시는 지방정부)을 인정

② 구빈행정의 체제 확립-교구 구빈사업을 국가사업으로

③ 세금을 활용-교구단위로 주민들의 구빈세(poor tax)를 재원으로 사용
구빈을 담당하는 행정기관을 설립하고 빈곤자를 위한 구빈세를 부과

④ 빈곤자에 대하여 세 가지 유형
- 노동능력이 있는 빈민은 노역장(Workhouse)에 강제 수용하여 노동의 재료를 주어 노동을 강제
- 노동능력이 없는 빈민은 구빈원(Almshouse)에 수용하여 보호하였고 신체장애인, 노인, 맹인 등을 공비로 구제
- 고아와 빈민아동은 보호뿐만 아니라 직업교육을 실시

㉯ 1662년 정주법(The Settlement Act)

정주법의 제정은 구빈행정의 교구 책임원칙을 다시 천명한 것으로 교구는 자기 교구 내의 빈자만을 책임진다는 극단적인 교구주의의 표현이다. 교구들은 자기 교구 내의 빈민구제에 책임을 갖고 있었기 때문에 혜택을 쉽게

받을 수 있는 교구로 빈민들이 모여들어 큰 혼란을 빚었다. 대토지 소유자들은 구빈세 경감에 목적이 있었으므로 다른 교구들의 빈민들이 이주해 오는 것을 원하지 않았다. 그들은 자신이 운영하고 있는 교구 내의 빈자의 수를 일정한 수준으로 유지하여 구빈세를 낮춤으로써 재정적인 부담을 덜고 노동력의 확보는 자신의 교구에 인접해 있는 교구의 빈자들을 통해서 이룩함으로써 결국 이중적인 이득을 노리고 있었다. 그러나 상류층에서는 노동자의 확보를 항상 염려하고 있었기에 결국 1662년 찰스 2세는 이 법을 교구와 귀족의 압력으로 제정하였는데, 주소법 또는 거주지법이라고도 하며, 농촌 노동력의 이동으로 도시유입을 방지하기 위해 마련되었다. 즉, 빈민의 자유로운 이동을 금지한 법이다. 다만, 노동자의 이동 조건이 법적으로 확인되면 이동이 가능하였다.

1349년 노동자법에서 빈민에게 지리적 이동을 금지한 법이 있었던 것과 같이 이 법은 빈민구제와 빈곤자의 혜택 받기 쉬운 교구로의 이주에 제한을 둔 것으로 선의의 빈민에 대한 주거선택과 이전의 자유를 제한하므로 기본권을 제한시켰다.

㉰ 작업장제도와 원외구호(Workhouse and outdoor relief)

17세기 후반기에 영국은 산업과 무역에 효율적인 발전과 성공을 거둔 네덜란드와 심한 경쟁을 하고 있었다. 영국의 경제학자들은 원자재, 양모, 철강의 확보 그리고 수출을 위한 제품 생산의 완성을 달성하고 싶은 욕망을 갖게 되었으며, 이는 자연히 산업현장에 빈곤한 사람들을 투입시킨다는 문제와 연계되어졌다. 그러나 그곳에서의 엄격한 노동과 비인간적 처우가 오히려 노역장의 수용을 기피하였다. 사실 작업장 제도의 실험은 근본적으로는 빈민사업의 경비를 절약하는 효과를 겨냥한 것으로서 결과적으로는 빈민문제의 해결은커녕 오히려 가혹했기 때문에 많은 성직자와 사회개혁가의 비판을 받게 되었다. 18세기 말경에는 종래의 구빈행정에 인도주의적인 움직임이 나타나게 되었다. 그 구체적인 예가 당시 개혁가의 한 사람인 치안판사였던 길버트(T. Gilbert)에 의하여 1782년에 이른바 길버트 법(Gilbert

Act)이 성립하였다. 길버트 법이란 최초의 빈민구제위원회 법이며 원내구제(indoor relief)와 원외구제(outdoor relief)를 인정하는 인도주의적 · 이상주의적 구제법이다. 이것은 봉급을 받는 지도자를 두고 종래의 원내구호 규칙을 원외구호로 바꾸는 것이었다. 즉, 일할 수 있는 사람과 일을 원하는 사람이 직장을 구할 때까지 도움을 받는 것이다. 이는 과거의 시설구호 원칙에서 거택보호의 원칙으로 전환되는 계기가 되었다.

㉣ 1795년 스핀햄랜드 법(Speenhamland Act)

스핀햄랜드 법(Speenhamland Act of 1795)은 스핀햄랜드의 버커스 주에서 제정된 빈민의 처우개선책으로 버커셔 빵법이라고도 한다.

이 법은 최저생활의 기준으로 빈민들에 대한 구제금액을 결정하고 또 가족의 수에 비례해서 금액을 산출하였다. 이 제도의 시행 결과 다음과 같은 부작용이 나타났다.

㉠ 고용주가 저임금을 지급해도 구빈세로부터 보조금이 나오기 때문에 이것은 노동자를 위한 임금보조금이 아니라 고용주에 대한 보조금이 되었다.

㉡ 노동자는 수입이 적어도 교구로부터 부족분을 받을 수 있기 때문에 열심히 일을 하지 않았다.

즉, 빈민의 구제금액 산정 시 가족 수의 크기와 빵의 가격에 비례하여 생활보조금을 지급하였다. 국가가 최저생활기준에 미달되는 임금의 부족분을 보조해 주는 임금보조제도(relief allowance system)의 일종이다. 이 제도는 전국적으로 실시하고 원외구제를 확대하였다. 오늘날 가족수당 또는 최저생활보장의 기본이 되었으나 이 법이 최저임금법은 아니다. 최초로 빈곤대책으로 대가족을 고려하고 경제불황에 노동자를 보호했다는 점에서 의의를 찾는다.

그러나 시민의 구빈세는 인구의 증가와 임금의 현저한 감소 및 독립심과 노동능력의 저하를 가져왔다. 또 다른 구빈법 시행에 관한 비판은 아담 스미스(Adam Smith)의 『국부론』에 나타난 자유방임적 경제 이론에서 나왔다.

"국가는 개인의 사경제에 관여하지 말아야 한다. 그렇게 함으로써 생산자들은 생산물품에 대한 이윤을 거둬들일 수 있다"는 주장에 의해 공적인 빈민구호사업을 줄여 갈 것을 강조하였다. 또한 맬더스(Thomas Malthus)는 『인구론』이라는 책에서 식량공급은 산술급수로 늘어가는 데 비해 인구는 기하급수로 증가한다며 농업은 지속적으로 늘어나는 인구를 먹여 살릴 수 없게 되며, 이런 위험스러운 상황은 전쟁과 재앙 그리고 사회적 병폐를 유발시킨다고 주장하였다.

스코틀랜드 킬마니의 작은 마을 교구 목사인 찰머스(Thomas Chalmers)는 이웃과 상부상조 정신에 입각한 사설 자선사업을 조직하였다. 찰머스는 당시 성행하고 있는 공공구호사업과 교회구호사업이 낭비적이며 빈곤한 사람들을 비노덕적으로 만들어 그들의 자립의지를 파괴한다고 하였다. 자선분야에 있어서 찰머스의 중요한 공헌은 구호사업을 개인적인 단위로 또는 교구적인 구호에 대한 생각으로 그는 빈곤 원인을 조사하여 개별적인 단위로 조사하는 것과 그 해결책 역시 개별적이어야 한다는 원칙을 발전시켰다.

찰머스의 선구적인 사업이 있는 후 50여 년이 지나서 런던 시에 최초로 자선조직협회(London Charity Organization Society)가 조직되었는데, 이는 토마스 찰머스의 아이디어를 발전시킨 개념으로서 오늘날 케이스워크라고 부르는 개별적인 접근방법과 지역사회조직사업의 기초를 놓은 것이라고 볼 수 있다.

③ 신구빈법과 공장입법

㉮ 1833년 공장입법

19세기 방직업의 발달로 노동력이 부족하자 빈민층의 아동을 활용하는 기회를 제공하였다. 아동들은 평균 18시간 정도 일했으며 휴식과 휴무가 주어지지 않았다. 이러한 상황에서 오웬(Owen), 우드(Wood) 등은 아동을 보호하자고 주장하여 1833년 공장입법을 제정하게 되었다.

㉯ 1834년 개정구빈법

자유주의 이데올로기자들은 지도층의 원외구호를 반대, 국가 개입의 최소화를 주장하였다. 이를 반영하여 개정구빈법의 3대 원칙인 전국 균일의 원칙, 작업장제도의 재설립(원내구조 강화), 열등처우의 원칙을 수립하여 시행하였다. 이 역시 빈곤의 원인을 개인에서 기인한다고 여겨 빈민에게 낙인을 주는 등의 비 인도주의적인 처우와 시혜적인 성격을 띠었다.

④ 사회개량운동

사회개량운동에 있어서 가장 중요한 핵심은 차티스트와 기독교사회주의자 그리고 노동조합운동이었다. 당초에는 오랫동안 사회개량운동과 동의어로 사용되던 개념인 사회운동은 영국에서 시작하여 1930년대 미국의 대공황기를 거쳐 전문적·과학적 행동형으로 정형화되었던 것이다(김영모 외, 1998). 사회운동은 사회적 부적응과 빈곤 같은 문제들의 근본원인인 각종 사회적 조건 및 사회정책에 직접 영향을 주기 위한 조직적·의식적인 활동이라고 볼 수 있다. 그 역할은 첫째, 사회변동에 의한 생활상 위기의 완화 또는 제거이다. 둘째, 보다 좋은 개인의 생활을 저해하는 사회상태 내지 사회 환경에 대응하는 각종 정책의 부재 또는 기능저하에 대하여 그 원인을 수정·제거하는 것이라고 할 수 있다. 그 구체적인 활동은 지역주민이 공통된 욕구를 해결하기 위하여 실천목표와 요구사항을 내세워 주민의 참가를 요청하고 합법적인 집단행동을 하는 것으로, 예를 들면 행정당국에 노숙자의 쉼터마련을 요청한다든지, 혹은 빈곤대책의 재원마련을 위한 모금운동을 하는 것 등이다. 경제위기 상황하에서 사회운동은 궁극적으로는 사회적 안전망의 구축이라는 목적을 갖게 되는데, 그 실현을 위한 행동은 크게 세 가지로 구분할 수 있다. 첫째는 경제위기 상황하에서 발생하는 광범위한 사회문제의 해결에 국가가 좀 더 많은 제도적·재정적 지원을 하도록 요구하는 것이며, 둘째는 민간의 자원을 최대로 동원하여 활용하는 것이며, 사회운동의 마지막 단계는 국가와 민간부문에서 동원된 자원을 적절하고 효율적으로 관리하는 일이다. 동원된 자원의 관리를 위해서는 민간단체들 간의 협력이 무엇보다 중요하며 또한 공공기관과 민간기관의 유기적인 협력도 중요하다.

⑤ 영국의 차티스트운동

㉮ 영국의 차티스트운동과 선거법 개정

자유주의가 발달했던 영국에서도 산업혁명 직후 노동자들의 생활은 극히 비참하였다. 노동시간과 임금에 관한 아무런 법적 규정이 없었기 때문에 노동자들의 운명은 자본가의 손에 달려 있었다. 1811년 러다이트(Ludites) 운동이라 불린 기계파괴운동에서 시작한 영국의 노동운동은 1819년 산업자본가들이 주도하는 선거법 개정과 곡물법 폐지운동에 동조하면서 전개되었다. 그리고 1824년 결사금지법이 폐지된 후 공상적 사회주의자인 오웬(Robert Owen)의 지도 아래 노동조합이 급속도로 발전하였다. 처음에는 조합원의 상호부조와 처우개선 등의 경제투쟁을 목적으로 하였으나, 점차 선거법개정을 포함한 정치운동으로 옮아갔다. 경제투쟁을 통해 사회적 환경을 개선하는 데도 결국은 그들의 이익을 대표하는 의원을 의회에 보내어 정치적으로 해결해야 한다는 것을 절실히 느꼈기 때문이다. 우여곡절 끝에 1832년 양원을 통과한 1차 선거법 개정에서는 선거구의 전면 재조정과 유권자 수의 확대를 이루었다. 그러나 이 선거법 개정은 중산계급은 만족시킬 수 있었으나, 노동자들에게는 여전히 그들의 의사를 발표할 수단이 없었다. 여기서 환멸을 느낀 노동자들은 공장법 개정운동, 전국노동조합의 결성, 신구빈법 반대투쟁 등을 통해 점차 정치운동을 발전시키게 되었다. 마침내 1837년 급진파 의원들과 노동운동 지도자들이 모여 의회정치의 민주화를 목적으로 하는 청원서를 의회에 제출하였다. 하지만 이 청원서는 의회에서 부결되고, 이에 노동자들은 각지에서 파업을 단행한다. 그들은 시위운동을 통해 의회를 위협하면서 본격적인 선거권 확대 운동을 전개하였으니 이를 차티스트운동(Chartist movement)이라 한다.

㉯ 노동조합운동

1884년 차티스트들은 노동자 자신이 소유하는 협동조합 상점을 개설하였으며 가난한 소년으로 생애를 시작한, 자선사업가인 오웬이 자신의 방직공장에서 소비자협동조합을 개설하였다. 이 조합은 노동자와 그들 가족에게 저렴한 정원주택, 위생시설, 운동장, 협동조합상점, 도서관 및 오락실을 마련하여 성공적으로 진행되었다. 이는 하나의 산업공동체의 모델을 설립하게 되었으며 이는 다른 수공업자에게 확대되었다. 노동자의 사회조건을 개선하기 위한 다른 접근방법은 노동조합이 상조회(mutual benefits plans)를 조직한 것이다. 이 상조회는 질병, 사고, 실업, 폐질 및 노령의 경우 도움을 제공하였다. 이러한 협동조합과 상조회의 성공은 전국적 연맹으로서 노동조합회의를 탄생하게 하였다.

㉰ 주택개량사업(Housing reform)

19세기 초부터 산업의 확장은 수많은 노동자들과 그들의 가족을 도시로 유인하였다. 따라서 도시인구의 급증 현상은 심각한 주택문제를 낳았다. 이때 방직 공장 부근의 공원이나 공지들은 건물로 채워졌고, 건물들은 위생, 통풍 또는 화재의 위험으로부터 안정성을 전혀 고려하지 않은 채 세워졌다. 반면 대조적으로 몇몇 박애주의사상을 가진 고용주들의 주도로 1842년 주거개선을 위한 수도권협회가 런던에 설립되었다. 불결한 주택 그리고 노동자들을 착취하는 집주인들과 열심히 투쟁한 사람은 힐(Octavia Hill)이었다. 그녀는 기독교 사회주의자의 한 사람이었다. 그녀는 친구이자 철학자인 존 러스킨(John Ruskin)의 도움을 받아 1864년 런던에서 빈민지역 임대주택 재개발계획을 착수하였다. 그녀는 이 사업을 하는 데 있어 많은 자원 봉사자들을 투입하였다.

⑥ 자선조직협회와 인보관사업

19세기 유럽에서 활성화하기 시작한 '자선조직협회운동'과 '복지관운동'에서 보듯이 자선조직협회운동은 중상류층의 부인들이 가난한 가정을 방문하여 봉사한 것이었고, 복지관운동은 주로 대학생들이 빈곤지역에 들어가 함께 생활하면서 사회개혁을 이루려던 것이다.

㉮ **자선조직협회**(Charity Organization Society, 1869)

㉠ 설립배경

1869년 영국의 런던에서 창립되었던 자선조직협회는 최초의 민간자선사업 단체이다. 이 자선조직협회의 운동에 영향을 미친 대표자로서는 힐(O. Hill), 데니슨(E. Denison), 바네트(S. Barnett), 찰머스(T. Chalmers) 등으로 자유주의 옹호자답게 자조의 윤리를 강조하였다.

이 협회는 사적인 자선행위의 무질서와 무계획에서 벗어나 이러한 무차별적·무계획적인 시여를 빈민에 대한 환경조사와 상담을 통해 구제의 합리화와 조직화를 이룩하려 하였다. 이로 인해 이후 가족사회사업 또는 개별사회사업과 지역사회조직사업이 성립하게 되었다.

㉡ 목적

- 클라이언트의 환경조사를 통해 적절한 원조를 함으로써 중복구제를 방지한다. 즉, 클라이언트를 해당 자선단체에 등록시켜 중복구제를 방지했다.
- 자선단체의 상호 간 업무연락을 통해 협력체계를 구축한다.
- 구제자원과 피구제자와의 합리적인 조절과 효과성을 향상시킨다.
- 단순히 물질적 시여를 자의적으로 행함보다는 우애의 정신으로 구제의 도덕적 개혁을 강조한다. 즉, 빈곤의 죄에서 개인을 구제하는 도덕적 개혁을 말한다.
- "빈민자에게 물고기를 주지 말고 물고기 잡는 방법을 가르쳐 주자."는 슬로건이 핵심이다. 즉, 인간은 예외 없이 자립이 가능하기 때문에 자립의 실패는 환경적인 요인보다는 그들 자신에게 있으므로 이는 개인책임의 중요성을 강조하고 있는 것이다.

㉯ **인보사업운동(settlement house movement)**

㉠ 성격

- 빈민지구를 실지로 조사하여 그 지구에 대한 생활실태를 자세히 파악하고, 구제의 필요가 있는 사람들에게 조력해 준다.
- 인도주의·박애주의 정신을 바탕으로 하는 상류계층들이 빈민지구에 이주하여 자선활동을 한다.
- 영국 런던의 Toynbee Hall(1884)과 미국 시카고의 빈민가에 아담스(James Adams)가 설립한 Hull House(1889)가 그 대표적인 인보관이다.
- 19세기 말엽 영국의 인도주의적 인보운동과 함께 옥스퍼드 및 케임브리지 대학생들이 빈민의 생활강화와 교육을 위해 빈민굴에서 활동한 것이 활력소 역할을 하였다.

㉡ 인보사업의 사회적 기능

- 사회조사를 통해 다수의 통계자료를 법률제정에 활용토록 했다.
- 지역주민들에 대한 아동위생, 보건교육, 소년소녀들에 대한 기술교육, 문명퇴치 및 성인교육 등의 교육적 사업을 했다.
- 체육관을 설치하여 옥외활동을 장려하고, 오락·예술 활동을 권장했다.
- 인보관을 설립하여 주택·도서관·시민회관 등으로 활용케 했다.
- 빈곤의 원인은 경제적 문제가 아니라, 주민의 정신적·지적·문화적 각 방면을 개선해야 한다. 따라서 직접 그 지역에 들어가서 생활하고 인격적 접촉을 통한 사회교육이 필요했다.

바네트 목사는 이 인보관의 초대 관장으로 선출되었다. 토인비 홀은 3대 목적을 가지고 있었다. 첫째, 빈곤한 사람들의 교육과 문화를 발전시키는 것이다. 둘째, 빈곤한 사람들의 생활환경에 관한 정보와 긴밀한 사회적 욕구를 파악하는 것이다. 셋째, 사회 및 건강문제, 그리고 사회입법에 대한 일반 국민들의 관심촉구이다. 인보관사업의 기본적인 목적은 빈민들과 교육받은 계층 간의 상호교류를 증진시키는 일이었고, 이러한 공동활동과 연구를 통해서 서로 문화를 공유하자는 것이었다.

⑦ 사회조사(Social research)

㉮ 찰스 부스와 라운트리의 사회조사

사회조사는 실천적 목적을 지닌 조사로서 현지답사의 성격을 가진 현장 조사 활동을 말한다. 사회조사는 영국에서 사회철학과 구빈사업 실천에 영향을 끼친 제3의 중요한 요소였다. 그러나 당시 사회조사는 서술적이고 주관성이 농후하였으며, 단순히 발견한 것을 증빙할 만한 자료들을 취합하여 목록화하는 수준이었고, 데이터분석 및 처리기법들이 개발되지 않았다. 이런 상황에서 찰스 부스(Charles booth, 1840 ~ 1916)는 빈곤에 대한 수량적 조사를 실시하였다. 부스는 대규모 사회조사로서는 처음으로 조직적이고 통계적인 새로운 기법들을 사용하였다. 그는 가치가 없는 집단, 즉 술주정뱅이, 범죄자 그리고 창녀들은 추위와 배고픔으로 죽지 않을 정도의 고통을 겪어야 한다고 하면서도, 빈곤이 단순히 개인의 책임이 아니라 사회조직의 실패라는 것을 확신하게 되었다. 그는 자본주의에 대한 신념을 변경하여 소외된 사람들이 자본주의 사회에서 생존할 수 있도록 복지서비스를 통하여 도와주어야 한다고 생각하였다. 찰스 부스의 작업에 의하여 가장 영향을 많이 받은 사람은 벤자민 시봄 라운트리(Benjamin Seebohm Rowntree)로 찰스 부스의 조사를 자신의 도시인 요크 지역에 실시하여 부스의 발견이 런던지역에만 특이한 현상인지, 지방에서도 나타나는지 알아보려 하였다. 라운트리는 영향기준을 기초로 하여 2종의 빈곤선을 설정하였다. 제1차 빈곤이란 수입을 아주 사려 깊게 사용해도 육체적 능률을 유지하는 데 필요한 니드(요구)를 충족할 수 없는 것이고, 제2차 빈곤이란 가난하지만 음주나 도박과 같은 데 낭비하지 않으면 빈곤으로 떨어지지 않는, 즉 겨우 생활을 영위할 수 있는 수준을 의미했다.

라운트리는 빈곤선이 가족상황에 따라 변하는 것을 감안해 가족규모와 아동의 연령을 고려하였다. 그의 결론은 요크에서 비숙련 노동자에게 지급되는 임금수준은 단지 물리적 효율성을 유지하면서 보통의 가족을 유지할 수 있는 수준에도 미달된다는 것이다. 그리고 라운트리는 빈곤 순환(poverty cycle)을 연구하였다. 라운트리는 부스와 같이 빈곤의 주요원인이 개인적 문제가 아니라 많은 근로계층이 처한 불리한 상태 때문이라고 주장하였다. 계절적 실업 및 비자발적인 실업의 결과로 소득이 일정치 않기 때문에 빈곤해진다는 것을 발견한 부스의 의견을 더욱 강화시켜 주는 계기가 되었다.

㉯ 그 밖의 사회복지조사의 역사

사회복지조사가 처음으로 실시된 것은 자본주의의 성립 이후 18세기 후반이었다. 도시화와 산업화로 인한 빈곤은 주택, 범죄 등의 사회문제가 발생하게 되었고, 이와 같은 제 문제를 해결하기 위해 과학적인 연구조사가 실시되었다. 사회복지조사의 역사를 세워 온 선구자들의 활동을 요약하여 제시하면 다음과 같다.

㉠ 영의 조사

영(A. Young)은 『영국국민에게 보내는 편지』(1767)라는 저서에서 농부들의 생활비와 가계조사를 기초로 하여 당시 이들의 생활상을 구체적으로 묘사하였다. 영은 농업혁명가로서 자신의 경험을 바탕으로 조사를 실시하였고, 특히 농업개혁을 위해 자료를 수집한 최초의 인물로서 평가되고 있다.

㉡ 하워드의 조사

하워드(J. Howard)는 사회개혁가로서 최초의 사회사업조사를 실시하였다. 그는 영국의 한 지방 최고집행관으로 근무하면서 미결수들이 재판에서 무죄판결을 받음에도 불구하고 다시 교도소로 수감되는 사실에 대해 그 원인을 조사하였다. 그는 여생을 교도소의 조건과 환경개선에 관심을 두면서 교도소의 개량을 위한 조사를 실시하였다.

㉢ 러플레이의 조사

러플레이(F. Leplay)는 저서 『유럽의 노동자』(1855)에서 유럽에 거주하는 노동자계층의 가계조사를 실시하였다. 그는 사회개량이 반드시 사회조사에 근거하는 자료를 통해 이루어져야 한다고 강조하였으며, 또한 노동자들의 가계조사를 근거로 국민 삶의 내용을 결정해야 한다고 주장하였다. 특히 그는 사회조사의 타당도를 확인하기 위해 조사대상 가족의 주변사람들에게 다시 질문하는 방법을 시도하였다.

㉣ 딕스의 조사

딕스(D. Dix)는 미국 사회개량의 선구자로서 정신장애자들 보호에 공헌한 바가 크다. 그는 동부 캠브리지에 있는 형무소를 방문하여 정신이상의 여성들이 불결하고 난방이 되어 있지 않은 감옥 속에 수감되어 있는 모습을 보고 충격을 받았다. 이에 동기가 되어 형무소의 실태조사를 착수하여 시설조건과 환경의 문제점을 발견하게 되었고, 또한 형무소 운영자와 수감자 대상으로 직접 면접조사를 실시하여 당시의 비참한 상황내용을 주 의회에 탄원서로 제출하였다. 따라서 주 의회에서는 이들 정신장애자를 위한 긴급 구호령을 통과시켰으며, 이후에도 그는 다른 주에 관심을 기울여 정신장애자와 박약자에 대한 실태조사를 확대해 나갔다.

㉤ 헐 하우스의 조사

아담스(J. Addams)는 인보관인 헐 하우스를 개관하여 외국에서 이주해 온 사람들의 생활상에 관심을 가지고 조사하였다. 특히 산업체의 여건, 연소근로자, 비행청소년, 주택, 위생 등에 대한 실태조사를 중심으로 중요한 자료를 만들었다. 이와 같은 실태조사 자료는 연방 아동국이 전 미국의 아동복지상황에 대한 연구를 실시하는 데 귀중한 기초자료가 되었다.

㉥ 피츠버그의 조사

켈로그(P. Kellog)는 미국의 급격한 도시공업화로 인해 초래되는 사회문제를 규명하고 그 대책을 간구하려는 목적에서 1907년 피츠버그의 조사를 실시하였다. 그는 당시 사회문제의 상황을 파악하는 것은 물론 사회적 · 경제적 실태의 원인적 요인을 조사하였으며, 그 조사 범위는 노동자 임금, 노동시간, 직업사고 등 산업체에 제 여건과 주택, 위생, 시설 공공교육, 범죄, 여가생활, 가정형편 등의 매우 포괄적인 내용을 조사하였다.

사회개량운동

사회개량운동의 영향은 노동자로 하여금 지속적 궁핍의 위협으로부터 해방시켰고, 노동조합은 노동자를 동정과 구빈의 단순한 대상이 아니라 오히려 정부의 새로운 참여세력으로 만들었다. 영국의 사회개혁가인 로버트 오웬은 협동조합과 같은 조직에 교육적·문화적 시설을 갖추도록 제안하였고 잘사는 시민들에게 노동자계급의 자존, 교육 및 독립을 획득하기 위한 계획을 지원하도록 호소하였다. 그리고 자선조직협회는 빈민구제와 사적 자선사업 간 협조를 발전시켰고 부정한 기구를 감소시켰으며 빈민의 재활기념을 강화시켰다. 또한 이것은 개별원조로서 개별사회사업의 기반이 되었고 다른 한편으로 지역사회조직의 기반이 되었다. 영국에 있어서 사회개혁, 특히 빈민구제의 사회철학과 실제에 영향을 미친 주요한 요인인 사회조사는 노동계급의 건강 및 위생조건을 다루어, 런던 사람들이 공공의 관심에 자극을 주었고, 사회개혁의 필요성을 느끼게 하여 20세기에 접어들어 빈곤에 대한 태도가 변화하는 계기가 되었다.

⑧ 다수파와 소수파 보고서

20세기에 접어들면서 영국은 빈곤에 대한 태도가 변화하기 시작하였다. 그 이유는 노동자의 세력성장(노동당 결성), 인도주의의 확산, 사회조사연구 등이다. 하지만 이때 사회입법을 만들면서 다수파와 소수파의 견해 차이가 있었다.

다수파는 주로 COS를 옹호한 자유주의 이데올로기자들로 구빈법의 개혁을 제시하였고, 소수파는 페이비안 협회를 옹호한 사회주의 이데올로기자들로 구빈법의 폐지를 주장하였다. 결국 다수파의 보고서가 채택되었지만 소수파의 의견이 반영된 사회입법(무료급식, 노령연금, 국민보험법)이 탄생하였다.

⑨ 베버리지 보고서

제2차 세계대전 후 영국 사회개혁의 산파였던 노동장관 그리피스(James Griffiths)는 “전쟁의 가장 암울한 시기였던 1942년 말에 발표된 베버리지 보고서는 하늘에서 내려온 양식(manna)과 같았다”고 하였다.

베버리지 보고서는 1942년 9월에 완성되었다. 그러나 발간은 동년 12월로 연기되었다. 이유는 일부 각료들이 그 내용이 지나치게 혁명적이라 하여 반대했기 때문이다. 베버리지 보고서가 발간된 후 일반 시민들의 반응은 대단했다. 시민들은 베버리지 보고서를 전후 새로운 사회질서, 즉 새롭고 보다 평등한 영국의 청사진으로 간주하였다. 대중 신문들은 베버리지 계획을 '요람에서 무덤까지'의 사회보장이라고 표현하였다.

베버리지 보고서는 영국 복지국가의 청사진이 되었고 제2차 세계대전 직후 총선에서 예상을 뒤엎고 세계적인 전쟁 영웅 윈스턴 처칠의 보수당을 애틀리(Clement Attle)가 이끈 노동당이 이기고 집권하였다. 애틀리와 노동당은 베버리지 보고서에 입각하여 복지국가를 만들어 나갔던 것이다. 베버리지는 세 가지 원칙으로부터 출발하였다. 첫째, 어떤 제안들도 과거 경험을 고려해 만들어져야 하며, 특정집단의 기득권은 무시해야 한다. 둘째, 소득의 보장, 즉 사회보장을 위한 그의 계획은 근본적으로 궁핍을 퇴치하는 것이다. 그러나 재건의 길에는 궁핍을 포함한 5대 사회악으로 궁핍(want), 질병(disease), 무지(ignorance), 불결(squalor), 나태(idleness)가 있었다. 그는 이와 같은 5대악을 처리하기 위해서는 하나의 통합적인 사회개량계획이 필요하다고 하면서 궁핍을 공격하는 계획 이외에는 아무런 다른 방법이 없다고 했다. 베버리지는 그것이 바로 사회보장계획이라고 주장하였다. 셋째, 사회보장은 국가와 개인의 협력으로 이루어져야 한다. 국가는 국민이 권리로서 받을 수 있는 서비스에 대한 보장을 해 준다. 그러나 이것은 자산조사 없이 받는 최저수준의 보장이고 개인은 자발적인 기여로써 그 스스로와 가족을 위하여 추가적 보장을 마련해야 한다. 한편, 결핍을 극복하기 위한 계획은 매우 신중하고도 치밀하게 짜여졌다.

베버리지는 사회보험이 성공하기 위해서는 세 가지 기본 전제조건이 필요하다고 생각했다. 즉, 가족수당, 포괄적인 보건서비스, 완전고용이 그것이다. 가족수당은 가족의 크기와 소득을 고려하여 결정되어야 하고, 보건서비스는 치료적일 뿐만 아니라 예방적이어야 했다. 실업은 실업수당의 비용과 그에 따른 임금 손실을 감안하면 가장 낭비적인 문제이므로 완전 고용은 매우 긴요한 전제 조건이었다(원석조, 2002).

또한 베버리지는 소득 능력의 중단 및 상실에 대한 사회보험과 출산, 혼인, 사망에 의해 발생되는 특별한 지출에 대한 급여의 종합적 보장계획을 위해 여섯 가지 원칙을 제시하였다. 이 안은 앞에서 말한 세 가지 원칙보다 더 구체적이다.

㉮ 균일급여의 원칙
㉯ 균일갹출의 원칙
㉰ 행정관리의 통합일원화의 원칙
㉱ 급여의 적절성의 원칙
㉲ 적용범위의 포괄성의 원칙
㉳ 피보험자의 분류의 원칙

⑩ 국민보건서비스

영국 사회입법 중 1946년 국민보건서비스법(National Health Service Act of 1946)만큼 많은 관심과 열띤 논쟁을 불러일으킨 법도 별로 없다. 이 법은 1948년 7월 5일부터 발효되었으며 보건에 대한 태도에 근본적인 변화를 가져 왔다고 볼 수 있다. 이 법에 적용되는 모든 영국 시민들은 무료의료보호를 제공받고 있었다. 1942년 전쟁 중 이미 영국 의사회의 의료계획위원회가 전 국민을 위한 의료보호프로그램을 건의하였다. 이 건의는 1946년 애틀리 수상 때 법으로 제정되었다. 보험 프로그램과는 달리 국민보건서비스는 의사의 진료실이나 환자의 가정 또는 병원에서 무료로 의료검사, 진단 그리고 치료를 받게 한다.

국민보건서비스의 행정은 세 가지 측면에 따라 조직이 되었다. 첫째, 일반의료 및 치과 서비스, 둘째, 병원 및 전문의 서비스 그리고 셋째는 지방정부 서비스이다.

⑪ 신보수주의, 신자유주의(현재 영국의 사회복지제도)

자유주의 사상을 기반으로 기회의 평등을 추구하는 영국의 사회보장제도는 경제정책의 측면에서 민간의 협력에 의하여 경제성장을 추구하고, 공공사업을 통하여 완전고용을 추구하는 한편, 개인재산의 상실자에 대해서는 최저생활을 보장하는 경제적 평등을 제공하려고 노력하는 방식을 취해 왔다. 1930년대의 빈곤과 대량실업 사태를 거치며 영국 정부는 국민의 건강 보호, 교육의 기회 보장, 최저 생계수준 보장, 완전고용 추구 등을 기간으로 한 정부 주도의 사회정책들을 실시해 왔고, 1960년대까지는 그 지출에 있어 큰 변화가 없었다. 그러나 1970년대 중반 경기침체가 계속되고 사회보장 지출이 폭발적으로 증가하게 되자, 1970년대 말부터 1990년대 중반까지 영국의 보수당 정부는 근로의욕을 유지하고 개인적인 책임을 강조하는 근로연계 복지체제의 구축을 위해 노력하였고, 근로능력이 있는 수급자의 취업 촉진이나 고용 유지 그리고 사회부조 지출의 감소 등의 목적을 추구했다. 그러나 결과적으로 사회부조 수급자의 수는 감소하지 않고 증가했으며, 지출 또한 빠른 속도로 증가하여 이러한 개혁은 성공하지 못했다. 그 원인으로 사회복지제도의 개혁 자체가 잘못되었다기보다는 1980년대의 장기적인 경기침체와 대규모 구조조정에 따른 노동시장의 개편에서 비롯된 영향이 컸다. 블레어 총리는 새로운 세계정세와 변화된 국내 상황에 대처하기 위한 제3의 길(the Third Way)을 추구할 것이라고 천명하며 사회복지의 새로운 패러다임으로 수요중심에서 공급중심의 사회복지, 사후적 복지에서 예방적 복지로의 개혁을 추구하고 있다. 이러한 복지개혁의 원칙으로 제시되고 있는 것이 일할 수 있는 자에게는 일을 하게 하고, 일할 능력이 없는 사람들에게는 사회보장을 주자는 것이다. 소위 일하는 복지(workfare)를 강조하는 이 원칙은 저임금의 고용을 창출하여 근로경험을 계속 유지하게 하는 것을 중요시하는 한편, 사회적 도움을 가장 필요로 하는 저소득 부양아동 가구, 연금생활자 등에 대한 사회보장은 강화하였다. 블레어 총리는 사회복지에 대한 의존도가 높은 집단을 중심으로 적극적인 인력개발을 실시하여 생산적 시민으로 복귀할 수 있는 기회를 주자는 것이다.

영국 사회복지정책의 핵심은 사회보험(social insurance)이며, 그 기본 원리는 미국과 같이 본인의 권리와 의무에 따라 일정 부분을 기여(contributory)하는 방식이다. 사회보험이 보장하기 어려운 부분에 대해서는 가족에 대한 수당으로 소득을 보전해 주고, 그런 중에도 빈곤에 처하게 되면 자산평가에 따른 사회부조(National Assistance) 프로그램이 사회안전망의 역할을 담당한다. 다른 측면에서 영국의 사회보장제도는 크게 의료서비스를 위한 국민의료제도(National Health Care)와 소득보장을 위한 사회보장제도로 나누어 볼 수 있다.

㉮ 영국의 사회복지 재정구조와 추이

영국의 사회보장 프로그램의 수입은 피보험자들의 보험료, 고용주들의 보험료 납부액, 정부의 예산, 다른 공공기관들로부터의 찬조금, 자본수입 등으로 구성되고 있다. 여기에서 우리가 앞서 살펴본 사회복지 프로그램들을 분류해 보면 몇 가지 공통점을 찾을 수 있다. 우선 기여형(contributory) 프로그램들은 소득과는 무관하게 지급되며, 앞서 살펴본 것과 같이 국민보험 기여금이 주요 재원으로 사용되는데, 모두 소득으로 간주되어 과세의 대상이 되고 있다. 다음으로 비기여형(non-contributory) 프로그램들은 그 주요 재원으로 정부의 예산이 사용되는데, 소득기초형 프로그램들은 각종의 사회적 위험으로 저소득의 위기를 맞을 가능성이 있는 집단을 대상으로 하여 지급되고 있으며, 비소득기초형 프로그램들은 특정한 위험이나 사건에 대해 보상을 해 주는 차원에서 일정액을 지급하는 제도라는 것을 알 수 있다.

㉯ 적극적인 노동시장정책으로서의 사회안전망

뉴딜(New Deal) 정책은 고용을 유지하고, 실업자가 사회로부터 퇴출(social exclusion)되는 현상을 감소시키기 위해서 의도된 영국에서 가장 중요시되는 적극적 노동시장정책이다. 이 정책은 청년, 장기실업자, 구직 중인 편부모와 장애자가 직장을 가질 수 있도록 돕고, 고용상태가 유지, 향상될 수 있도록 지원하는 한편, 청년과 장기실업자, 구직중인 편부모와 장애자의 장기고용능력을 향상시키는 것을 주요내용으로 한다.

2 독일의 사회복지

(1) 독일의 사회보험 발달

산업화 이전의 독일 프로이센은 루터 교리를 기반으로 가부장적인 농업사회를 공고히 했다.

① 프로이센의 산업화-자본주의 본격 발전(중공업 중심으로)

18세기 유럽의 30년 전쟁으로 상업자본이 발달하지 못하고 정체되어 있는 상태에서 공장제 수공업이 보급되었다. 지주계급 중심(융커)으로 강력한 왕정관료가 국가로 성장하였다. 1884년 프로이센 주도의 관세동맹의 성립으로 산업혁명이 급속히 진행되었다(대내관세 철폐, 화폐, 도량형 등 경제영역 동일, 철도망 발전, 광범위한 국내시장 형성).

② 프로이센의 구빈제도

1840년까지는 박애, 공적 구호 차원에서 구빈 활동이 이루어졌다. 프로이센 국가는 지역 위원회에서 지역 차원으로 구호를 행하였다(장원제도-소작인, 길드-노동불능자, 가족).

산업화와 함께 근로자 복지 개선을 위한 관심표명, 사회정책을 실시하였으며, 보수주의적 세계관을 형성하여 가부장적 위계질서를 지지하고 민족지상주의로 발전하면서 사회보험 등은 전통적 권위의 수호를 위한 도구로 등장하게 되었다.

③ 19세기의 독일

철강 산업 중심으로 세계적인 산업국가로 발돋움하면서 농업중심 체제에서 산업중심 체제로 이행, 구체제를 청산해야 하는 상황에 직면하게 되었다. 산업화의 사회문제로 인해서 자유주의자들(산업화지지)은 보수주의자(반근대주의), 사회주의자(반자본주의자)에게 공격을 받았다. 19세기 경제개혁은 슈타인(Karl F. Stein)과 비스마르크(O. E. L. von Bismarck)에 의해 관료의 작품으로 독일 산업발전의 추진력으로 작용했다.

④ 비스마르크의 사회정책

비스마르크가 사회보험을 제정하게 된 것은 사회적 · 정치적 통제의 수단으로 활용하고자 제국의 외형적인 통합을 위해 진력했다.

1850년 독일의 산업 중흥기는 국민소득이 30년도 걸리지 않아 2배로 상승했으나 빈곤문제는 여전히 남게 되었다. 사회당 라살은 보편주의와 평등급여를 주장하였으나 비스마르크는 자유주의자의 약화와 함께 근로자들을 국가의 클라이언트로 만드는 데 초점을 두게 되었다.

> ㉠ 1883 : 근로자 질병보험법
> ㉡ 1884 : 근로자 재해보험법
> ㉢ 1889 : 노령폐질 보험법 제정

독일의 사회보험법은 현대사회로 넘어가는 전환초기에 최초, 최대의 사회정책을 실시한 긍정적 평가이며, 부정적 평가는 노동자에 대한 고용주의 보호, 민족국가를 계급국가로 변환시켰다는 비판이 동시에 이루어졌다.

⑤ 비스마르크 이후

> ㉠ 1911 : 제국보험법 제정(독일제국 종합보험)
> -개혁성격이 강함. 유가족연금, 고아연금 포함
> ㉡ 1920 : 제국원조법 제정-전쟁희생자 보상, 노동 참여법
> -노동자의 경영 참여권
> ㉢ 1933 : 히틀러(A. Hitler) 제국의 수상으로 선출
> -독일 사회주의 노동자 정당

(2) 독일의 사회복지 정책

① 독일의 사회복지는 교육학의 영향을 받아 사회사업과 사회교육은 거의 같은 의미로 사용되고 있으며, 사회복지가 실천적인 학문으로 발달되어 왔다. 특히 독일의 사회복지는 기독교의 역할이 컸으며(국가가 목사, 신부 임명) 민관의 협조체제가 잘 이루어진 배경을 바탕으로 국가의 절대적인 지원 속에서 민간복지가 발전 성숙해 왔다.

② 독일의 사회정책, 사회보장은 '자조를 위한 원조', '스스로 책임지는 사고'에 가치를 두고 있으며, 이 두 가지 원리는 오늘날 하나의 포괄적인 개념으로 사회보장의 기저를 이루고 있으며 그것은 소비적 · 치료적 방식에서 생산적 · 예방적으로 그 방법을 바꿔 나가고 있다. 사회보장에 관한 각종 법정 근거는 1970년 3월 13일 내각에서 결정된 사회법전에 총망라되어 있다.

③ 독일의 사회복지 정책은 세 개의 기둥으로 구성되어 있다.

㉮ **최저생활보장** : 100% 세금으로 지원, 최저 기본선을 정하여 국민의 기초생활을 보장한다.

㉯ **사회보험제도** : 고용자와 피고용자가 반반씩 부담한다

㉰ **군사유족보장제도** : 전쟁미망인이나 부상자들을 위한 복지제도이다.

(3) 세계화에 따른 독일의 변화

서구 사회복지국가는 전후 자본주의 황금기에 등장하여 번영과 평등 그리고 완전고용이 완벽하게 조화를 이루었다. 그러나 1970년 중반 이후 경제성장의 후퇴로 복지국가 체계는 흔들리기 시작했고, 신자유주의 등장은 복지국가 위기론을 불러 일으켰으며, 최근 세계화의 조류는 복지에 대한 근본적인 새로운 해석을 요구한다.

① 신사유주의 등장과 세계화

㉮ **세계화** : 세계화는 1980년 세계적 사회변동에 의해 급속한 진전을 보

게 되었다.

㉯ **신자유주의 :** 신자유주의는 국가의 실패가 현세기의 더욱 심각한 문제임을 증명하고, 결국은 시장의 승리라는 세계질서 변화의 주류로 자리를 잡고 있다.

복지국가는 제2차 세계대전 이후 서구 케인즈주의 경제이론을 바탕으로 정치적 안정과 완전고용을 달성하면서 발전 진행되어 왔다. 그러나 1970년 오일 쇼크로 저성장, 고실업, 스테그플레이션이 만연되자 케인즈주의 경제 정책의 실효성이 점차 상실되면서 국가개입 축소와 시장의 복귀를 주장하는 신자유주의 사조가 등장하여 세계의 경제, 사회정책의 조류를 변화시켰다. 신자유주의의 적극적인 대응은 영국의 대처정부와 미국 레이건정부의 등장으로 나타났다.

㉰ **사회구조와 욕구의 변화 :** 정보화는 노동시장 구조의 변화를 초래하였다.

② 독일의 전환 정책

1880년대 비스마르크 사회보험 제정은 모든 독일인이 강제적으로 보험에 들어 장기보호와 실업보호, 연금, 가족급부, 산재보험 등 각종 보호를 철저히 받도록 실시하였다. 독일은 종합적인 고비용의 사회보장제도를 그동안 발전시켜 왔다. 1980년 이후 사회복지 정책 재편성은 '시장경쟁을 강화'하는 목적을 가지고 있다.

㉮ 사회보장의 축소, 민영화, 이윤추구의 변화
㉯ 노동조합의 이익 대표권 제한
㉰ 사회정책과 가족정책의 사회화의 축소
㉱ 자조운동의 강화 추구, 민간보험의 의미 강화
㉲ 사회보장의 중앙 집권적 · 관료적 구조에 대한 비판
㉳ 연금개혁－노년보장제도 변화, 연금 축소 삭감 프로그램

(4) 슈뢰더 정부의 아젠다 2010

세계화 추세 속에서 유럽은 자체경쟁력을 높이기 위해 사회정책의 시스템의 전반적 변화를 꾀하기 시작했다. 2000년 3월 리스본 회의에서 EU 정상들은 "유럽 경제 및 사회분야의 새로운 변화를 추구하기 위한 아젠다"를 입안하고 이를 2010년까지 수행하기로 합의하였으며, 독일의 슈뢰더 정부(1998~2005.11)는 사회각계의 비판과 대규모의 반대 시위에도 불구하고 아젠다 2010을 추진하였다.

3 미국의 사회복지

(1) 식민지 시대와 자본주의하의 구빈체계

① 식민지 시대의 구빈체계

아메리카 대륙은 17세기 유럽의 중상주의 정책에 의해서 식민지화가 전개되기 시작하였다. 미국은 청교도와 프로테스탄트의 이주로 성립되었으며 자조정신과 자유를 강조하는 사상을 가지고 있었다. 때문에 미국이 가지고 있는 구빈 원리는 청교도적 가치를 가지고 부자가 자선을 제공하여 어려운 사람을 돕는 것이란 사고를 가지고 출발하였다. 또한 자신의 노력과 모험으로 꿈을 실현시키는 기회의 나라로 알려져 있으며 이것의 대표적인 모델이 잭슨 대통령이었다. 잭슨 대통령은 오두막에서 태어나 대통령이 된 입지전적인 사람으로 평등한 사회가 미국임을 증명하고 있다.

② 식민지하의 구빈사업

최소한의 구빈사업으로 구제의 대상도 인디언의 습격이나 학살에 의해 가축을 잃은 피난민, 고아, 과부, 노인, 부상자, 재해나 기아에 허덕이는 사람, 이주하는 도중에 병에 걸린 사람 등 노동력이 없는 사람과 일시적으로 구제를 필요로 하는 사람으로 제한하였다. 노동 가능한 부랑자나 나태자는 구타하거나 고문하여 낙인을 찍었고 그 지역으로부터 추방하거나 형무소에 넣는 등 억압정책을 실시하였다. 친족, 이웃 등에 의한 상부상조나 교회의 자선에 의존하였다. 그러나 빈민이 증가하면서 1646년 버지니아에서 미국 최초로 구빈법이 제정되었다. 구빈은 거택보호 방식, 현금이나 물품의 지급, 세의 감면, 교구의무의 경감, 의료비 대여 등이 있었다.

③ 민간의 자선사업

교회의 자선활동은 목사나 부목사가 병자, 과부, 고아를 방문하였고 부도덕한 행위자나 나태자, 음주자, 도박자에 대해서는 구제를 하지 않았다. 각 모국별로 자선협회가 설치되었는데, 1657년 보스턴에서 스코틀랜드 이민자들의 자선협회가 설립되었고, 여러 이민자들의 자선협회들도 이어서 설립하게 되었다. 박애협회가 설치되었는데, 박애협회는 특수한 문제를 가진 사람들을 구제하기 위해 독지가들에 의해 만들어진 단체로 1878년 죄인들을 위해 필라델피아에서 박애협회가 설립된 것을 시작으로, 1894년 매사추세츠에서 화재 이재민을 위해, 1898년 뉴욕에서 모자가정을 위해 박애협회가 만들어졌다.

(2) 구빈사업의 발달

① 구빈사업의 발달

남북전쟁 이후 미국의 산업자본은 크게 발전하여 영국을 능가하여 세계 제1의 생산액을 자랑하는 산업자본주의 국가로 성장하였다. 스펜서가 주장한 사회다원주의를 수용하게 되면서 자유방임주의가 등장하였다.

② 자선조직협회운동

미국의 전문적인 개별사회사업과 지역사회조직기술의 시발점을 형성하는 기초가 되었다.

자선조직협회의 등장은 빈민구제가 목적이 아니라 빈민을 고통스러운 상태에서 벗어나게 하며 중산층 시민으로 만들려는 목적이었고 자선기관의 역할보다는 사회통제의 역할과 사회질서와 안녕 유지의 수단으로서의 역할에 역점을 두었다. 자선조직협회의 설립－런던의 자선조직과 운동을 잘 알고 있던 거틴 목사는 1877년 버팔로에서 자선조직협회를 창설하였다.

③ 인보운동

미국 자본주의가 독점 자본주의 단계로 이행하던 1880년부터 20세기 초 사이에 도시의 빈민가에서는 비위생, 부도덕, 범죄 등의 무질서가 나타나게 되었다. 런던의 토인비 홀을 견학하고 인보운동의 이념과 방법을 배우고 돌아온 코이트(S. Coit)는 이러한 대도시 빈민가의 불우한 사람들을 신량힌 시민으로 개선시키기 위해서 미국 최초의 길드를 설립, 1889년 시카고 헐하우스를 설립하였고, 이때 아담스는 『집단사회사업』을 집필하였다. 인보운동의 활동은 우애방문원을 통해 조언 및 지도를 하여 빈민을 도덕적으로 개선시키고 자조정신을 고취하려 한 자선조직협회 운동과는 달리 빈민문제의 원인을 사회적 환경에 있다고 보고 그러한 환경을 개선하는 데 노력을 기울였다. 이에 따라 인보운동은 사회 연대의식을 기초로 한 사회개량주의의 입장속에서 노동조합의 결성, 탁아교육, 공중위생 등의 다양한 분야에서 활동(집단사회사업, 사회복지조사, 사회복지정책 기초)을 전개한다.

(3) 사회보장법의 성립

① 경제 대공황과 뉴딜정책

㉮ **경제 대공황의 영향 :** 경제 대공황(1929년 미국의 주식시장 붕괴)이 미국 자본주의에 끼친 영향은 심각한 것으로, 대공항의 영향으로 생산의 규모가 축소되었고 실업자 수는 1,000만 명에 육박하는 상황이 전개되었다.

㉯ **후버(Hover) 정부의 구빈대책 :** 후버 정부는 처음에는 대공황의 심각

성을 인식하지 못하고 곧 회복될 것이라는 낙관적 견해를 가지고 있었다.

㉰ **루즈벨트(F. Roosevelt) 정부의 뉴딜 정책** : 제32대 대통령으로 취임한 루즈벨트는 취임 후 신속 과감하게 새로운 정책인 뉴딜 정책을 선포하였다. 이 정책은 불황과 실업, 경제의 마비상태로부터 미국을 새롭게 부흥시키고자 하는 의도에서 실시되었다.

② 사회보장법의 내용(1935년)

루즈벨트 대통령은 1935년 8월 14일 사회보장법을 제정하였다.

㉮ **사회보험 프로그램** : 연방노령연금과 실업보장제도

㉯ **공공부조 프로그램** : 노령부조, 요보호 맹인부조, 요보호 아동부조 등을 포함하는 연방 보조금(주 운영)

㉰ **사회복지 서비스 프로그램** : 모자보건 서비스, 절름발이 아동을 위한 서비스, 아동복지 서비스 직업재활 및 공중보건 서비스에 대한 연방 보조금(주 운영)

㉱ **사회보장법과 전문사회사업**

05 Chapter

사회복지법의 법적 지위와 구성체계

1 사회복지법의 법적 지위

사회법은 근대 사법인 시민법의 내용 및 그 원리에 대한 수정과 보완의 목적을 가지고 성립된 현대적인 법의 형태이다(김부찬, 1995). 사회법의 영역인 노동법, 경제법, 사회복지사업법, 사회보장기본법 등을 포함하여 발달하게 되었다.

(1) 사회법으로서의 사회복지법

① 시민사회와 시민법

19세기 자본주의 확립과 시민사회의 성립으로 정치혁명(신분제 붕괴, 부르주아 형성), 경제혁명(산업혁명)을 통하여 전통적인 신분질서를 타파하고 자유 · 평등 · 박애의 이념을 내건 시민사회와 시민국가를 형성하였고 개인의 자유로운 경제활동을 법 앞에 보장받기 위해 평등을 강조한 법치주의(입법, 사법, 행정)를 확립하고 법 앞에 만민이 평등하다는 것을 강조하게 되었다.

㉮ 시민법

시민사회란 개인의 자유경제생활 유지를 위해 국가는 간섭하지 않는다는 것과 계약자유의 원칙으로 교환관계 형성과 소유권 절대의 원칙으로서 개인의 안정은 사유재산의 보장 없이는 불가능하다는 자본주의 경제구조를 갖게 되었고, 다수결의 원리와 과실(손해)책임의 원칙을 가지게 된다. 시민법은 자본주의제도의 법적인 주체가 되었고 근대 자본주의의 경제를 발전시키는 원동력이 되었다(신섭중 외, 1996).

㉯ 시민법의 한계

20세기 들어와서 자유주의 사상은 여러 상황으로 변화되었고 계약자유의 원칙인 자유의지에 따른 계약 체결의 자유나 자본가와 노동자 간의 불평등 관계로 생산력과 생산관계 간의 모순들이 발생하게 되고 소유권 절대의 원칙인 사유재산권 보호와 부의 불평등 등으로 심화되는 부정적인 결과를 초래하게 됨으로써 계약자유의 원칙은 수정이 필요하게 되었고, 과실 책임의 원칙인 개인의 과실과 고의에 대한 책임은 피해 당사자가 지도록 하게 되었다. 이러한 원칙들과 한계들은 시민사회의 구성원인 개인의 생존과 인권을 동시에 확보할 수 있을 것으로 예견되었다.

㉰ 시민법과 사회법의 원리

사회법은 시민법의 내용 및 그 원리에 대한 수정과 보완을 거친 현대적인 법의 형태이기도 하다. 또한 1804년 프랑스 민법에 포함된다.

시민법의 3대 원리는 다음과 같다.

㉠ 계약의 공정성

㉡ 소유권의 사회성으로 경제법, 경제활동에 대한 규제, 조세법, 사회복지법을 통한 소득재분배

㉢ 무과실책임주의(집합적 책임)인 사회적 사고, 사회구조적인 문제, 사회적인 책임, 사회보장법, 서비스법, 사회보험법 등으로 근대 시민법의 원리는 개인생활의 원활한 발전을 도모하기 위한 국가의 최소한의 간섭을 줄이는 것이며 개인의 자유로운 의사에 따라 생활하는 데 있다.

㉱ 마셜의 시민권론

㉠ 갈등론적 관점

마셜(T. H. Marshall)은 시민권이란 초기에 공민권(자유권 의미 18~19세기)이라 했으며, 참정권이란(투표권, 1인 1표제, 19~20세기) 민주주의적 시민권을 말한다. 또한 사회권(20세기) 등이 있다. 공민권, 참정권, 사회권은 자본주의 속성과 부합하게 된다. 시민권은 자본주의의 현대 국가체제에서는 공민권, 참정권, 사회권 등의 권리가 완전히 통합된 형태로 인정되는 것이기도 하다.

이러한 일련의 권리체계들이 곧 사회권을 구성하는 것이기도 하며, 사회권의 발달은 동시에 그에 상응하는 국가의 의무를 확립하게 하였다. 국가는 적극적인 개입에 대한 권리와 의무를 동시에 갖는 복지국가의 지위를 갖게

된 것이다.

㉡ 변증법적 관점

사회법을 시민법의 모순극복에 두고 발전하게 된 형태이며, 시민법의 연속성과 대립점이 있기도 하다는 것이다.

(2) 사회복지법의 법적 지위와 타법과의 관계

① 사회복지법의 법체계상의 위치

사회복지법의 법적 지위와 법률관계, 재판관할권, 법률지위 등이며, 국내법으로 공법과 사법에 관계되며, 국제법상으로 국제법규, 조약, 관습법에 기인한다.

✣ 공법, 사법의 양분론(분류기준)

구분	분류기준	공법	사법	사회복지법
이익설	이익의 성격	공익보호	사익보호	공익보호, 사익보호
주체설	법률관계의 주체	국가나 공공단체	사인	공법에 속하는 경우
법률 관계설	법률관계의 위계	권력관계 (불평등관계)	평등관계	평등과 불평등 / 공법, 사법 • 평등 : 연금 기여수준에 따라 급여 결정 • 불평등관계 : 기여금 미납 시, 압류 및 처분 등 국가 공권력
의사설	의사주체	국가 의사	민간	공법

② 사회복지법 독자체계설

사회복지법은 공법, 사법도 아닌 독자적 법체계를 가지며 그 법적 배경으로는 새로운 행정 분야로 대두된다. 민주화에 따른 공법의 사법화와 경제적 약자보호, 소유권의 제한 등 사법의 공법화 등에 의한 양법의 융화현상을 가져오기도 한다. 사회복지법이 사회법에 속하는 이유는 성격상으로(공법+사법)이면서 취지는 제3의 성격을 띠는 독자성을 지닌 사회복지법으로 남는다. 따라서 사회복지법은 사회법의 한 영역으로 인정된다.

㉮ **공법** : 국가 대 개인의 관계이며 공법적인 제한을 가하는 점, 즉 국민 생활을 간섭하고 침해할 수 있다.

㉯ **사법** : 개인과 개인과의 관계로 계약자유와 평등원칙으로 사회보험의 기본원칙인 평등을 지향한다. 사회복지법의 입법취지가 사회법의 입법취지와 동일하다.

(3) 사회복지법과 타법과의 관계

① 헌법과 사회복지법

「헌법」전문 제10조에 포괄적 기본권은 인간의 존엄과 가치의 인정과 기본권질서의 핵심적인 내용이다. 헌법에 제시된 기본권이란 경제 · 사회 · 문화 · 정치 등 각 생활영역에서 인간의 존엄과 가치를 기본권 이념에 두고 출발하는 시점을 말한다. 행복추구권(「헌법」 제31 ~ 36조), 인간다움(「헌법」 제34조)과 안락하고 풍족한 삶을 질적으로 행복하게 추구하는 권리이다.

② 노동법과 사회복지법 유사점 비교

구분		노동법	사회복지법
유사점	목적	사회법	
	기원	빈민법	
차이점	목적	노동자의 인간다운 생활	전 국민의 인간다운 생활
	주대상	노동자와 노동조합	개인과 전 국민
	주관계	고용관계	생활인
	소득재분배	소극적	적극적
	사회법원리	계약자유의 원칙수정보완	소유권 통제

③ 행정법과 사회복지법

행정법은 사회법이나 사회복지법과 상당히 밀접한 관계를 가지고 있다. 사회의 입법의 대부분은 국가에 의해 집행되며 행정법과 밀접한 관계가 있음은 물론, 행정법은 국가행정을 대상으로 하는 법이기 때문이다. 국가가 국민생활의 많은 부분을 개입하고 있는 현실을 고려해 볼 때 대부분 법률이 행정법이거나 행정법과 밀착되어 있기 때문이다.

④ 조세법과 사회복지법

조세법과 사회복지법이 유사한 점은 소득재분배가 가능하고 소득세와 기여금 등이 유사하다. 조세법상 실시되는 소득공제제도와 조세감면제도, 부의 소득세 등은 최저한의 급여제도와 같은 기능을 담당한다(이두복 외, 1991).

사회복지정책의 재원이 조세수입에 의존하는 경우가 많기 때문에 사회복지법을 포함하여 일반 사회법과 조세법이 관계가 밀접하다. 사회보험의 경우에 강제로 부과되는 기여금(보험료)과 직접세인 소득세는 그 양태가 매우 유사하다. 또한 차이점으로는 조세법은 불특정 다수 국민을 위한 국가적 일반사업에 쓰인다. 반면, 사회복지법은 특정화된 개별대상에게 서비스를 제공하며 조세법은 반대급부 요구가 불가하나, 사회복지법은 반대급부적인 제공 요구가 가능한 차이점을 볼 수 있다.

⑤ 민법과 사회복지법

친족법상의 사회보험법상 급여 관계(부양자와 피부양자)를 일종의 채권이나 채무관계로 파악하고 이에 관한 특별한 법이 없을 경우 민법의 규정을 준용할 수 있는 것이다.

현대사회의 핵가족화는 가족체계의 붕괴와 해체로까지 연결되고 있는 것이 현실이며 그로 인한 부양의 문제는 사회적인 성격을 띠고 있기 때문에 개인의 부양문제는 별도로 사회적 차원의 부양으로 사회복지법의 규정을 받게 되는 것이며, 이것은 부양의무가 사회화가 되는 것이다.

⑥ 사회보험법과 책임보험법

사회보험법은 강제성을 가지며 책임보험법은 피해자보상을 원칙으로 하고 있다.

위의 두 법의 차이점으로는 운영주체가 국가와 민간이고 비용부담은 3자 부담방식을 꾀하고 있으며, 책임보험법은 2자(보험자+민간) 부담으로 가입자 부담에 원칙을 두고 있다. 법의 목적으로는 전자는 인간의 생존권보장이며, 후자는 책임관계에 따른 배상이다.

⑦ 사회복지법과 경제법

사회복지법은 경제 체제질서의 실질적 민주화(소득의 재분배) 발전, 경제의 자동조절기능에만 맡기지 않고 국가가 직접 개입하여 평등적인 의미의 소득재분배기능을 하며 근로자의 최저생활보장 및 공법과 사법의 혼합이며 두 법의 차이점으로 사회정책과 경제정책에 두고 있음을 볼 수 있다.

2 사회복지법의 구성체계

(1) 사회복지법의 법원(法源)

법원(法源)이란 법을 형성하는 원천과 법을 형성하는 형식 등을 의미하는데, 사회복지법에서의 법원이라 할 때 그것은 실질적 의미에 있어서 사회복지법의 존재형식(현상존재)을 말하는 것이다. 법에는 국제법, 국내법이 있으며 국제법 안에는 국제조약, 국제법규, 국제관습 등이 있으며, 국내법에는 성문법과 불문법 등이 있다. 성문법 안에는 헌법, 법률, 명령, 조례, 규칙 등이 있으며 불문법에는 판례, 관습, 조리 등도 있다.

① 성문법원

㉮ 헌법(憲法)

국가와 국민 간의 권리, 의무에 관한 기본법으로서 한 나라의 대부분은 성문법으로 되어 있으며, 문자로 표시하고 일정한 형식과 절차에 의해 제정되어 있다.

1919년 독일 바이마르(Weimar) 헌법에서 세계 최초로 생존권이 규정되었으며, 헌법 전문에는 총강, 기본권조항, 통치기구, 강제조항 등이 있다. 기본권에는 자유권적 기본권, 경제적 기본권, 정치적 기본권, 청구권적 기본권, 사회권적 기본권 등이 있으며 상위법 우선의 원칙이 효력을 갖는다(성문법－헌법, 법률, 명령, 조례, 규칙, 국제조약).

헌법 제10조 : 행복추구권
제31조 : 교육받을 권리
제32조 : 근로의 권리
제33조 : 노동기본 3권
제34조 : 인간다운 생활을 할 권리
제35조 : 쾌적한 환경에서 생활할 권리
제36조 : 혼인과 가정생활, 모성의 보호 및 조건 등

㉯ 법률

사회복지서비스의 주체, 대상, 서비스 종류, 수준, 전달체계 등을 규정하는 주요 근거가 되며, 사회복지법의 기본법은 법률에 중심적이며 지도적인 규범을 가지고 있다. 사회복지기본법과 일반법, 특별법에 속한 내용들을 살펴본다.

- 기본법－사회보장기본법, 청소년기본법, 건강가족기본법, 저출산 고령사회기본법, 국가보훈기본법 등이 있다.
- 일반법－사회복지사업법, 청소년보호법, 청소년복지지원법, 청소년의 성보호에 관한 법률이 있다.
- 특별법－아동복지법, 장애인복지법 · 노인복지법 · 입양촉진 등에 관한 법률, 고아후견인제도에 관한 법률, 장애인 고용촉진 및 직업재활법, 고령자 고용촉진법으로 이루어져 있으며 국회에서 의결되어 대통령이 공포한 법으로 특별법우선의 원칙으로 하고 있다.

그 외에 민법, 세법, 행정법, 노동법, 경제법 등 제반 법률 등이 있다.

㉰ 명령과 시행규칙

명령이란 국가행정권에 의하여 정립되는 법규를 총칭하는 것이며 명령의 주체는 대통령령, 국무총리령, 부령이 있다. 명령의 성격에는 법률에 의한 위임 명령과 법률의 규정을 집행하기 위한 세칙으로 집행명령이 있고, 시행규칙의 성격으로는 위임명령과 직권명령이 있다. 또한 사회복지는 다양성, 복잡성, 기술성, 임기응변성으로 인해 명령이 필요하다(김남진, 1979).

㉱ 조례와 규칙

조례와 법규는 지방자치법규로서 조례는 지방의회에서 규칙은 지방자치단체장에 두고 있으며 지방자치단체 산하에는 자치입법권, 자치행정권, 자치재정권, 자치경찰권 등이 있다.

지역주민의 욕구반영, 규범의 구체성을 가지고 있기에 지역주민들에게 필요하다.

② 불문법원(法源)

법원에는 성문법과 불문법이 있으며, 법원이라는 말은 보통 법의 존재형식 또는 현상 형태라는 의미로 쓰인다. 불문법에는 관습법(오랫동안 관행으로 계속적 행해짐으로써 성립되는 법규범), 판례법(대법원의 판례에 의해서 형성됨), 조리(사회복지의 문제점을 보충해 주는 법원으로서의 역할)의 여러 가지 역할이 있다.

㉮ 관습법

장기간에 걸쳐 사회적 관행으로 준수되어 온 사회생활의 규범이 불문의 형태로서 국가에 의해 승인되어 강행되는 법으로, 「민법」 제1조 및 「상법」 제1조에는 법원으로 인정하고 있다. 현행 사회복지법의 규정은 미비한 것이 많아 법해석상 보충적으로 관습법을 활용할 수밖에 없을 것이다.

㉯ 판례법

법원 재판의 선례, 즉 판례가 그 후의 재판을 구속할 때 법원이 되며, 이러한 판례를 판례법이라 한다. 영국과 미국에서는 판례법주의를 따라 법적 구속력을 인정하고 있으나 우리나라는 법적 구속력을 인정하지 않고 있지만 사실상 구속력을 인정할 수밖에 없다.

사회복지 분야에 대한 대법원 판례는 거의 없으나 최근에는 점점 증가하고 있는 추세이다.

㉰ 조리법

조리는 사물의 이치, 본질적 법칙, 합리적 기준을 말하며, 이에 따른 법을 조리법이라 한다. 조리법은 성문법, 관습법, 판례법 등이 존재하지 않을 때 보충적으로 효력을 가진다.

③ 국제법

국제법은 서로 다른 나라들의 자치, 즉 내정을 위한 법률들 사이의 차이를 다루는 국제사법과 구별되는 의미에서의 국제공법을 뜻한다. 국제법은 국가와 국가 사이의 평화공존의 필요성에서 발전해 왔으며, 상식, 자익, 다양한 실무적 고려에 바탕을 두고 있다. 각 국가들은 점점 상호협력이라는 법 원칙에 충실히 따르고 있으며, 사실상 현재 많은 국가들이 국제법에서 합의된 원칙들을 각자의 국내법에 받아들이고 있다. 국제법에는 제 조약과 국제법규, 관습법 등이 있다.

국제조약

조약, 협정, 약정, 의정서, 헌장 등 그 명칭이 어떠하더라도 국가와 국가 간, 국가와 국제기관 사이에 법적 효력이 있는 합의를 말하며, 국제법규는 우리나라가 당사국이 아닌 조약으로서 국제사회에서 일반적으로 규범성이 승인된 것과 국제관습법을 말한다. 한 나라의 헌법에 의하여 체결 · 공포된 국제조약과, 일반적으로 승인된 국제법규는 국내법과 동일한 효력을 가지는 것으로 이들 내용이 사회복지와 관련이 있다면 사회복지법의 법원이 된다(국제 간 사회보장협약, 국제노동기구의 사회보장에 관한 협정 등).

(2) 사회복지법의 체계

① 사회복지법체계의 개념

라드부르흐(G. Radbruch)는 사법과 공법이 혼합되어 있는 분야를 사회복지법이라고 하였다. 따라서 사회복지법은 자본주의를 순수하게 유지하려는 국가나 자본주의를 근본적으로 변혁하고자 하는 국가에서 존재가 가능하다.

사회복지법체계의 필요성은 법률생활의 안전 · 신속 · 논리성 확보이며, 사회복지법체계는 다른 영역의 법들과 구별될 수 있는 특징적인 기준(법적인 지도원리)에 의해 분류될 수 있어야만 체계화가 가능하다. 또한 사회복지법체계 미비의 요인으로 준비과정, 형식적인 입법, 일방적인 입법과정과 그 분류는 배타적, 총망라, 일관성과 계층적 특성을 들 수 있으며, 사회복지법체계의 기준으로는 사회적 급여의 종류와 기여금의 부담 여부, 사회적 위험의 종류와 제정 목적 등 사회정책을 실현하는 직접 · 간접 방식 등이 있다.

② 사회복지법의 접근방법

사회복지법은 법의 독특한 성격을 반영하므로 법률의 연구방법을 먼저 이해하여야 한다. 즉, 법학의 연구방법을 통해 사회복지법을 연구하여 사회복지실천에 공헌하려는 것이다. 법학의 연구방법에는 법철학, 법사학, 법사회학, 법심리학, 법정책학, 법인류학, 법해석학 등이 있다(김훈, 2006).

㉮ 법철학

법철학(法哲學)은 법의 본질을 추구하고 법의 이상 또는 이념을 분명히 하여 법학의 방법론을 확립하는 것을 목적으로 한다. 이러한 연구방법은 사회복지법의 본질을 추구하고 사회복지법의 이상 또는 이념을 분명히 하며, 나아가서 사회복지법학 연구의 방법론을 확립하는 것을 목적으로 한다. 이는 사회복지의 이상과 이념이 되는 '인간다운 생활'을 실현하기 위한 법의 이념이 무엇인가라는 문제를 해결하려 노력하는 것이다. 사회복지법의 이념과 목적은 인간다운 생활에 대한 권리의 확보이며, 인간다운 생활을 실현하기 위한 법의 이념과 생존권 또는 복지권이 법적으로 어떻게 실현되어 왔는

가에 초점을 두는 것이다.

㉠ 생존권을 실현하는 수단으로써 최고법규범인 헌법의 사회권적 기본권 규정은 어떤 의미를 지니며, 다른 하위법률과의 관계에서 어떤 지위를 갖는가이다(선언적 의미인가, 프로그램적 의미인가, 구체적 권리인가, 법적 효력 등).

㉡ 생존권의 구체적 내용에 포함되는 소득, 의료 주택, 교육 및 사회복지 서비스의 수준을 국가가 어느 수준까지 보장할 것인가? 이에 따른 서비스수급권의 내용과 구조는 어떻게 해야 하는가? 이러한 법적 수급권 규정에서 행정적 재량은 어디까지인가?

㉯ 법사학

법사학(法史學)은 법의 역사적 변천과정의 연구를 통해서 일정 영역에서의 법칙성을 발견, 법의 변화의 원인과 결과를 이해하고, 현행법의 성격과 기틀, 의미를 보다 명확히 파악하며, 법 환경의 미래를 예측하려는 방법이다. 사회복지법의 연구에서 법사학적 접근은 사회복지법의 역사적 변화를 연구하여 현행 사회복지법의 성격과 기능, 의미를 보다 명확히 파악하려는 것이다.

그러므로 이 연구는 사회복지 법제사(社會福祉 法制史)의 연구 성격을 띤다. 즉, 이 연구방법의 목적은 특정사회의 제한된 사회복지법적 현상에만 국한되는 것이 아니고, 인류의 보편적인 사회복지법 현상을 밝힘으로써 사회복지현상의 근본적이고 일반적인 원리와 원칙을 알려는 것이다. 이는 사회복지법과 연관된 정치, 경제, 사회, 문화 등의 요소를 살펴야 하는 것이다.

㉰ 법사회학

법사회학은 법 현상을 역사적·사회적 현상으로 보고, 그 인과적 방법에 따라 법의 성립, 발전, 소멸을 고찰하여 새로운 법칙성을 발견하려는 것이다. 이것은 접근연구의 대상에서는 법이지만, 접근의 방법에서는 사회학의 일부라고 힐 수 있다.

법사회학은 공동체의 행동에 참여하는 사람들이 일정한 질서를 타당한 것으로 보는 것이 공동체 내부에서 사실상 무엇을 야기하는가라는 의문에서 출발한다. 법사회학은 사회의 생활현실에서 법이 어떻게 발생하고, 어떻게 존재하고, 어떻게 작용하는가에 관심을 둔다. 그러므로 실정법 이외의 규범력이 있는 관습을 찾아낸다든가, 실정법의 실효성을 고찰하는 일이 여기에 해당한다. 이와 같은 법사회학적 연구의 결과는 법의 해석, 적용, 입법에서 매우 중요한 자료가 된다.

㉣ 비교법학

비교법학은 두 개 이상의 사회 또는 국가에 대한 법제도를 비교하는 법학 연구의 한 방법이다. 이 접근에서 보통 비교의 대상이 되는 것은 입법과정, 법제도, 법이념, 법철학, 법의 역사적 발전과정, 법의 적용과 해석, 판례, 입법구조, 정치행정의 문화 등이다.

사회복지법의 비교법학적 연구 또한 두 개 이상의 국가에 대한 사회복지법 제도를 비교해서, 사회복지법의 입법과정, 법이념, 법철학, 법의 역사적 발전과정, 법의 적용과 해석, 판례, 입법구조, 정치행정의 문화 등을 탐구하는 방법이다.

㉤ 법정책학

법정책학은 입법정책을 연구의 주요대상으로 하면서, 법과 정책결정에 관한 제반 학문적 지식 및 그것과 관련된 제반 기법을 탐구하는 접근방법이다. 그러므로 사회복지법의 법정책학은 사회복지 입법정책을 연구대상으로 하여 복지와 관련된 법과 정책결정에 관한 제반 학문적 지식 및 기법을 탐구한다. 또한, 사회복지에 관한 정책결정과 입법과정에서의 의사결정구조를 탐구하는 것도 중요하다.

오늘날은 사회문제가 복잡하고, 다양한 복지욕구에 대한 대응으로서의 법정책과 입법기술이 필요한 시대이다. 이에 사회복지법의 입법과정과 정책결정과정에 관한 탐구는 효율적인 입법화를 알려준다. 따라서 사회복지법의 법정책학적 연구는 현재의 각종 사회문제를 통제하고, 그 해결을 위한 방책으로 법적 의사결정 또는 법적 정책결정을 하는 자에게 조언을 할 목적으로 법과 정책결정에 관한 제반 학문적 지식 및 그것과 관련된 제반 기법을 연구하는 것이다.

㉳ 판례연구

판례연구란 판례를 통해서 기존의 법규범으로 규정되어 있지 않은 법 생활의 여러 측면을 어떻게 취급하는지를 알 수 있을 뿐만 아니라 기존의 법이 어떻게 해석 또는 적용되는지를 이해하는 연구이다. 그러므로 사회복지법연구에서의 판례연구접근은 사회복지법의 실제해석과 적용이 어떠하며, 어떤 사회적·경제적 배경에서 특정판결이 이루어졌으며, 이것이 지닌 사회복지부문의 함의는 무엇인가를 탐구한다. 이것은 결국 법의 해석과 적용, 즉 실질적인 법적 효력을 둘러싼 국가의 입장을 극명하게 나타내 준다.

이와 같이 다양한 연구방법은 사회복지법의 이해를 돕고, 사회복지학의 지식체계 발전에 도움이 된다.

㉴ 법해석학

법해석학이란 법규범으로 정립된 실정법의 해석과 적용에 관한 연구를 말한다. 법해석학은 당위의 명제인 법규범을 대상으로 그 의미내용을 명확히 하거나 또는 설정하고, 법규범 명제 사이의 상호관계를 논리적으로 체계화하며, 나아가 불명확하거나 흠결이 있는 부분에 관하여 해결방안을 제시하는 것을 목표로 한다.

그러므로 사회복지법의 법해석학적 접근은 사회복지법규범을 해석하여 사회복지현상에 적용시키기 위해서 사회복지법의 내용, 의미 또는 한계 등을 설명하고, 사회복지에 관한 정책의지나 목표를 명확하게 표현하는 것이며, 체계화에 기여한다.

이 해석학은 법연구의 보편적인 연구방법이다. 사회복지학이 가치지향의 학문이기 때문에 법해석의 면에서 국민의 기본권을 중심으로 해석이 가능해야 하므로 사회복지학에서 매우 중요시되는 분야라고 할 수 있다. 또한 사회복지현상을 체계적으로 포착하고, 국가나 사회의 사회복지에 관한 정책의지와 목표를 명확하게 파악할 수 있게 한다. 이러한 점에서 사회복지법은 국가의 사회복지정책에 대한 목표의 표현인 동시에 국가 내의 모든 사회복지활동을 지도하는 강제력을 가진 법규범인 것이다.

(3) 사회복지법체계의 분류

① 독일의 사회복지법체계

독일 사회법전 중 사회보장제도의 세 가지 기본은 사회보험(Versicherung), 원호사업(Versorgung), 공적부조(Sozialhilfe)이다.

다른 모든 사회사업과 더불어 주된 사업내용은 세 번째 공적부조사업에 속한다. 독일 사회사업의 가장 중요한 특성 중 하나는 사회복지증진의 주체로서의 국가 및 지방자치단체와 민간 사회복지단체 간의 분류기준을 기여금의 존재 여부, 사회급여의 기능, 사회복지법의 지도 원리관계에 따라 정의하고 있다.

② 일본의 사회복지법체계

일본의 사회보장과 사회복지제도의 기본적인 틀은 일본의 오가와 분류체계로 독일식의 분류체계의 영향을 받아 중심이 되었다. 고도성장이 시작된 1950년대 중반까지의 사회보장, 사회복지제도는 실질적으로 빈곤대책이 중심이었다. 1960년대에 진입해서는 의료보험제도의 보급, 국민연금제도의 성립 등에 의해「전 국민의료보험, 전 국민연금체제」가 갖추어지게 되었다.

③ ILO의 분류체계

사회복지에 관한 국제노동기구(ILO)의 인권보장에 대한 역할은 매우 영향력이 크다. 1991년 12월 9일 우리나라가 152번째로 ILO 회원국으로 가입하였다. ILO의「사회보장최저기준조약」은 보편성, 비용부담의 공평성, 급여수준의 적절성이란 세 가지 원칙을 제시하여 구체적인 생존권을 보장하는 역할을 담당했다.

㉮ 수혜대상의 보편적 보호원칙

㉯ 비용부담의 공평성 원칙

㉰ 보험의 급여수준 및 급여방법에 관한 원칙

㉠ 비례급여의 원칙

㉡ 균일급여의 원칙

㉢ 부양수준의 원칙

의료, 질병, 실업, 노령, 산재, 가족, 분만, 폐질, 유족 등 사회적 위험에 따른 분류를 하고 있으며, 이에 급여를 제공해야 한다는 사회복지법체계적용을 나타내고 있으며, ILO는 회원국들의 사회보장을 통한 인권보장은 물론이고 가맹국들 간에 관계입법과 행정시책 등의 영향력을 발휘하고 있는 것이 현실이다

④ 미국의 사회복지법체계

미국의 사회복지법체계는 노령, 폐질, 유족, 질병, 분만, 산재, 실업, 자녀 등 사회적 위험으로 나누고 연금보험, 의료보험, 산재보험, 실업보험, 자녀급여 순서대로 급여의 체계로 국제노동기구의 체계와 흡사하게 적용하고 있다.

(4) 한국 사회복지법 관계서 내용

① 김유성의 복지법체계

사회보장제도를 기준체계로 사회보험법, 공공부조법, 사회복지법으로 표현하고 있으며, 사회보장급여를 기준체계로는 소득보장급여법, 의료보장급여법으로 구분하고 있다.

② 박석돈의 복지체계 분류

국가와 국민 간의 권리와 의무의 관계로 부각하고 있음을 국가가 인정하고 사회복지를 실현하기 위해 구체적이고 체계적인 사업 등을 국가적 공익

차원으로 보호하고자 국가가 이를 법의 형태로 제도화한 것으로 정의하고 있다. 또한 사회복지법은 사회복지사업을 구체적으로 실천하는 제도·기구·기관 및 시설·권리·의무 등에 관한 사항을 규정한 법이라고 할 수 있다고 보았으며, 법률체계에서 정한 법령분류방식으로 사회복지법으로 본다고 자신의 의견을 밝힌 바 있다.

③ 신섭중의 복지체계 분류

현대 사회복지의 개념은 실질적으로 국민의 생존권을 보장하기 위하여 광범위하고 실질적인 개념으로 파악되는 것이 일반적이다. 미시적(어려운 사회적 약자인 요보호대상자들)·광의적(물질적·정신적·사회적)으로 기본 욕구를 해결함으로써 인간다운 생활을 영위하는 데 필요한 사회복지법은 사회정책이나 사회복지정책의 실현과 관련된 제반 법률을 의미한다고 보았다. 사회복지는 자본주의의 발달로 사회적인 문제가 발생되고 광의적인 부분은 제반정책을 통해 실현되고 협의적인 의미의 사회적 약자들은 제한적으로 도움을 받는 것이 현실이다. 그러므로 사회적으로 약자인 요보호대상자들을 위한 한정적이고 제한적인 사회복지정책이나 사회정책을 의미한다.

④ 박승두의 복지체계 분류

- 실정법적 해석체계 : 보험, 부조, 서비스 – 제도체계(좁은 의미)
- 목적론적 해석체계 : 소득보장, 장해급여 – 이념보다는 급여형태
- 행정법적 해석체계 : 주체 – 사회보험법은 곤란
- 권리론적 해석체계 : 인간다운 생활을 할 권리, 청구권을 기준으로 나눠진다.

핵심요약

⇨ 사회복지법체계는 법단계령(대통령령) – 시행규칙(장관령) – 자치법규(조례 – 규칙)를 말한다. 또한 국제 조약은 조약의 해당 국가들의 비준에 의해 국내법과 동일한 효력을 가진다.

⇨ 박석돈은 소득인정액이 최저생계비 이하 개별가구의 소득평가액과 재산의 소득환산액을 합산한 금액으로 자산, 근로 능력 등 활용의 원칙을 구체화한 것이다.

용어정리

- **프로테스탄티즘** : 루터, 칼빈 등에 의하여 주도된 16세기 종교 개혁의 중심 사상. 또는 여기에서 성립된 여러 교회의 신조를 기초로 하는 교의
- **이익설** : 조세 부담은 개인이 국가로부터 받는 이익의 크기에 따라 정해져야 한다는 학설
- **의사설** : 권리의 소유자가 자기의 의사를 자유롭게 제시할 수 있는 힘을 법률로 인정한 것
- **절충설** : 의사설과 이익설을 절충한 것으로서 권리의 본질은 이익의 보호를 위한 법률이 인정한 의사의 힘
- **권리법력설** : 의사능력이 없는 유아나 정신병자 등도 권리의 주체가 될 수 있다는 것
- **공민권** : 국가권력으로부터 개인을 보호하려는 권리를 말한다.
- **엘리자베스 구빈법** : 1601년 엘리자베스 1세가 제정한 법으로 빈민에 대한 구빈의 책임을 교회가 아닌 정부(지방정부)가 졌다는 점에서 큰 의의가 있다.
- **정주법** : 1662년 찰스 2세는 이 법을 교구와 귀족의 압력으로 제정하였다. 빈민의 도시유입을 방지하기 위해 마련된 법으로 주소지법, 거주지법이라고도 함
- **작업장법** : 조지 1세가 제정한 법으로 빈곤자와 실업자를 직접 구제하는 대신 작업장에서 강제 노동을 통해 일을 시키고 임금을 지불하였다.
- **길버트법** : 조지 3세가 1782년 제정한 법으로 최초의 빈민구제위원회 법이며 원내구제와 원외구제를 인정하는 인도주의적 · 이상주의적 구제법이다.
- **스핀햄랜드법** : 조지 3세가 1795년 스핀햄랜드의 버커스 주에서 빈민의 처우개선책으로 제정한 법으로 최저생활의 기준으로 빈민들에 대한 구제금액을 결정하고 가족 수에 비례해서 금액을 산출하였다.
- **성문법** : 법의 존재가 유하고, 형태가 있다.

- **불문법** : 법의 존재나 형태가 없다. 관습법(오랫동안 관행으로 행해짐으로 성립되는 법규범), 판례법(대법원의 판례에 의해서 형성됨), 조리(사회복지의 문제점을 보충해 주는 법원으로서의 역할)의 여러 가지 역할이 있다.
- **ILO** : International Labor Organization(국제노동기구). 16개의 유엔 전문기구 가운데 유일하게 정부와 기업인, 노조대표가 참가하여 세계의 모든 근로자를 위한 사회정의 구현과 노동조건개선을 위해 노력함은 물론, 매년 6월 총회를 개최하여 회원국의 근로실태를 점검하고 각종 협력사업 등을 협의한다.
- **국제조약과 규약** : 헌법에 의하여 체결·공포된 조약과 일반적으로 승인된 국제법규는 국내법과 같은 효력을 가진다.
- **사고** : 예를 들면 질병, 노령, 상해, 출산, 사망 등이 이 범주에 든다.
- **실정법** : 우리나라 사회복지법은 학자들 다수의 의견이 실정법체계라고 한다.
- **헌법** : 국가와 국민 간의 권리와 의무에 관한 기본법으로 최상위의 법이다.
- **법률** : 헌법 다음의 규범으로 국회의 의결을 거쳐 제정되나 헌법상 대통령은 법률안 거부행사가 가능하다.
- **명령** : 국가행정권에 의하여 정립되는 법규를 총칭하는 것으로, 각 법의 시행령은 대통령이, 시행규칙은 국무총리나 행정 각 부처의 장이 제정한다.
- **조례** : 조례는 지방정부의 법률로서 광역(시·도)자치법규와 기초(시·군·구)자치법규를 지방의회의 심의를 거쳐 제정하는데, 제정절차는 법률절차와 거의 유사하다(홍봉수 외, 2011).
- **규칙** : 지방정부의 법률로서 법규는 지방기초단체장이 지방의회의 의결 없이 제정하는 것을 말한다.

06

Chapter

사회복지급여 수급권

1 인권과 기본권

(1) 인권의 개념

모든 사람은 자유로운 존재로 태어났고, 똑같은 존엄과 권리를 가진다. 사람은 이성과 양심을 타고났으므로 서로를 형제애의 정신으로 대해야 한다(세계인권선언문 제1조).

서양에서 인권 개념의 등장은 16세기부터였으며, 17, 18세기의 자연법 이론은 가장 초기의 인권 개념을 탄생시켰다. 일반적으로 영국의 대헌장, 미국 『독립 선언』, 프랑스 『인과 공민 권리 선언』은 세 가지 가장 고전적인 인권문서이다. 이 세 가지 문서는 모두 자연법 이론의 영향을 볼 수 있다. 19세기에 생긴 마르크스주의는 개인의 자유를 중심으로 한 자유주의적 인권 개념에 대해 비판적이다. 마르크스는 사람의 사회적 존재가 인간의 경제적 지위로 결정되고 추상적인 사람은 존재하지 않으며, 단지 계급적 지위에 있는 사람만이 존재한다고 여긴다. 개인의 해방은 계급의 해방과 파괴에 의존하고 있으며, 공산주의 사회에서라면 "이렇게 하나의 자유로운 발전이 모든 사람의 자유로운 발전의 조건"이라고 하였다. '인권'개념의 공식적인 출현은 제2차 세계대전 이후 유엔 헌장과 세계인권선언을 통해 국제 사회가 최초로 인류(Human Being)의 입장에서 인권(Human Rights)개념을 명확히 제시한 것으로, 이 두 문서는 제2차 세계대전 재검토로 인한 전쟁, 전체주의, 빈곤 및 기아와 같은 재난에 대처하기 위해 국제 사회가 공식화한 것이다. 1966년 채택된 『국제 인권 협약』(『경제 사회 문화 권리 국제 규약』, 『공민 권리 및 정치권리 국제 규약』이 포함됨)이 세계인권선언과 함께 국제 인권헌장을 공동으로 구성하고 국제 인권법 시스템의 기초를 구성하였다(마지아루, 2019: 10-12).

(2) 기본권

기본권은 국가 안에서 모든 국민들이 인간답게 살기 위해서 누려야 할 기본적 권리이고, 헌법에 의해 보장되는 권리를 의미하며, 그 내용은 다음과 같다(나무위키, 2019).

① 기본권의 개념

기본권은 천부 인권(天賦人權) 사상을 바탕으로 인간 존중이라는 가치를 구현하기 위하여 헌법에 규정하여 중요시되고 있는 국민의 당연한 권리로 대한민국「헌법」제10조에서는 모든 국민은 인간으로서의 존엄과 가치를 가지며, 행복을 추구할 권리를 가진다. 국가는 개인이 가지는 불가침의 기본적 인권을 확인하고 이를 보장할 의무를 진다고 하였다.

대한민국 헌법에 명시되어 있는 기본권의 내용은 포괄적으로는 인간의 존엄성 보장과 행복 추구가 그 골자이며 자유권, 평등권, 참정권, 청구권, 사회권을 명시하고 있다.

② 기본권의 종류

㉮ 자유적 기본권

자유권은 기본권 중에서 가장 역사가 오래된 핵심적인 기본권이다. 근대 시민 혁명 당시에는 절대 군주, 즉 국가 권력으로부터 자유를 보장받는 것이 가장 중요한 목표였다. 자유권은 민중이 국가 권력에 대항하여 주장하였던 소극적이고 방어적인 성격을 지닌 기본권이다.

우리나라 헌법에서는 다양한 종류의 자유권을 규정하고 있다. 구체적으로는 정신적 자유, 신체의 자유, 거주 이전의 자유, 직업 선택의 자유, 사생활의 자유, 통신의 자유, 양심의 자유, 종교의 자유, 언론·출판의 자유, 학문·예술의 자유 등이다. 자유권은 그 내용이 헌법에 명시되어 있지 않은 자유권이라도 보장되어야 하는 포괄적인 권리에 해당한다.

㉯ 평등권

평등권은 자유권과 더불어 중요시되어 온 본질적인 기본권으로 불합리한 차별을 받지 않도록 하는 권리를 의미한다. 근대 이전의 대부분의 사회는 불평등한 계급 사회였다. 피지배 계급은 납세와 병역 등의 무거운 의무를 지녔으며 일부는 노예와 같은 불합리한 처지에 놓여 있었다. 이에 평민 계급은 모든 인간이 동등하게 태어났다고 주장하며 불평등한 계급 사회를 타파하고자 시민 혁명을 일으키게 되었으며, 혁명 이후에는 점진적으로 평등한 사회로 발전하게 되었다.

우리 헌법에서 규정하고 있는 평등권의 내용은 차별 대우의 금지, 사회적 특수 계급 제도의 금지, 특권 제도의 금지, 교육의 기회 균등, 여성 근로자의 차별 금지, 혼인과 가족생활의 남녀평등, 선거에 있어서의 평등, 경제 질서의 사회적 평등, 지역 간 균형 있는 발전 등이다. 오늘날 평등권의 개념은 차이를 고려하지 않는 기존의 '형식적 평등'에서 한발 더 나아가, 사회적 약자에 대한 배려를 중요시하는 '실질적 평등'으로 그 내용이 발전하고 있다.

㉰ 참정권

대한민국「헌법」제1조 제2항에는 대한민국의 주권은 국민에게 있다고 명시하고 있다. 따라서 모든 국민은 정치에 참여할 수 있도록 헌법에 규정하고 있는데, 국민이 직접적·간접적으로 정치에 참여할 수 있는 권리가 참정권이다. 참정권의 종류에는 크게 선거권, 공무 담임권, 국민 투표권이 있다. 국민이 대통령, 국회의원, 지방자치단체장 등 국가 기관의 구성원을 선출하는 권리이다.

㉱ 청구권

청구권은 다른 기본권을 보장하기 위한 수단적 성격의 기본권으로, 기본권을 침해받았을 때 이를 구제받기 위한 권리이다. 즉, 청구권은 '기본권 보장을 위한 기본권'이라고도 한다.

㉲ 사회권

사회권은 역사적으로 제1차 세계대전 후 독일의 바이마르 헌법에 최초로 규정되어 있는 권리로, 국민이 실질적 평등과 분배 정의의 실현을 국가에 요구할 수 있는 적극적인 권리이다. 생존권적 기본권의 성격을 지니며 '생활권'이라고도 한다. 대한민국 「헌법」에 보장된 사회권적 기본권은 인간다운 생활을 할 권리, 교육을 받을 권리, 근로의 권리, 노동 3권, 쾌적한 환경에서 살아갈 권리인 환경권, 혼인·가족·모성 보호·보건에 관한 권리 등이 있다.

(3) 인권과 기본권의 관계

인권은 인간으로서 당연히 가지는 모든 권리이며, 인간의 본성에서 나오는 자연권을 의미한다. 반면에 기본권은 생래적인 자연권도 있지만 자유권 생존권청구권참정권적 기본권 등이 있다. 또한 인권은 기본권을 포괄하고 있다. 인권과 기본권은 그 개념과 내용에 있어서 반드시 일치하는 것은 아니다. 그러나 각국 헌법에서 보장하는 기본권은 인권사상에 바탕을 두고 인간의 권리를 실현하려고 하는 것이므로, 인권이 기본권을 포함하고 있다. 이는 대체적으로 인권이 기본권보다 그 내용에 있어서 넓다고 볼 수 있다(노기남, 2016: 110).

2 권리의 개념

인간의 권리란 일반적으로 인간이 인간이기 때문에 당연히 갖는다고 생각되는 권리를 말한다. 권리의 본래 의미는 인권을 말하는데, 이는 버지니아 권리장전이나 프랑스 인권선언에 표현되어 있으며, 독일에서는 기본권이라고 표현하고 있다(김훈, 2006).

사회복지급여 수급권은 인간다운 생활의 보장을 위한 인간의 생존이라는 본질적인 권리로서 법익을 준수하기 위해 법이 허용하는 힘을 말하며, 법의 특성으로는 일정한 이익, 특정인에게 부여, 법률상의 힘 등으로 분류한다.

(1) 권리의사설

권리는 법률에 의해 인정되는 의사(意思)의 힘이다. 그러나 의사(意思)무능력자(유아나 정신병자) 문제 등이 갖는 권리에 대해서 설명할 수 없는 한계성이 있다.

(2) 권리이익설

법에 의해 보호되는 이익이라고 보는 학설로, 권리자에게 힘을 주는 것을 말하며 부모가 자녀에게 친권을 갖는 것은 구체적인 이익을 목적으로 하는 권리가 아닌 것으로 본다.

(3) 권리법력설

일정한 이익을 보호하기 위해 법이 인정하는 힘으로, 가장 유력한 학설로 받아들여지고 있으며 법률적인 힘에 의해 권리가 존재하게 된다는 것이다. 사회복지법상 권리라 함은 법률 적용을 받은 대상자들을 권리의 주체자로 보고 사회복지의 급여나 서비스에 대한 이익을 추구할 수 있는 힘을 법률로 부여해 주며, 개인의 합법적인 지위에 따라 능력을 부여해 주기 때문에 중요하다.

(4) 유사개념

유사개념으로는 권한을 권리자 또는 타인에게 일정한 법률효과를 발생케 하는 행위를 할 수 있는 자격을 가진 자를 말하며, 권능이란 권리의 내용을 이루고 있는 법률상의 힘(소유권의 권리, 사용권, 수익권, 처분권)을 말한다. 또 다른 하나의 유사개념의 법률은 특정인에게 어떤 행위를 명하는 것을 의미한다.

3 사회복지수급권의 권리성

사회복지수급권의 개념은 사회복지법을 통해 국가는 개인들에게 급여나 서비스를 제공하고 이때 국가와 급여 및 서비스를 매개로 법률관계가 형성되며, 국민은 서비스나 급여를 청구할 수 있는 권리를, 국가는 이에 대한 의무를 지게 된다. 이때 개인이 개별 법률에 근거하여 갖는 급여 및 서비스 청구권을 수급권이라 한다. 이러한 수급권은 인권이나 기본권에 비해 구체적이고 직접적인 권리라고 할 수 있다(윤찬영, 2017: 81).

(1) 사회보험수급권의 성격

사회보험수급권은 사회적 위험에 대비하여 가입자가 자신의 경제적 부담으로 보험료를 납부하며, 사회적 위험이 발생할 경우 현금이나 현물로 급여를 받게 되므로 법으로 보장된 구체적 법적 권리에 해당한다.

예컨대, 고용보험의 경우 법으로 보장된 구체적 법적 권리를 유지하기 위해서는 고용보험 피보험자격 관리의 사업내용을 숙지하여야 하는데, 그 내용은 다음과 같다(고용노동부, 2019: 115).

첫째, (피보험자격 취득신고) 사업주는 근로자를 채용한 경우 취득 사유가 발생한 날이 속하는 달의 다음달 15일까지 '피보험자격 취득신고서'를 관할 근로복지공단지사에 제출한다.

둘째, (피보험자격 상실신고 및 이직확인서) 사업종료, 근로자 퇴직 및 변경 등으로 피보험자격을 상실하게 된 경우에는 상실사유가 발생한 달의 다음달 15일까지 관할 근로복지공단지사에 '상실신고서' 및 '이직확인서'를 제출한다(이직확인서의 경우, 구직급여 수급자격 인정신청을 원하지 아니하는 피보험자격 상실자에 대해서는 제출하지 않음). 일용근로자의 경우 피보험자격 취득 및 상실신고서를 대신하여 매월 해당 근로자에 대해 다음달 15일까지 관할 근로복지공단지사에 '근로내용확인신고서'를 제출한다.

셋째, 피보험자격 취득, 상실 미신고 및 거짓신고 시 과태료를 부과한다(미신고는 1인당 3만원, 최대 100만원, 거짓신고는 1인당 5~10만원, 최대 300만원).

(2) 공공부조수급권의 성격

① 공공부조의 개념 공공부조수급권의 성격

공공부조(public assistance)의 개념은 사적부조, 즉 민간부문에서 이루어지는 자선(charity)에 대비되는 용어로서 국가에 의한 부조라는 의미를 지닌다. 이러한 의미의 공공부조는 나라마다 상이하게 지칭되고 있다. 한국에서는 1995년 「사회보장기본법」이 제정되면서 공공부조라는 명칭을 사용하고 있다.

공공부조수급권의 성격을 살펴보면, 모든 국민은 법적으로 보호의 대상이나 실제로 자산조사와 실태조사를 통해 취약계층을 선별하여 일정한 빈곤선 이하에서 부양가족의 도움을 받을 수 없는 절대빈곤층이 주 대상이 되고 있어서 공공부조 수급권은 법으로 보장된 추상적 법적 권리에 해당한다고 볼 수 있다(노기남, 2016: 116).

② 미국의 공공부조

미국의 공공부조는 1930년대 사회보장법 입법 등을 통해 복지국가의 기틀을 다졌지만 결국, 정치적・사회적 역학관계로 인해 유럽과 같은 국가 중심의 복지국가로 발전되지는 못하였다. 현재까지도 건강보험은 민간의 영역이 중심이며, 오바마 케어를 통해 어느 정도의 공공성을 확대시켰지만 여전히 국가중심의 사회보장체계와는 거리가 멀다. 물론 이것은 상대적인 관점이며 정부와 민간의 조화가 가장 잘 이루어진 사회안전망을 가지고 있다는 평가 또한 존재한다.

미국의 복지시스템에서 최근 가장 큰 변혁이자 지금까지도 미국 사회보장제도에 큰 영향을 미치고 있는 것은 1996년의 복지개혁이다. 이것은 1930년대 대공황을 극복하기 위한 일련의 사회보장관련 입법의 영향과도 비견되는 것이며, 현재까지도 미국 사회보장체계를 관통하는 핵심적인 원칙으로 강한 영향력을 미치고 있다. 1996년의 복지개혁을 통해 수급권자의 권리로서의 복지는 사라지고 복지급여 수급기간이 한정된 임시적 성격의 공공부조 프로그램이 미국 공공부조제도에서 가장 큰 영향력을 미치게 되었다. 물론, 대상자에게 임시적인 성격의 복지제도를 근로장려세제(EITC) 같은 근로유인형 복지제도의 존재 및 확대가 뒷받침해 준다고 볼 수 있다. 즉, 정책대상자가 임시적으로 보호를 받다가 어느 정도 시간이 지나면 EITC와 같은 근로유인형 제도를 통해 소득을 보충받게 된다는 것이다. 한편, 근로능력이 없다면 보충적 소득보장(SSI)이나 주정부단위의 소득지원을 받을 수 있다. 이러한 측면과 함께 미국에서 사회보장을 의미하는 공적연금제도 및 민간이전의 규모를 볼 때 미국이 숨은 복지국이라고 불리는 것도 어느 정도 타당하다고 볼 수 있다. 하지만 긍정적인 측면만을 보기에는 어려운 상황인데, 미국의 불평등도는 OECD 국가 중 가장 높은 수준이며, 빈곤율 또한 계속 높은 수준을 유지하고 있다. 또한, 인종문제에 따른 사회적 갈등과 경제적 양극화로 인해 사회적 통합도 매우 흔들리고 있는 상태로 볼 수 있다. 미국의 1996년 복지개혁의 공과를 살펴보면, 성과적인 측면에서 복지개혁 이후 TANF와 SSI와 같은 주요 공공부조 프로그램은 프로그램에 따라 차별적인 집행체계를 갖게 되었다. TANF의 경우 연방정부에서 주정부로의 권한 위임을 통해 각 주정부의 특성과 자율성이 반영되고 있으며, SSI의 경우에는 전국적으로 단일화된 전달체계를 통해 프로그램 운영과정의 표준적 적용을 실현하고 있다. 이와 함께 복지제도 운영과정에서 두 개 이상의 급여 및 서비스의 제공주체들 간의 협력적 체계가 비교적 꾸준히 진행되어 왔으며, 일선 지역사무소 중심의 면대면(face to face) 서비스 기능의 강화를 통해 수급자의 서비스 접근성 및 활용도를 제고함으로써 복지수급자의 복지체감도를 증진하는 방향으로 제도개혁이 진행되고 있다. 또한 TANF에 적용되는 수급제한기간의 적용으로 인해 이전(AFDC 적용)보다 훨씬 높은 탈수급율을 보이고 있다. 그럼에도 불구하고 이상의 공공부조 프로그램이 나타내는 근본적인 한계는 빈곤가구수가 줄어들지 않음에도 관련 재정의 확대나 수급자의 수는 지속적으로 감소하고 있다는 점이다. 이것은 앞에서 복지개혁의 성과적 측면으로 거론한 수급제한기간과 직접적인 관련성이 있다. 그리고 개혁의 목적이었던 근로유인을 통한 탈빈곤효과도 제도 개혁이 있었던 1996년 이후에는 다소 호전되는 양상을 보이다가 2000년대 중반 이후 그 효과가 급격하게 감소하고 있다는 점은 문제점으로 지적되고 있다. 이러한 복지제도의 변화를 통한 성과와 한계점은 매우 많은 요인들이 각각의 영향력을 복합적으로 나타나는 데에서 기인한다. 매우 높은 수준의 주정부의 권한, 정치적 특성(양당제, 분점정부 등), 경제적 환경 등 여러 가지 요인이 복합적으로 작용한 결과로 볼 수 있다. 현재의 근로연계 및 민간 중심의 공공부조 프로그램 집행은 앞으로도 지속될 가능성이 높다. 미국의 경우 사회보장제도의 강화를 통해 사회통합의 제고와 함께 현재의 불평등 상태를 개선시킬 필요가 있다. 그 일환으로, 의료보험제도에 대한 공공성 확대를 통해 사회보장체계를 강화시키는 데 일단 소기의 성과를 거두었다. 향후 미국은 현재의 민간중심의 취약한 사회안전망을 어떤 방식으로 유지하고 현재의 불평등과 양극화 문제를 어떤 방향으로 해결할지가 사회보장제도를 포함한 미국 사회의 지속가능성을 결정하는 중요한 요인으로 작용할 것으로 예상된다(임완섭 외, 2015: 4-5).

(3) 사회서비스수급권의 성격

사회서비스수급권은 비교적 권리성이 매유 약하다고 볼 수 있는데, 그 이유는 수급자가 재정적으로 기여하는 것이 적고, 권리를 인정받는 권리성이 보통이기 때문에 사회서비스수급권은 법 보장이 가능한 추상적 법적 권리설로 볼 수 있다. 그리고 국민에게 법적 권리로써 인정을 받기 위한다면 대상자의 다양한 욕구를 표준화하여 적용시킬 수 있는 어떤 기준이 명확히 있어야 할 것이다. 그러므로 사회서비스수급권은 그 권리성이 매우 약한 것으로 볼 수 있다.

4 사회복지급여 수급권의 성격

(1) 급여 수급권의 개념

사회복지급여 수급권이란 사회복지법상 서비스를 받을 권리와 금전적 급여를 통한 최소한도의 생활보장과 자립지원을 받을 권리, 비금전적 급여를 통한 재활, 생활안정, 복지증진을 목적으로 하는 사회복지서비스에 대한 급여청구권, 공법상의 쟁송방법을 통해 실현할 수 있는 개인적 공권 등을 말한다.

사회복지서비스가 단순히 국가 행정행위의 반사적 이익이거나 구빈의 관점에서 시혜적인 것이라고 한다면 사회복지수급권은 인정되지 않을 것이다. 그러나 자유권을 중심으로 하는 시민법체계에 대한 수정의 원리로, 시민의 권리로서 생존권이 중요시되는 상황에서 사회복지서비스의 권리적 성격이 명백해졌다(김훈, 2006).

(2) 수급권의 성립배경

역사적 성립배경으로는 자본주의 발달과 시민사회의 개인의 생활을 존중하고 자유를 중시한다는 점과 경제적으로 자본주의를 토대로 거래관계를 중심으로 하는 자유민주주의의 사법적 중심인 시민법에 있다. 특히 국가권력으로부터 자유로울 수 있는 자유권과 개인의 사생활에까지 개입하지 않는 이른바 야경국가의 성격을 띠고 있다.

(3) 사회복지급여 수급권의 법적 성격

① 헌법상 규정된 생존권조항

헌법에 규정된 생존권 조항은 법적 효력이 있으며 프로그램설과 법적 권리설 속에는 추상적 권리설, 구체적 권리설, 불완전한 권리설 등이 있다.

✣ 청구권 여부에 따라 추상적 권리설, 구체적 권리설

	프로그램 규정설	추상적 권리설	구체적 권리설	불완전한 권리설
정의	국가의 정치적, 도덕적 의무 규정	국민의 국가에 대한 법적 권리	국민의 국가에 대한 법적 권리	국민의 국가에 대한 법적 권리
권리성	불인정	인정	인정	인정
청구권	청구요건과 절차미흡, 불인정	청구요건과 절차 미흡, 불인정	인정	인정
사법적 구제	구체적 입법이 없는 한 불가능	불가능	가능(부작위 위법 확인 소송, 작위의무화 소송)	헌법불일치, 입법촉구 결정 가능
생존권	입법조치 필요	입법조치 필요	입법조치 불필요	입법조치 불필요
근거	국가의 실현능력 미흡한 경우 정치적 선언에 불과	사법상의 권리와는 구별되지만 기본권도 권리	헌법상의 권리가 하위법의 흠결 때문에 보장될 수 없는 것은 논리적 비약	헌법규정을 재판규정과 프로그램 규정으로 구분 무리
국가의무	추상적 형태의 생존권 규정이기 때문에 국가의무 불명확	추상적 형태의 생존권 규정이기 때문에 국가의무 불명확	헌법상의 규정은 재판상의 규범, 행정심판의 대상	국가의무 불명확
자본주의 원리	자본주의하에서 개인의 생활은 사적 자치에 해당	자본주의 경제원리가 반드시 생존권의 원리에 반하는 것은 아니다.	복지국가는 사회적 기본권 보장 의무	복지국가는 사회적 기본권 중요
권리의 성격	선언적 권리	불완전한 권리	구체적 권리	불완전한 구체적 권리

② 헌법상 사회적 기본권

「헌법」 제10조에는 포괄적 기본권인 행복추구권이 있으며, 인간다운 생활을 할 권리와, 사회복지 수급권이 「헌법」 제31조~제35조에 명시되어 있다.

제10조 모든 국민은 인간으로서의 존엄과 가치를 가지며, 행복을 추구할 권리를 가진다. 국가는 개인이 가지는 불가침의 기본적 인권을 확인하고 이를 보장할 의무를 진다.
제31조 ① 모든 국민은 능력에 따라 균등하게 교육을 받을 권리를 가진다.
② 모든 국민은 그 보호하는 자녀에게 적어도 초등교육과 법률이 정하는 교육을 받게 할 의무를 진다.
③ 의무교육은 무상으로 한다.
④ 교육의 자주성 · 전문성 · 정치적 중립성 및 대학의 자율성은 법률이 정하는 바에 의하여 보장된다.
⑤ 국가는 평생교육을 진흥하여야 한다.
⑥ 학교교육 및 평생교육을 포함한 교육제도와 그 운영, 교육재정 및 교원의 지위에 관한 기본적인 사항은 법률로 정한다.
제32조 ① 모든 국민은 근로의 권리를 가진다. 국가는 사회적 · 경제적 방법으로 근로자의 고용의 증진과 적정임금의 보장에 노력하여야 하며, 법률이 정하는 바에 의하여 최저임금제를 시행하여야 한다.
② 모든 국민은 근로의 의무를 진다. 국가는 근로의 의무의 내용과 조건을 민주주의원칙에 따라 법률로 정한다.
③ 근로조건의 기준은 인간의 존엄성을 보장하도록 법률로 정한다.
④ 여자의 근로는 특별한 보호를 받으며, 고용 · 임금 및 근로조건에 있어서 부당한 차별을 받지 아니한다.
⑤ 연소자의 근로는 특별한 보호를 받는다.
⑥ 국가유공자 · 상이군경 및 전몰군경의 유가족은 법률이 정하는 바에 의하여 우선적으로 근로의 기회를 부여받는다.
제33조 ① 근로자는 근로조건의 향상을 위하여 자주적인 단결권 · 단체교섭권 및 단체행동권을 가진다.
② 공무원인 근로자는 법률이 정하는 자에 한하여 단결권 · 단체교섭권 및 단체행동권을 가진다.
③ 법률이 정하는 주요방위산업체에 종사하는 근로자의 단체행동권은 법률이 정하는 바에 의하여 이를 제한하거나 인정하지 아니할 수 있다.
제34조 ① 모든 국민은 인간다운 생활을 할 권리를 가진다.
② 국가는 사회보장 · 사회복지의 증진에 노력할 의무를 진다.
③ 국가는 여자의 복지와 권익의 향상을 위하여 노력하여야 한다.
④ 국가는 노인과 청소년의 복지향상을 위한 정책을 실시할 의무를 진다.
⑤ 신체장애자 및 질병 · 노령 기타의 사유로 생활능력이 없는 국민은 법률이 정하는 바에 의하여 국가의 보호를 받는다.
⑥ 국가는 재해를 예방하고 그 위험으로부터 국민을 보호하기 위하여 노력하여야 한다.
제35조 ① 모든 국민은 건강하고 쾌적한 환경에서 생활할 권리를 가지며, 국가와 국민은 환경보전을 위하여 노력하여야 한다.
② 환경권의 내용과 행사에 관하여는 법률로 정한다.
③ 국가는 주택개발정책등을 통하여 모든 국민이 쾌적한 주거생활을 할 수 있도록 노력하여야 한다.

5 급여수급권의 규범적 구조

(1) 규범적 구조의 개념

규범적 구조에서는 수급권의 내용과 형식을 체계적으로 정리하면 실체적 권리, 수속적 권리, 절차적 권리 등이 있다. 인간의 생존권을 실현하기 위한 권리로서 사회복지 서비스를 받을 권리, 즉 국가의 발전 정도가 앞선 나라일수록 수급권의 내용과 구조 또한 발전하고 다양하다는 사실이다. 또한 시간이 흐름에 따라 계속해서 수급권의 구조와 형식이 발전해 가고 있으며, 복지 대상자의 욕구는 시대의 흐름과 사회변화에 따라 새롭게 생겨나거나 변화하고 있다. 사회복지법상 수급권의 규범적 구조란 이러한 수급권의 내용과 형식을 체계적으로 정리하는 것을 의미한다. 사회복지 수급권리의 실현을 위해서는 급여제공자의 급여제공 환경의 긍정적 조성과 수급자의 법절차에 맞는 적극적인 참여가 필요하다.

핵심요약

⇨ 법률이 정하는 대로 보상을 받지 못하는 경우 구체적 소송을 통해 법으로 정해진 권리를 구제받을 수 있다.

(2) 실체적 권리

① 실체적 권리의 개념

사회복지 급여를 청구할 수 있는 실체적·구체적인 권리를 말하며, 수급자격, 수급권자, 급여수준, 급여의 종류, 재정조달, 전달체계, 수급권의 보호와 제한을 두고 있다. 이러한 실체적 권리는 사회보장수급이 보장되는 핵심적 내용이다.

② 실체적 권리의 유형

사회보험청구권(건보, 연금, 재해, 실업급여 청구권), 공공부조청구권(생활보장, 의료부조), 사회보상청구권(국가유공자 보상청구권), 사회복지조치청구권, 사회복지시설 수혜청구권이 있다.

③ 공공부조청구권

사회복지조치청구권의 법률적 보장 여부에는 ㉮ 임의규정으로 복지실시기관 신청에 대응하는 조치의무가 법률적으로 미 규정, 한정적 '하자 없는 재량행위를 요구할 수 있는 청구권'을 말한다. ㉯ 의무규정(강제, 강행규정)으로 복지실시기관 신청에 대응하는 조치의무가 법률적으로 규정 법적조치를 요구할 청구권 의무규정에 대한 규범적 요소 속에는 신청 명기여부, 신속한 서비스를 요구할 권리, 불이익금지의 원칙, 위법한 침해를 받지 않을 권리, 의무확인 소송권리, 자유권 등이 있다.

(3) 수속적 권리

① 수속적 권리 개념

사회복지 급여를 받기 위한 일련의 절차가 수급권 보장의 목적에 알맞게 진행되어야 함을 요구할 수 있는 권리를 말하며, 적절한 절차에 참여할 권리와 불평등하게 취급당하지 않을 권리, 하자 없는 재량행사를 청구할 수 있는 권리 등이 있다.

② 수속적 권리의 의미

적법수속 절차를 위한 일반적 권리이며 2차적 복지권을 말한다.

③ 수속적 권리의 유형

㉮ 수속 전 단계

권리주체자의 존엄성, 자유권, 행복추구권을 보장하기 위한 것이며, 정보

제공을 요구할 수 있는 권리와 국가적 의무는 배제된다. 또한 상담 및 조언을 구할 수 있는 권리에는 상담소 설치규정이 있으나 실제로는 상담소 미설치, 129 보건복지콜센터가 운영되고 있으며, 사회복지기관을 이용할 수 있는 권리에는 사회복지기관 확대를 요망한다.

㉯ **결속단계**

권리주체자의 권리를 명확하게 하고 옹호하기 위한 과정, 신청단계, 조사단계, 결정단계가 있으며, 신청단계에는 간단하고 쉬운 방식의 신청, 신청주의 위주, 직권주의 보충 신청과 접수 등이 있다.

〈신청주의와 직권주의〉

- 국기법 : 신청주의, 직권주의 병행
- 건강보험 : 직권주의
- 사회복지사업법 : 신청주의

④ 사회복지전달체계와 전문 인력

㉮ **조사단계**

개인의 존엄성, 비밀보장을 원칙으로 하고 있다.

㉯ **결정단계**

급여실시 결정 여부는 내용을 결정하여 14일 이내에 서면통보하고 최장 30일 이내에 통보하여야 한다. 사회복지서비스법에서는 직권조치주의, 수속적 절차는 무시한다.

㉰ **실시단계**

이 단계에 들어서면 클라이언트의 선택권은 무시된다.

(4) 절차적 권리

① 절차적 개념

실체적 권리를 실현하는 것과 관련된 의무의 이행을 요구하는 절차와 관련된 권리 등이 있다. 즉, 절차적 권리는 실체적 권리를 실현하기 위해서 보장되어야 하는 절차에 관한 권리로 이해된다.

② 유형별

사회복지급여 쟁송권, 사회복지행정 참여권, 사회복지입법 청구권 등이 있다.

핵심요약

⇨ 사회복지수급권이 기본권으로서 취약성을 갖는 이유는 다양한 복지급여를 모든 법률 조항으로 규정하기 어렵다는 것이다.

㉮ 사회복지급여 쟁송권

사회복지청구권이 위법하거나 부당한 행정기관의 조치에 의해 침해되었을 때 구제를 신청하는 권리이다. 행정적 구제에는 행정심판이 있고 사법적 구제에는 행정소송, 부작위 위법확인소송 등이 있다.

㉯ 사회복지행정 참여권

사회복지행정과정에서 참여할 권리를 말한다. 「국민건강보험법」에 건강보험 심의조정 위원회의 구성은 주민참여로 되어 있다.

㉰ 사회복지입법 청구권은 법적으로 미비한 것이 현실이다.

〈배상과 보상〉
- 배상 : 위법행위로 인한 손실보전
- 보상 : 위법행위 무전제, 손실보전

- 손해배상청구권
- 위헌심판청구권
- 헌법소원
- 진정 : 국가인권위, 국민고충처리위

6 사회복지급여 수급권의 보호와 제한

(1) 사회복지급여 수급권의 취약성

사회복지급여 수급권 취약성의 요인으로 헌법이 생존권 조항이 프로그램으로 인식, 빈민법적인 시각이 잔존하며 권리로서의 어려움으로 사회복지급여는 비금전적 기술적 급여로 계량화, 표준화가 곤란하다. 수급권의 이중적 속성에는 공적인 권리, 사적인 권리가 있으며, 수급권 결정절차로는 국가의 재량권에 위임하고 있다.

사회복지법의 사법적 성격은 개인 간의 계약관계에 관한 사적 자치가 중요하다. 이 사적 자치의 측면에서 사회복지수급권을 바라보게 되면 권리성이 약화될 수밖에 없다. 이러한 권리성 약화의 위험 때문에 수급자의 권리를 보호할 필요가 있고, 따라서 사회복지법에서는 침해당한 권리를 구제하기 위한 다양한 방법을 규정하고 있다(김훈, 2006).

(2) 사회복지급여 수급권의 보호(압류 및 불이익변경 금지)

사회복지급여 수급권은 처분, 압류, 상계금지가 되어 있으며, 사회복지서비스법에는 상계금지 규정은 없으나, 사회보험법에는 제한적으로 허용하고 있다(조세, 기타공과금의 금지, 불이익 변경금지 등). 국가는 개인의 권리실현에 장애가 되는 요소를 제거할 뿐만 아니라 적극적으로 권리실현을 할 수 있도록 원조를 하게 된다.

사회복지수급권의 보호 차원에서 민법상의 채권은 일반적으로 법률행위에 의해서 양도될 수 있지만, 공법상의 권리의무는 일신 전속적이므로 양도될 수 없다. 공법적 성격을 지닌 사회복지법의 권리·의무도 일신 전속적이어서 수급자 또는 타인의 권리행사에서 제한적이다. 이러한 제한은 '압류금지'로 나타난다. 「사회보장기본법」에서는 사회보장수급권의 보호를 위해서 "관계법령이 정하는 바에 따라 그 권리를 압류할 수 없다"고 규정하였으며(제12조), 「사회복지사업법」은 "사회복지사업의 근거가 되는 법률에 의해서 지급된 금품과 이를 받을 권리는 압류하지 못한다"고 규정하였다. 또한 「산업재해보상법」은 "동법에 의한 보험급여를 받을 권리는 압류할 수 없다"고 규정하여 사회복지수급권을 보호하고 있다(김훈, 2006).

(3) 사회복지급여 수급자의 의무와 수급권의 제한

사회복지급여는 성격상 국가의 책임에 의한 급부이다. 그러므로 수급자는 권리측면만이 존재하는 것으로 이해할 수 있으나, 사실 수급자로서의 의무가 규정되어 있다.

「사회보장기본법」은 "관계법령이 정하는 바에 따라 그 권리를 타인에게 양도하거나 담보로 제공할 수 없으며"(제12조)라고 규정하고 있다. 「국민기초생활보장법」은 "수급자는 거주 지역, 세대의 구성에 변동이 있거나 급여 결정 및 실시와 관련된 사항에 현저한 변동이 있을 때에는 지체 없이 관할 보장기관에 신고해야 한다"고 규정(제37조)하여 수급자에게 수급조건변경에 대한 신고의무를 부여하고 있다. 이에 따라 수급자는 신의성실 원칙에 임해야 한다는 의견도 있다(김훈, 2006).

사회복지급여 수급권의 제한은 정지나 금지로, 사회복지관련법에서 특정한 제한인 과잉, 중복급여의 제한 및 조정을 들 수 있다. 최소한도의 제한에는 행정부서의 권력남용, 급여의 남용금지, 사회복지급여 수급권의 악용 등이 있다.

(4) 사회복지급여 수급권 제한의 구체적 사유

고의행위에 의한 수급권의 제한은 다음과 같다.

현재 사회복지급여 수급권자이거나 아니더라도 특정의 고의적 행위를 통하여 사회복지 수급권을 가지게 될 경우 이에 대해 수급권을 제한한다. 고의행위에 의한 수급권의 제한 내용이 있는데, 목적 있는 자해행위, 고의의 범죄행위, 과실 있는 행위, 부정급여자에 대한 급여 제한 등이 있다. 사기 또는 기타의 부정한 행위에 의해서 사회복지급여를 받았거나 받고자 할 때에는 그 벌칙으로 일정 기간 동안(일본의 건강보험은 6개월 이내, 우리나라는 3개월 이내의 기간) 당해 사회복지급여를 전부 또는 일부를 제한한다. 이 경우는 수급의 제한을 받는다.

(5) 사회복지급여의 중복금지 또는 조정

사회복지급여 수급 사유에 대하여 중복 급여를 제한하거나 다른 사회복지법체계를 통하여 이미 수급을 받은 사유와 연관하여 수급권자의 권리를 실현시키는 것으로서 보상 및 배상과 연관되는 경우가 많다. 이것은 수급권자가 급여 수급 사유에 대하여 중복 수급을 하거나 민법 또는 타법과의 연관에서 이중으로 보상 또는 배상함으로써 사회적 형평의 원칙에서 위배되는 것을 방지하기 위한 것이다.

사회복지법은 법의 목적을 달성하기 위하여 일정한 대상자에게 의무를 부과하고 이를 위반하는 자에게는 일정한 벌칙을 가하는 강제규정을 두고 있다. 이것은 행정벌로서 행정형벌*과 행정질서벌로 구별된다. 보통 형사벌이 반사회적 행위에 대한 처벌인 것과 달리, 행정벌은 사회복지법의 목적 실현을 위한 국가의 명령이나 금지를 위반한 것에 대한 처벌을 의미한다(김훈, 2006).

사회복지법에 규정된 행정형벌은 징역 또는 벌금이다. "누구든지 정당한

---

* 행정형벌은 형법에 규정되어 있는 명칭의 벌 : 사형, 징역, 금고, 벌금, 구류이다.

이유 없이 사회복지시설의 설치를 방해하여서는 아니 된다"는 시설설치방해금지규정(제6조 제1항)을 두고, "이에 위반한 자는 1년 이하의 징역 또는 300만 원 이하의 벌금에 처한다"(제54조 제1항)고 규정하고 있다.

용어정리

- **야경국가** : 대외적 방위, 국내 치안 유지, 사유 재산에 대한 침해의 제거 따위 최소한의 임무만을 수행하는 국가. 독일의 사회주의자 라살(Lassalle, F.)이 자유주의 국가를 비판하여 사용한 개념이다.
- **수속적 권리 개념** : 사회복지 급여를 받기 위한 일련의 절차가 수급권 보장의 목적에 알맞게 진행되어야 함을 요구할 수 있는 권리를 말하며 적절한 절차에 참여할 권리와 불평등하게 취급당하지 않을 권리 등이 있다.
- **실질적 권리** : 국민들이 당해 사회복지법에 의하여 실제적인 사회복지급여를 청구할 수 있는 구체적인 권리
- **절차적 권리** : 실체적 권리를 보장하고 실현하거나 이것과 연관된 의무의 이행이나 강제를 구체적으로 실현하는 절차와 관계되는 권리
- **권리의사설** : 권리는 법률에 의해 인정되는 의사(意思)의 힘이다. 그러나 의사무능력자(유아나 정신병자) 문제 등이 갖는 권리에 대해서 설명할 수 없는 한계성이 있다.
- **권리이익설** : 법에 의해 보호되는 이익이라고 보는 학설로 권리자에게 힘을 주는 것을 말함
- **권리법력설** : 일정한 이익을 보호하기 위해 법이 인정하는 힘으로, 가장 유력한 학설로 받아들여지고 있으며 법률적인 힘에 의해 권리가 존재하게 된다는 것이다.
- **사회복지급여 쟁송권** : 사회복지청구권이 위법하거나 부당한 행정기관의 조치에 의해 침해되었을 때 구제를 신청하는 권리로 행정적 구제에는 행정심판이 있고, 사법적 구제에는 행정소송, 부작위 위법확인소송 등이 있다.
- **사회복지행정 참여권** : 사회복지행정과정에서 참여할 권리를 말한다. 국민건강보험법에 건강보험 심의조정 위원회의 구성은 주민참여로 되어 있다.

07

Chapter

한국 사회복지법의 역사

1 사회복지 역사연구의 의의와 방법

사회복지의 역사적 연구의 의의와 방법에 대해 자세히 살펴보면 다음과 같다(네이버지식백과, 2019).

(1) 사회복지역사연구의 의의

역사는 과거의 사실과 사건을 현재에서 이해하려는 노력이다. 과거의 이야기를 살펴보는 이유는 현재와 미래를 좀 더 잘 이해하기 위함이다. 그것은 인간의 생활이란 진공 상태에서 이루어지는 것이 아니라, 과거와 연결되어 있기 때문이다. 따라서 역사 연구란 역사를 통해서 과거와 현재 및 미래의 내적 연계성을 찾아서 그 논리적 연관성을 하나의 이론과 원리로 체계화하고자 하는 시도라 할 수 있다.

사회복지법도 이러한 시도를 할 수 있으며, 사회복지법은 한 국가나 사회의 일정한 역사적 사실 속에서 제정, 개정되며 소멸하기도 한다. 생존권의 발전 과정은 생존권 보장의 주체, 대상 내용의 변화를 의미하는 것으로 초기에는 노동자와 그 가족, 노동력이 결여된 사회적 약자가 주된 대상이었으나 오늘날은 전 국민의 생활문제로 확대되었고, 욕구나 문제의 내용도 직접적·구체적 생활문제에서 간접적·추상적·사회 심리적 성격과 여러 경제적 관계와 관련해 발전되어 생활문제로 변화하였다. 따라서 사회복지법 역사 연구는 입법 당시 사회의 정치적·경제적·사회적 현상을 설명해 주며, 특히 사회복지가 욕구에 대한 반응으로서 발전되어 온 것이라고 볼 때, 입법 당시 사회의 국민 욕구가 무엇이었는지를 보여 주기도 한다.

이러한 변화를 이해하기 위해서는 다양한 연구방법이나 접근방법이 필요하다. 접근방법에는 역사주의적 접근방법과 실증주의적 접근방법이 있지만, 역사주의적 접근방법이 시간의 변화에 따라 사상이나 이념 또는 이론을 명확히 할 수 있고, 인간관계를 분석하는 데 유용하므로 역사주의에 의하여 사회복지법 입법자를 연구하고자 한다. 따라서 우리나라 사회복지법의 역사를 입법 당시 사회의 정치적·경제적·사회적 현상을 중심으로 분석하여 앞으로의 사회복지법의 변화를 전망해 보고자 한다.

사회복지법 역사 연구의 의의를 보면 역사적 사실 속에 제정되고 소멸되기도 한다. 또한 국가의 정치적 조건이나 국민의 의식과 요구사항 등 당시의 사회적 욕구 및 대응 과정연구 경제적 관계 등에 연관되어 발달하였다. 사회복지법 역사 연구 방법에는 외재적 방법이 있으며 사회적·경제적 조건들로부터 사회복지 발전의 특성을 도출할 수 있고, 내재적 방법에는 사회복지적 원조의 목적과 그 실현 방법의 변화 등으로 예를 들면 상호부조, 자선, 박애사업, 보호사업, 사회사업, 사회복지로 구분되고 있다.

(2) 사회복지역사연구의 방법

① 외재적 방법

외재적 방법은 사회복지의 발전을 사회적·경제적 조건의 변동과 관련지어 시대적 특징을 명백히 밝히려는 것으로, 사회복지 외부에 있는 일반적인 정치적·경제적·사회적 조건으로부터 사회복지를 비판하고 평가하는 것이다. 외재적 방법은 사회복지의 제 사실들이 갖는 시대적 배경과의 밀접한 관련성을 명백히 밝힐 수 있다는 장점은 있으나, 일반 사회의 역사와는 구별되는 사회복지의 독특한 특성이 무시되는 경향이 있다고 할 수 있다.

② 내재적 방법

내재적 연구방법은 사회복지대상자의 원조 목적과 그 목적을 실현하기 위한 방법의 변천에 착안하여 사회복지활동을 관찰하고 그 특징에 의해 그 활동을 유형화하여 그것들 사이의 일정한 발전의 단계를 발견하려는 것이다. 이는 사회복지의 내부로부터 그 원조 원칙의 합리성을 비판하고 평가하려고 한다. 또한 사회복지의 한 분야를 대상으로 그 발달을 구분하기도 한다. 예컨대, 상호부조, 자선·박애사업, 구빈사업, 보호사업, 사회사업, 사회복지로 구분하여 연구하는 것이다.

③ 통합적 방법

사회복지의 역사적 발전은 전체 사회의 역사적 발전에 대응하면서도 그것과는 별개의 독자적 양상을 나타낸다. 따라서 독자적 사회복지의 역사 구분을 통해 시기를 구분하는 내재적 방법이 필요하다. 우리나라의 경우 사회복지발전의 역사가 짧아 시기적·단계적으로 뚜렷하게 구분되지 않기 때문에 외재적·내재적 연구방법에 적합한 연구가 부족한 실정이다.

그러나 그동안 단기적 시기를 대상으로 두 가지 방법을 원용하여 통합적으로 연구한 단편적인 논문이 있다. 예를 들면, 김만두의 〈공화국별로 사회복지입법의 전개, 이효석의 시대별 연구〉 등이 있다.

2 근대 이전의 사회복지

(1) 근대 이전의 사회복지법

삼국이전시대 고조선의 8조 법금에는 사회정책, 공동체의 상부상조정신 등이 있으며, 삼국시대에 들어 천재지변 등의 각종 재난이 있을 때, 그때마다 왕이 어진 정치를 베푸는 한 방편으로 창의 비축양곡을 내어 백성들에 대한 구제 사업이 행해졌다. 특히 고구려 고국천왕 16년(AD.194)에는 진대법이 제정되었는데, 이는 후세 고려의 의창과 조선의 환곡으로 연결되었다.

삼국시대의 대표적인 입법은 진대법으로 고구려의 고국천왕 때 재상 을파소에 의해 194년에 제정되었으며, 그 내용은 매년 3~7월 사이에 가구 수에 따라 관곡을 무이자로 대여하고 추수기인 10월에 회수하는 구휼책이었다. 이는 조선시대의 환곡법의 기원이다.

삼국시대는 고구려, 신라, 백제가 서로 침략과 우호를 반복하는 시대였다.

그리고 토지는 국가와 귀족의 소유로, 백성은 토지를 소유할 수 없었으며, 많은 전쟁은 생활을 더욱더 궁핍하게 만들었다. 이 시대의 국가정책은 전쟁으로 인하여 인구증가정책에 중점을 두고, 백성의 국외 이주를 금지하였다.

이러한 측면에서 삼국시대의 구제사업은 국가의 주요 시책이었다. 예컨대, 삼국사기에 의하면 신라의 경우 유리왕이 빈곤한 백성을 조사하여 구제하였고, 백제에서는 온조왕이 한재에 인하여 백성이 굶주리게 되자 곡물을 풀어 구제하였고, 고구려도 이와 비슷한 법들을 시행하였다. 이 시기 구제사업의 내용은 다음과 같다.

① 진대법은 고구려 시대의 재상 을파소의 건의를 받아들여 시행된 법으로 춘궁기에 관곡을 평민에게 필요한 양을 무이자로 대여하여, 추수기에 반납한 영세민 구제제도였다(삼육대학교 원격 평생교육원, 2014).

② 창제는 삼국시대 공통의 구제제도로, 양곡을 비축해 두는 창고를 의미한다. 부락별로 곡창을 설치하고, 질병, 풍수해, 전란 시에 양곡을 방출하는 제도였다.

③ 사궁구휼은 홀아비, 과부, 고아, 노인 등을 구제하는 제도로 군주들이 친히 방문하여 위로하였다.

④ 왕의 책기는 각종 재난에 대한 왕 자신의 부도덕으로 근신하는 것을 의미한다. 이 시기의 사회복지법은 현대 산업사회에서 노동자의 보호와 기초생활의 보장이라는 측면에서 그 동기가 동일하다고 할 수 있을 것이다. 병든 자와 무의 탁한 노인을 대상으로 여러 가지 구제사업을 실시한 것도 현대 공공부조법의 이념에 접근해 있었다고 볼 수 있을 것이다. 그러나 일부 구휼사업이 법으로 제정되기도 했으나 지속적이지는 못했고, 또한 제도화의 단계에는 이르지 못했다는 한계를 가진다.

(2) 고려시대

중세 고려시대는 관료적 봉건 체제가 확립된 시기로서 역대 왕들은 구제사업을 나라를 다스리며 백성을 이끄는 국가적 사업으로 인식하여 점차 구제사업을 담당하는 전문기관을 마련하고 그 기관을 통해 구제사업을 전개하였다. 그 예로 고려 예종 4년(A.D. 1109)에는 가난한 백성을 돕기 위한 중앙관서로서 구제도감이 처음으로 설립되었고, 예종은 일반서민에게 의약의 혜택을 널리 펴기 위하여 혜민국을 두었으며, 대비원, 혜민국에 각각 구급사무를 관장하는 제위보를 두어 의료구제 사업을 널리 실시하기도 하였다(구자헌, 1984: 89).

이와 같이 중세 고려시대에 와서 불교의 자선사상에 영향을 받은 전문적인 구제제도가 시작되었고 봉건제도의 질서하에 구제사업이 전개되었다. 그러나 고려시대 후반기에 이르러서 국내외의 다양한 재난으로 인해 국가 재정은 빈약하게 되고 사회는 일대 혼란에 빠져 구제기관들의 기능이 정체되었고 백성들은 생활상의 곤경에 처하게 되었다.

상설구빈기관

① 흑창, 의창-관곡비축, 비상시 방출
② 제위보-빈민구제기관
③ 상평창-물가조절, 구빈
④ 혜민국-국립의료기관
⑤ 동서대비원-환자의 치료와 구빈
⑥ 유비창

이와 같이 특징에서 납속보관사업으로 곡식비축, 유사시 방출, 법으로 제도화 구제사업과 함께 의료사업을 실시하였다.

(3) 조선시대

조선시대에 들어와 불교를 탄압하고 유교를 장려하게 됨에 따라 구빈사업도 유교의 왕도주의에 입각하여 왕이 재해 및 빈민구세를 내난히 중요시하게 되었다. 조선초기의 빈민구제의 원칙으로 빈민구제는 왕의 책임으로 하고, 구제의 신속을 중시하며, 일차적인 구빈행정을 실시하되 책임은 지방관이 지게 하고, 중앙정부는 수시로 구제에 대한 교서를 내리며 필요한 관계법을 제정, 공포하고, 지방 구빈행정을 지도·감독하는 것으로 되어 있었다.

조선시대의 구제제도는 크게 비황제도, 구황제도, 구료제도의 세 가지로 나누어 볼 수 있다.

① 비황(備荒)제도

비황제도로서 상평창, 의창(환곡), 사창 등의 창제가 있었다. 상평창은 조선시대에 들어와 곡물 이외에 포목을 더하여 곡물과 포목의 가격을 조절함으로써 백성의 의식생활의 평형을 유지하기 위해 설치된 제도이기 때문에 직접적인 구제제도는 아니지만 나라를 다스리며 백성의 생활을 안정되게 하려는 목적으로 설치되었다는 점에서 넓은 의미의 구제제도로 볼 수 있다. 의창은 조선시대에도 고려시대에서와 같이 재난을 대비하기 위하여 각종 곡물을 비축하여 재난 시에 사용하는 제도와 시설이었다. 사창은 고종 때부터 시행되었는데, 각 지방의 면단위로 설립하여 양곡을 공동 저축하였다가 대여해 주는 자율적 조직으로 구제의 적절과 신속을 기할 수 있었고 또 관에 의하지 않고 보다 용이하게 큰 혜택을 시민들에게 주었다. 이와 같은 비창제도는 1910년 한일강제병합과 더불어 폐지되었다.

② 구황(救荒)제도

사궁(환·과·고·독)에 대한 보호, 노인보호사업, 음식제공, 진휼 및 진대사업, 관곡의 염가매출과 방곡사업, 혼례나 장례를 치르지 못하는 자에게 비용을 조달해 주는 고조제도, 흉년 또는 재해를 당한 백성에게 지세, 호세, 부역 등을 감면하거나 대부된 환곡을 면제 또는 감해 주는 견감제도, 부유한 민간인으로 하여금 구제를 위한 곡물을 납입하게 하고 이를 납입한 자에게 관직의 첩지를 주는 원납제도, 향약 및 계제도, 식용 식물을 조사·연구하여 제시한 구황방제도 등이 있다. 특히 향약은 덕업상권, 과실상규, 예속상교, 환난상휼 등 네 개 덕목의 실천을 근본 목적으로 하는데, 그중에서도 환난상휼은 복지의 제공에 중점을 두고 있다. 이와 같이 조선시대의 구황제도는 오늘날의 사회복지제도에 비하여 조금도 뒤떨어지지 않았으나 계속 발전되지 못하였음은 애석한 일이다.

③ 의료제도

구료제도(의료사업)로서 태조 원년(A.D. 1392)에 의료담당의인 전의감과 일반 백성의 의료기관인 혜민서 및 동서대비원을 설치하였고 태조 6년(A.D. 1397)에는 의학 연구소인 제생원을 설치하였다. 고종 31년(A.D. 1894)에는 광제원, 의학교 및 대한의원 등을 설치하여 신식 의료사업을 보급하였으며, 지방에는 융희 3년(A.D. 1909)에 자혜의원을 개설하여 현대의료를 시작하고 전염병 예방을 위한 종두예방 규정도 제정하였다. 그러나 조선말엽에 이르러 국정이 혼란에 빠지면서 각종 의료사업도 소기의 목적을 달성하기 어렵게 되었다.

④ 기타 제도

노인과 아동을 위한 제도로 기로소, 양로원, 치사제도 등의 노인보호사업과 자휼전칙(子恤典則)과 같은 아동보호제도를 들 수 있다.

⑤ 시기별 구제내용을 살펴보면 다음과 같다(삼육대학교 원격 평생교육원 사회복지법제론 자료, 2014).

㉮ **태종**

1406년: 연호미법 제정 - 연호미법을 제정하여 봄에 식량과 종곡을 무이식으로 대출하고, 가을에 회수하였던 의장이 대출된 환자의 회수불능, 관리의 부정부패, 백성의 낭비, 진제곡 명목의 무상배급 등으로 인해 의창의 대출재원인 원곡이 줄어들게 되었고, 상호, 중호, 하호로 구분하여 민간에게 곡식을 거두어 의창미로 충당하였다.

㉯ 세종

세종 1419년: 이재민의 구제에 대한 교서를 공포하였다. 수재, 한해, 풍해 및 상설해 등의 재해로 인하여 빈곤하게 된 난민들을 관곡 또는 국비로 구제, 관계지방관리가 구제행정을 등한시 할 경우 문책 또는 엄벌에 처하였다.

세종 1423년: 군자곡 106만 9,615석 의창에 이관 – 주자사창모미법에 의해 대여곡 1석에 3승의 모를 보태어 수납하도록 하였다(대출된 곡물이 회수되지 않아 새로운 빈민에 대한 곡물대여가 곤란).

세종 1438년: 옥수비호법 제정되었다. 옥수가 사망하였을 때 시체를 엄밀히 검사하여 옥리의 죄를 논하고, 때로 사인규명을 위하여 시체를 한성부로 하여금 재검하도록 규정하였고, 죄수들의 질병방지에 관한 규정이다.

세종 1439년: 하장자구기법 시행 – 시식소에서 죽을 쑤어 독에 담아 두었다가 굶주린 사람들에게 급식을 제공하였다.

세종 1446년: 공법의 시행으로 농민부담을 줄이기 위해 시행되었고, 전조를 최고 20두, 최하 4두로 낮추었다.

㉰ 성종

성종 1485년 경국대전의 시행 이전의 경관직조는 의료구제기관인 혜민서와 활민서를 두도록 하였고, 호전의 상평창조는 서울과 지방에 상평창을 두어 국민의 경제안정을 도모하였으며, 비황조(지방관에서 흉년에 대비하여 소금과 해초의 준비를 지시), 지방관이 구호행정을 소홀히 하여 굶주린 자들이 사망한 경우 보고하지 아니하면 지방관을 중죄로 처하였다. 혜휼조(아동과 노인의 구휼에 관한 내용), 예전조의 월령의는 한성부 5부에 빈곤한 질병인이 있을 경우 월령의를 파견하여 치료하게 하고 약값을 지불할 능력이없는 자에게는 관에서 그 비용을 지불하고 예조에 보고하였다.

㉱ 영조

영조 1744년: 경국속전에 민간수양에 관한 규정 제정 – 민간수양이 인신매매, 유아유괴 등의 문제를 초래하여 금지하였으나 고아나 유아 또는 흉년에 아동들을 유양하는 한 국가비용이 관부에서 수용하기 어려워지자 점차 허용하게 되었다.

㉮ 정조

정조 1783년: 자휼전칙이 공표 - 무의탁한 사궁의 구제에 관한 구호사업 준칙이 있었다.

정조 1794년: 혜정연표의 작성이 있었다.

3 일제강점기 및 미군정시기의 사회복지

(1) 일제강점기의 사회복지

일제강점기의 구제사업은 근대적인 복지이념에 의해 시행되기보다는 그들 식민 정책의 일부로서 정치적인 목적을 갖는 시혜 또는 자선의 의미가 컸다.

일제강점기에 들어와 일본 본토에서는 1874년에 제정된 구휼규칙을 1929년에 폐지하고 구호법(救護法)을 새로 제정하여 보다 향상된 현대적 구빈행정을 시행하였으나, 한국에서는 극히 한정된 범위의 요구호자에 대한 구빈사업을 실시하였다.

일제강점기의 구빈사업은 시혜차원에서 무계획적으로 이루어졌으며, 빈민구호대상자의 수(數)도 일본과 현격한 차이가 나는 등(일본은 총인구의 0.3%, 한국은 0.008% 수준)으로 매우 형식적인 구빈사업에 불과하였다. 이렇듯 식민지시대 사회정책의 특성은 식민통치의 합리화라는 이데올로기적 기능과 식민통치정책의 효율성의 도모 및 지배질서의 안정이라는 정치적 기능이 강조되기에, 식민지 민중의 기본욕구의 해결차원이 아니라 식민본국의 사회, 경제, 정치적 필요성에 따라 최소한의 사회복지정책이 성립됨을 그 특성으로 지적할 수 있다.

1944년 3월 일본은 군사적 목적을 위하여 국민에게 징병과 노무징용을 강요하게 되어 비로소 일본 본토에만 실시해 오던 구호법을 한국에도 확대 시행하기로 하고 조선구호령을 제정 실시, 이는 일본의 구호법을 기초로 하고 모자보호법과 의료보호법을 부분적으로 부가하여 종합화시킨 법이다. 적용대상은 65세 이상의 노쇠자, 13세 이하의 유아, 임산부, 신체의 장애로 인하여 노동을 하기에 지장이 있는 자로 규정되어 있으며 급여의 내용은 생활부조, 의료부조 등이다. 구호는 신청주의에 의해 실시되며, 이를 심사하기 위해 자산조사를 거치도록 규정하고 있으며, 구호는 거택보호가 원칙으로 되어 있다. 거택구호가 불가능하다고 인정되는 경우에는 구호시설수용, 위탁수용, 또는 개인의 가정, 혹은 적당한 시설에 위탁수용할 수 있도록 규정하고 있다. 이 조선구호령의 의의는 근대적 의미의 공적 부조의 출발이라 할 수 있으며, 해방 이후 전개되는 생활보호법의 모태가 되었다는 점이다.

(2) 미군정시대

미군정 3년간의 구호행정은 일제하의 조선구호령, 군정법령에 기초하여 이북피난민, 해외에서 귀환한 전재민 등에 대하여 임시적이며 외국 민간원조단체의 도움으로 구호사업을 실시하였다. 미군정기간 동안 복지에 대한 행정대책이 크게 부족하였던 관계로 무계획적인 민간 구호단체와 시설이 증가하였고 외국자선단체와 기관들도 많이 들어왔다. 그리고 근대적이고 민주주의에 입각한 새로운 사회사업의 사조와 기반을 우리 사회에 도입하게 된 것은 이 시기부터였다. 이 당시 사회복지는 주로 재가보호보다는 시설보호위주의 방식으로 이루어졌다.

구호대상은 ① 65세 이상의 노령자, ② 6세 이하의 부양할 어린이를 가진 자, ③ 13세 미만의 아동, ④ 불치의 병으로 신음하는 자, ⑤ 분만 시에 원조를 해야 하는 자, ⑥ 정신적 · 신체적 결함이 있는 자 등이다. 1946년 1월 14일 발표한 후생국보 제3A호는 재해민과 피난민 구호계획을 발표하고, 그들에게 식량, 의료, 연료, 긴급의료, 매장, 차표 등의 편의를 제공하고자 하였으며, 1946년 2월 7일에는 발표한 후생국보 제3C는 이재민, 피난민, 빈궁자,

고아 등에 관한 응급처리와 임시구호를 규정하고 있다. 그리고 1946년 9월 18일 미군 당국은 군정법령 제112호로 아동노동법규를 제정 · 공포하였는데, 동 법규는 전 세계 문명국가가 채용하는 인도적 · 계몽적 원리에 따라 어린이의 노동을 보호하였다. 이 시기 사회복지법의 특징은 다음과 같다.

미군정기 사회복지법은 적극적이고, 계획적인 사업추진이나 장기계획에 의해서가 아니라 과도기의 사회적 혼란에 대체하기 위하여 기아의 방지, 최저생계유지, 의료보호 등에 중점을 둔 응급적이고 임시방편적인 특징을 가지고 있다.

반면, 미군정 기간 동안 사회복지정책 중 「미성년자노동보호법」은 1953년 8월 9일 「근로기준법」이 시행되어 폐기되기 전까지 아동의 복지증진에 큰 영향을 미쳤다는 점에 역사적 의의가 있다(삼육대학교 원격 평생교육원 사회복지법제론 자료, 2014).

4 정부수립 이후의 사회복지

한국전쟁이 끝난 이후 1948년 8월 15일 대한민국 정부가 수립되었는데, 정부수립 2년 후에 한국전쟁이 발발하여 정치 · 경제 · 사회 · 문화 등 사회 전반에 걸쳐 엄청난 손실을 초래하였다. 또 휴전 후 극도의 식량난과 경제적 고난을 극복하고 전쟁으로 인한 인명 피해를 회복하기 위하여 국외 · 국내에서 많은 노력을 하였다. 미국을 중심으로 한 외국원조기관이 한국 경제의 회복과 전쟁으로 인한 고통을 받은 수많은 전쟁 이재민과 고아, 과부, 부상 및 장애자 등을 위한 물자를 제공하는 것을 효과적으로 배분하는 문제가 중요한 과제로 등장하게 되었다.

그리하여 1952년 10월 4일에 격증하는 전쟁고아의 수용시설을 비롯하여, 전란에 인해 혼란에 빠진 기존의 각종 구호시설을 지도 · 감독할 필요 때문에 사회부장관 훈령으로 '후생시설운영요령'을 제정하여 시설운영과 그 지도 · 감독의 준칙으로 삼았다.

또한 1953년 5월 1일에 '근로기준법'을 제공하여 근로자보호제도의 기틀을 마련하였고, 1956년에는 '어린이헌장'을 제정하여 미래의 국가 사회의 주역으로 성장할 어린이를 밝고 건전하게 육성하려고 노력하였다. 이 시기에는 국가적 · 사회적인 혼란을 종결하고 외국 원조로부터 유입된 물자를 통해 빈곤과 고통을 해결한 시기로 볼 수 있다. 또 이 시기의 사회복지법은 점진적으로 독자적인 사회복지입법을 준비하기 위한 사회적 기반을 마련한 시기라고 할 수 있다(삼육대학교 원격 평생교육원 사회복지법제론 자료, 2014).

(1) 1950년대(제1 · 2공화국)

1948년 합법적인 정부가 들어서면서 제1공화국이 출범하게 된다. 이를 전후하여 좌우의 이념적 대립이 지속되다가 1950년 한국전쟁의 과정을 통해 사회경제적으로 극도의 혼란과 불안정 상태에 놓이게 되어 재원부족으로 복지정책에 대한 배려는 거의 없었다.

한국전쟁은 우리나라 사회복지에 두 가지 큰 변화를 가져오게 하였는데, 첫째, 정부수립 후 단계적 · 계획적으로 준비되어 왔던 사회부의 모든 정책이 한국전쟁으로 무산되어 버린 채 임시적 · 응급적 정책으로 전락되었다는 점이고, 둘째는 막대한 외국 원조로 인해 전시 및 전후에 우리 국민의 자활에 큰 활력소가 되었으나 우리 사회에 의존적 구제방식을 심화시켜 놓은 점이 있다. 그러나 이 시기 주목해야 할 사실은 어려운 여건 가운데도 교육부분에 대한 투자가 확대되었다는 점이다. 교육의 확대로 숙련노동자와 고급인력이 양성됨으로써 경제 도약을 이루는 데 커다란 밑거름이 되었고, 전후 경제, 사회, 정치가 취약하고 혼란스러웠음에도 불구하고 외형적으로는 외국원조단체의 자선구호활동, 전문사회사업교육기관의 설치, 각종 복지직능단체의 발생 등 민간사회사업은 활발하였다. 반면에 국가의 사회복지정책은 응급구호사업이 중심을 이루고 있으며 행정상으로도 일제와 미군정의 사회복지정책의 틀을 벗어나지 못하는 시기라 특징지을 수 있다. 이 시기에 미국식 전문 사회사업교육이 도입되기 시작하여 사회사업교육은 1947년 이화여자대학교에 기독교 사회사업학과가 최초로 설치, 전문교육으로 그 첫걸음을 내딛었고 교육제도와 교육과정은 미국의 것을 그대로 모방 · 수용하면서 전개되었다.

(2) 1960~70년대(제3 · 4공화국)

① 제3공화국

근대적 의미의 사회보장제도는 1960년대 초 군사정부에 의하여 몇 가지 사회보장 입법들이 이루어졌다. 그 당시 군사정부는 1962년에 사회보장심의위원회 규정(대통령령)을 제정, 사회보장심의위원회를 구성하는 사회보장입법을 추진하였으나 명목상에 그치는 경우가 많았다.

군사정부는 우선 공적부조사업의 체계화에 주력하여 1961년에 생활보호법과 재해구호법을 각각 제정하였다. 생활보호법에 의하여 65세 이상 노인 · 18세 미만 이동 · 불구폐질자 등 근로 능력이 없는 무의탁한 자에 대하여 생계보호(거택보호 및 시설보호)를 실시하였으나 그 보호의 수준은 매우 미흡하여 인구 약 40만 명 정도에 대하여 소맥분(밀가루)을 지급하는 사업이 중심이었으며, 이러한 현상은 1970년대 중반까지 계속되었다. 그리고 근로능력은 있으나 자립생활을 하지 못하는 가구를 위하여 1964년부터 자조근로사업을 실시하였는데, 이 사업에 필요한 재원은 미공법(U.S. Public Law) 480호에 의한 구호양곡과 정부재정 등으로 충당하였다. 미공법에 의한 구호양곡지원은 1972년까지 계속되었다.

이와 같은 경제 · 사회적인 상황이 전개되는 가운데 정부는 공적 부조의 일환으로 법적인 정비를 이루어 갔다.

생활보호법(1961), 재해구호법(1962) 등의 제도를 확립하는 한편 사회복지 부문에 있어서도 아동복리법(1961), 윤락행위방지법(1961)을 입법화하였으며 사회보장 면에서는 공무원 연금법(1960)을 필두로 군인연금법(1963), 산업재해보상법(1963), 의료보험법(1963) 등의 관계 법률이 제정되어 실시를 보게 된 것이다.

종합적으로 요약하면 다음과 같다.

㉮ 경제발전을 통한 사회문제의 변화에 따라 사회복지정책변화가 생성되었으며, 이로써 일제와 미군정의 사회복지행정에서 탈피하게 되었다.

㉯ 생활보호법을 필두로 전반적인 사회복지법제의 외형적인 기초를 완성하게 되었지만, 이 법제의 시행 측면에서는 성공적이지는 못했다 할 수 있다.

㉰ 이 당시에는 외원기관의 활발한 활동과 경제개발계획에 참여하고 사회복지서비스 전달의 측면에서 상당한 도움을 주었다 할 수 있다.

㉱ 사회사업교육에 있어서는 기술론 중심의 미국 모형에 대한 탈피를 모색하는 시기라 할 수 있겠다.

② 제4공화국

본격적인 의미의 사회보장의 추진은 1970년대 중반 이후, 즉 제4차 경제개발 5개년 계획부터라고 할 수 있다.

3차에 걸친 성장위주의 5개년 계획 추진으로 고도성장을 이룩하였으나 그동안 고도성장에 따른 경제적 · 사회적 불균형이 나타났고, 이러한 불균형을 시정하는 것이 곧 계속적인 경제발전을 가능하게 하는 원동력이 된다고 보았다. 이를 바탕으로 1977년을 시발로 하는 제4차 경제개발 5개년 계획부터 사회개발을 병행 추진해 나가되, 우선적으로 국민의 의료문제 해결을 위하여 의료보장 정책에 중점을 두고 추진하였다.

1970년대 국가는 비로소 「복지」를 법적으로 제도화하고, 국가는 이것을 사회정책의 시각이 아닌 경제정책의 시각에서 보려 하였다. 복지에 대한 국가의 태도는 가능한 한 비개입적이라 할 수 있고 복지에 대한 자본의 태도 역시 주변적인 점이 유신체제하에서의 복지노력의 특징이라 할 수 있겠다. 이 시대는 민중수준에서 서민 근로자들에 의한 최초의 노동운동으로서 민주노조운동이 시작되었다고 할 수 있으며, 1970년 사회복지사업법의 제정으로 법규에 의거한 시설과 단체들이 정부의 보조를 받을 수 있었다. 또한 외원기관의 원조활동이 점차로 줄고 정부의 재정부담이 늘어나면서 사회복지제도의 토착화의 기반을 조성하였다. 그리고 제4차 경제사회종합발전계획 실시를 통하여 경제와 사회의 균형발전을 모색하였으며, 1977년 아산복지재단이 설립되면서 기업복지재단의 활발한 지원활동의 시발점이 되었다고 할 수 있다.

(3) 1980년대(제5 · 6공화국)

정통성이 취약한 제5공화국 정부는 복지국가의 건설 등을 국정지표의 하나로 제시하였다. 6공화국이 출범한 이래 사회복지정책은 정치적인 목적으로 시행되었으며, 1980년대 후반 대두된 노동운동은 세계적으로 유례없는 전투적 노동운동으로 민주화와 사회정책의 도입에 큰 역할을 하였다.

또한 1970년 중반 이후 선진복지국가에서 복지국가위기론이 대두되고 있었기 때문에 1980년대 후반부터 한국형의 복지모형론이 등장하였다. 이와 같은 한국형 복지모형이 등장하게 된 배경은 복지병을 유발할 수 있다는 우려 때문이었다고 볼 수 있으나 이는 우리나라의 취약한 복지현실을 고려하면 국가의 책임회피로 악용될 우려가 있었다.

한국형 복지모형은 국가개입을 가능한 한 최소화하고 가족의 기능을 강화하며 요보호자 자신의 자조와 재활 강조, 자원봉사의 참여, 시설수용보호 중심에서 크게 탈피하여 지역복지와 재가복지를 장려하는 내용으로 나타났다. 이러한 복지제도는 국가와 자본의 책임을 약화시키고 취약한 우리사회에 사회복지발전에 있어 왜곡을 초래한 측면이 없지 않다.

제6공화국의 사회복지제도의 특징은 국민연금제도, 최저임금제도 그리고 전 국민의료보험제도의 실시 등 소득 및 의료보장의 확대가 이루어지기 시작하였다는 점이다.

(4) 문민정부 이후

1993년 등장한 문민정부는 신경제 5개년 계획의 사회복지 부문에서 우리나라 제7차 경제사회발전 5개년 계획을 토대로 복지정책의 기본방향을 국가발전수준에 부응하는 사회복지제도의 내실화에 두고 국민 복지를 증진시킬 것을 제시하였다. 그러나 사회복지와 관련해서는 소극적으로 대처하다가 1995년 초에 와서야 성장위주의 정책에서 벗어나 삶의 질과 생산적인 국민복지에 적극적인 관심을 기울여야 할 것이라고 강조하였다.

문민정부 이후 사회복지제도의 변화

① 사회보험제도의 정비이다. 전 국민을 대상으로 국민연금제도의 확대실시(1998)와 더불어 전 사업장에 대한 고용보험제도의 적용, 의료보험의 통합으로 인한 국민건강보험제도의 출발 등으로 기본의 산재보험제도를 포함한 4대 보험이 제도로서 정착되어 발전되고 있다.

② 공공부조제도로서 국민기초생활보장제도의 도입이다. 국민기초생활보장제도는 국가의 도움이 필요한 빈곤한 모든 국민들에게 기본적인 생활을 제도적으로 보장하게 된다. 이를 위해 사회복지전담공무원이 동사무소 등에 배치되어 있다.

③ 사회복지서비스 관련법의 제정 및 개정 등으로 각종 사회복지서비스가 지속적으로 확대·발전되고 있으며 사회복지관을 비롯한 민간 사회복지조직이 급증하고 있고, 민간 사회복지의 자율성이 강화되고 있다.

그 밖에 1990년대에 전국적으로 각 대학에 사회복지학과가 급격히 증설되었으며 최근에는 아동복지학과, 노인복지학과, 가족복지학과 등 관련학과의 개설과 평생교육원 등을 통해서 사회복지교육을 실시하고 있다. 특히 최근 들어 사회복지재정 확충 등 사회복지 제도의 내실화와 전달체계의 정비 등 많은 부분에서 발전을 보이고 있다.

5 우리나라 사회보장제도의 현황

(1) 우리나라 사회복지의 발달과 특징

우리나라 사회복지의 발달은 전후 60년을 겪으면서 비교적 짧은 기간에 걸쳐 일어난 사회체계의 급격한 변화와 정치권력의 개편, 생활구조의 변화, 국민의식의 변화 등 정치, 경제, 교육, 생활풍습, 국민생활 등과 밀접한 관계를 갖고 발전해 왔으며, 그 발달과정에서 몇 가지 특징을 살펴볼 수 있다.

발달과정의 특징

① 정치적 동기가 강하다는 것이다. 체제의 정통성이 취약한 경우, 사회복지 입법화가 크게 촉진되었다는 점이다.
② 우리나라 사회복지분야의 경우 경제변수에 심하게 종속되어 왔다는 또 다른 특징을 엿볼 수 있다. 지난 30여 년 동안 경제성장의 논리가 우선시됨에 따라 복지부문에 관한 논의는 유보될 수밖에 없었다.
③ 선별주의에서 보편주의로 점차 발전되어 왔다는 점이다.
④ 미국의 사회사업에 크게 영향을 받았다는 점을 들 수 있다.

이와 함께 최근 우리나라의 사회복지는 사회의 급속한 변화 속에서 기본적인 패러다임을 전환시켜 가고 있음을 엿볼 수 있다. 먼저 시설중심의 대책에서 전체 일반 대중과 재가복지서비스분야로 서비스대상과 제공 방법이 변화하고 있음을 살펴볼 수 있고, 중앙정부주도의 복지행정이 지방자치시대에 맞게 지방행정으로 추진되고 있으며, 사회구조의 변화와 함께 국민대중의 복지욕구가 다양화되고 다계층화 됨에 따라 경제적이고 물질적 중심의 서비스와 함께 비물질적 · 사회적 기능장애에 대처하는 복지서비스가 강화되고 있다. 아울러 소득, 보건, 의료, 교육, 주택, 재활 등 각각의 사회복지분야가 상호 연계되거나 통합되어 가고 있음을 살펴볼 수 있다. 지난 1995년 고용보험의 도입으로 건강보험, 산재보험, 국민연금과 함께 4대 사회보험체계가 구축되고, 노인·장애인 등 취약계층을 위한 기본적 복지서비스를 위한 제도의 기본 틀이 어느 정도 갖추게 되었다고는 하나, 사회보험이 아직 전 국민을 포괄하지 못하고 저소득실직자 등 사회안전망의 사각지대에 놓여 있는 한계계층이 존재하고 있으며, 또한 보호대상자에 대한 지원수준이 국민의 기초생활보장 및 다양한 국민적 복지욕구 충족에는 미흡하고, 사회보장행정체계가 공급자의 편의 위주로 되어 있는 등 복지의 질적인 수준이나 내용 면에서 아직 미흡한 실정에 있다.

(2) 향후 전망과 과제

정부는 인구의 고령화, 가족구조의 변화, 산업화 등에 따라 복지수요가 급증할 것을 예상하고 특히 경제난에 따른 대량실업자 발생 등으로 소득분배의 악화, 가족해체 등 과거에는 없던 새로운 복지수요 발생 등 국민생활의 질적 개선을 위한 다양한 복지욕구가 표출되고, 소외계층의 사회보장증대 욕구가 심화될 것으로 내다보았다.

그리고 이러한 과제에 대응하기 위하여 고령화 저출산에 대비한 저출산고령사회기본법 제정과 함께 노인장기요양보험 실시, 기초노령연금제 실시, 주민통합지원체계 구축, 복지재정의 확충과 삶의 질 제고를 위한 복지서비스와 인프라 구축을 위한 추진전략으로 '비전 2030'을 제시한 바 있다.

그러나 이러한 발전계획의 성공적 추진을 위하여 상당수준의 복지재정의 확보와 투자가 요구되나, 국가재원 배분의 우선순위 조정을 통한 점진적 복지재정의 확보, 지방세의 안전적 확충 등을 통한 지방복지재정의 확충이라는 일반적 재정확보계획이 보다 적극적이고 구체화되어야 할 것이며, 기업 및 종교계의 복지참여 지원 이외에도 복지재정 확보를 위한 특단의 대책이 마련되어져야만 할 것이다.

사회복지의 제도적 틀이 구축되었으며, 복지재정이 확대되므로 사회복지제도의 발전과 내실화가 이루어질 것으로 보인다.

향후 전망과 과제

① 고용보험과 국민연금, 국민건강보험과 산재보험 등 4대 보험의 통합 또는 노인장기요양보험의 확대, 급여수준의 강화 등을 통해 사회안전망이 보다 강화될 것이다.

② 국민의 기초생활이 보장될 수 있을 것이다. 최저생계비 보장 등 보호수준이 향상되어 기본적 생활이 보장되고, 부양의무자 기준 완화, 차상위계층 등 사회복지의 사각지대를 해소하고, 자활 · 자립지원시책 강화를 통한 생산적 복지기반의 구축이 국민의 기초생활을 보장하게 할 수 있을 것이다.

③ 노인장기요양보험 등을 중심으로 복지서비스가 확충될 것이다. 가족 및 지역사회 중심의 예방적 서비스와 재가복지서비스가 확충될 수 있을 것이며, 장애인과 노인 등의 편의시설 설치 확대와 직업안정제도에 대한 지원을 통해 소외계층의 사회 참여 기회가 확대될 것이다.

④ 복지수요가 확대되고 다양화될 것이다. 문화적 기본권에 대한 욕구 등이 다양화 될 것이며, 아울러 복지수급주체도 보다 조직화될 것으로 전망되기 때문이다. 이러한 사회복지제도의 발전 추세에 맞추어 해결해야 할 과제도 많다.

용어정리

- **구호법** : 재해나 재난 따위로 어려움에 처한 사람을 돕는 방법
- **시설보호** : 결함이 있는 사람을 시설에서 보호해 주는 제도
- **재해구호법** : 비상 재해가 일어났을 경우에 재해의 복구, 이재민의 보호, 사회 질서의 유지를 효과적으로 할 수 있도록 마련된 법률
- **구호양곡지원** : 재해나 재난 따위로 어려움에 처한 사람이나 빈민에게 정부에서 무상으로 주는 양곡
- **사궁구휼** : 환과고독의 무의무탁한 빈민을 군주들이 친히 방문, 위로하고 의류, 곡물 및 관재 등을 급여하여 구제함
- **조선구호령** : 1944년 3월부터 시작되었으며, 해방 이후 전개되는 생활보호법(1961)의 모태가 된다.

08

Chapter

사회보장기본법

1 법의 의의

1963년 11월 5일에 「사회보장에 관한 법률」이 제정되었다. 동법은 1995년 12월 18일 제177호 국회 본회의에 가결되어 1995년 12월 30일 법률 제5134호로 「사회보장기본법」이 입법 제정되었다. 기본 골격으로는 소득보장, 의료보장, 사회보험, 공공부조, 사회보상, 사회복지서비스 등이 있다.

제1조 : 목적으로 사회보장에 관한 국민의 권리와 국가 및 지방자치단체의 책임을 정하고 사회보장제도에 관한 기본적인 사항을 규정함으로써 국민의 복지증진에 기여한다.
제4조 : 사회보장에 관한 다른 법률을 제정할 경우에는 이 법에 부합되도록 해야 한다.

2 입법배경

(1) 1963년 사회보장에 관한 법률

1961년 5 · 16 군사정권에 의한 정통성 취약문제 극복을 위해 제5차 개정 헌법(1962)에 따라 인간다운 생활을 할 권리, 국가의 사회보장의무 구체화 필요, 형식적 · 상징적 의미로 나뉜다.

(2) 사회보장기본법

1970년 사회복지사업법 제정, 1977년 의료보호법, 1988년 국민연금법 제정에 따라 일관성 있는 법률제정이 필요하였다.

사회보장에 관한 국민의 권리와 국가의 책임 명확화, 연계성 부족, 국가와 지방자치단체의 역할 분담, 재정분담, 업무분담 등이 명확할 필요가 있다. 사회보장제도의 효율적 운영과 체계적 발전으로 1995년 「사회보장기본법」을 35개 조문과 2개의 부칙으로 제정, 1996년 시행령이 공포되었다.

3 법의 주요 내용

(1) 목적

목적에는 명목상의 목적과 실질적인 목적이 있으며 그 중 명목상의 목적으로 사회보장에 관한 국민의 권리 규정, 국가 및 지방자치단체의 책임 규정, 국민의 복지증진이 있고 실질적인 목적으로 사회보장에 관한 기본이념 제정, 사회보장제도의 효율적 운영과 체계적 발전을 가지게 한다(동법 제1조).

핵심요약

⇨ "특별법은 일반법에 우선한다"는 특별법우선의 원칙이 적용된다. 법적용의 순위를 정하는 데 있어 특별법은 일반법에 우선하여 먼저 적용되고 특별법에 규정이 없는 경우에 그의 보충으로서 일반법이 적용된다.

① 사회보장에 관한 「헌법」상의 국민의 생존권과 기본권리 실현
② 국가 및 지방자치단체의 의무와 책임을 명시함
③ 사회보장제도에 관한 기본적인 사항을 규정함으로써 국민의 복지증진에 기여함 등이 그 목적임

(2) 법의 이념

사회보장은 모든 국민이 인간다운 생활을 할 수 있도록 최저생활을 보장하고 국민 개개인 생활의 수준을 향상시킬 수 있도록 제도와 여건을 조성하여, 그 시행에 있어 형평과 효율의 조화를 기함으로써 복지사회를 실현하는 것을 기본이념으로 한다(동법 제2조).

즉, 국민의 최저생활보장과 개인복지증진 및 국민의 전체의 적합한 원칙에 합당하게 함으로써 사회복지를 실현하는 것이다.

(3) 법의 의의

사회보장이라 함은 질병, 장애, 노령, 실업, 사망 등의 사회적 위험으로부터 모든 국민을 보호하고, 빈곤을 해소하며 국민생활의 질을 향상시키기 위하여 제공되는 「헌법」 제34조의 이념에 따라 사회보험, 공공부조, 사회복지서비스 및 관련 복지제도에 대한 법을 총체적으로 지휘하는 헌법의 하위규범이면서 동시에 법률의 상위규범이다.

질병	장애	노령	실업	사망
• 국민건강보험법 • 산업재해보상보험법 • 의료급여법	• 국민건강보험법 • 산업재해보상보험법 • 국민연금법 • 의료급여법	• 국민연금법 • 군인연금법 • 공무원연금법 • 사립학교교직원연금법	• 고용보험법	• 국민연금법 • 국민건강보험법 • 산업재해보상보험법 • 국민기초생활보장법

「사회보장기본법」은 사회보장의 범위를 5개 부문으로 나누고 각각의 정의를 명확하게 규정하고 있다(동법 제3조).

1. '사회보장'이란 출산, 양육, 실업, 노령, 장애, 질병, 빈곤 및 사망 등의 사회적 위험으로부터 모든 국민을 보호하고 국민 삶의 질을 향상시키는 데 필요한 소득·서비스를 보장하는 사회보험, 공공부조, 사회서비스를 말한다.
2. '사회보험'이란 국민에게 발생하는 사회적 위험을 보험의 방식으로 대처함으로써 국민의 건강과 소득을 보장하는 제도를 말한다.
3. '공공부조'란 국가와 지방자치단체의 책임하에 생활유지 능력이 없거나 생활이 어려운 국민의 최저생활을 보장하고 자립을 지원하는 제도를 말한다.
4. '사회복지서비스'란 국가·지방자치단체 및 민간부문의 도움이 필요한

모든 국민에게 상담, 재활, 직업의 소개 및 지도, 사회복지시설의 이용 등을 제공하여 정상적인 사회생활이 가능하도록 지원하는 제도를 말한다.

5. '평생사회안전망'이란 생애주기에 걸쳐 보편적으로 충족되어야 하는 기본욕구와 특정한 사회위험에 의하여 발생하는 특수욕구를 동시에 고려하여 소득·서비스를 보장하는 맞춤형 사회보장제도를 말한다.

❖ 사회보장기본법[법률 제15885호 일부개정 2018.12.11]

<table>
<tr><td>제1장 총칙

제1조 목적
제2조 기본이념
제3조 정의
제4조 다른 법률과의 관계
제5조 국가 및 지방자치단체의 책임
제6조 국가 등과 가정
제7조 국민의 책임
제8조 외국인에의 적용</td><td>제2장 사회보장을 받을 권리 등

제9조 사회보장을 받을 권리
제10조 사회보장급여의 수준
제11조 사회보장급여의 신청
제12조 사회보장수급권자의 보호
제13조 사회보장수급권의 제한 등
제14조 사회보장수급권의 포기
제15조 불법행위에 대한 구상</td></tr>
<tr><td>제3장 사회보장 기본계획과 사회보장위원회

제16조 사회보장 기본계획의 수립
제17조 다른 계획과의 관계
제18조 연도별 시행계획의 수립·시행 등
제19조 사회보장에 관한 지역계획의 수립·시행 등
제20조 사회보장위원회
제21조 위원회의 구성 등</td><td>제4장 사회보장정책의 기본방향

제22조 평생사회안전망의 구축·운영
제23조 사회서비스 보장
제24조 소득 보장</td></tr>
<tr><td>제5장 사회보장제도의 운영

제25조 운영원칙
제26조 협의 및 조정
제27조 민간의 참여
제28조 비용의 부담
제29조 사회보장 전달체계
제30조 사회보장급여의 관리
제31조 전문인력의 양성 등
제32조 사회보장통계
제33조 정보의 공개
제34조 사회보장에 관한 설명
제35조 사회보장에 관한 상담
제36조 사회보장에 관한 통지</td><td>제6장 사회보장정보의 관리

제37조 사회보장정보시스템의 구축·운영 등
제38조 개인정보 등의 보호

제7장 보칙

제39조 권리구제
제40조 국민 등의 의견수렴
제41조 관계 행정기관 등의 협조</td></tr>
</table>

(4) 사회보장의 주체와 책임

① 국가 및 지자체

국가발전의 수준에 부응하는 사회보장제도 확립, 매년 이에 필요한 재원을 조달하고 국가와 지자체는 가정기능을 보전, 향상되도록 노력한다. 또한 국가와 지자체는 가정과 지역공동체의 자발적 복지활동을 촉진하고 국가와 지자체의 역할이 포괄적으로 규정되나 구체성에서는 미흡하다.

② 국민의 책임

모든 국민은 자신의 능력을 최대한 발휘하여 자활할 수 있도록 노력하고 국가의 사회보장정책에 협력하며 국가의 책임은 보충적이다. 책임의 주체로는 국가 및 지방자치단체, 국민의 책임을 들 수 있다.

(5) 사회보장의 대상

사회보장의 대상은 모든 국민과 국내에 거주하는 외국인에 대한 사회보장제도의 적용으로 상호주의 원칙에 의하되 관계법령이 정하는 바에 따른다.

(6) 사회보장 수급권

① 개념

사회보장서비스를 받거나 급여를 청구할 수 있는 권리이며 사회보험 청구권, 공공부조 청구권, 사회복지서비스 청구권, 관련 복지급여 청구권 등이 있다.

② 수급권자

수급권자는 보편주의와 선별주의로 나눌 수 있다.

㉮ **보편주의** : 의무교육, 노령연금 등

㉯ **선별주의** : 자산조사에 기초한 공공부조 등

③ 급여수준

국가는 국민이 문화적인 생활을 유지할 수 있도록 급여수준의 향상을 위해 노력해야 하며, 국가는 매년 최저생계비를 국민들에게 공표해야 한다. 또한 국가는 최저생계비와 최저임금을 참고하여 사회보장 급여수준을 결정하는 데 참조할 수 있다.

④ 급여의 신청

급여의 신청은 우리나라의 경우 신청주의를 취하고 있으며, 타 기관의 신청을 정당한 권한이 있는 기관에 이송한다.

⑤ 수급권의 보호

타인에게 양도, 담보제공, 압류 불가하고 수급권의 제한으로 신의성실 원칙에 위배되는 권리 악용일 때(법령상의 근거가 있을 시) 수급권 포기가 서면 통지로 의무화, 타인의 피해를 금지하고 있다.

㉮ 보호 : 사회보장수급권은 타인에게 양도하거나 담보로 제공할 수 없으며 이를 압류할 수 없다.

㉯ 제한 : 사회보장수급권은 제한되거나 정지될 수 없다.

㉰ 포기 : 사회보장수급권은 정당한 권한이 있는 기관에 서면으로 통지하여 포기할 수 있다.

⑥ 불법행위에 대한 구상

「민법」은 사용자가 그의 업무 또는 영업에 피용자를 사용해 사업을 수행하게 하던 중에 제3자의 손해발생 시킨 때는 피해자에게 손해배상을 청구할 수 있는 책임을 규정하고 있다(「민법」 제756조). 그러므로 제3자의 불법행위 시 구상권을 행사할 수 있다.

사회보장심의위원회(기획재정부, 보건복지부)

사회보장심의위원회의 설치목적은 사회보장에 관한 주요 시책을 심의하기 위해 사회보장심의위원회를 둔다(동법 제16조).

㉮ 성 격 : 사회보장 정책과 제도 수립, 실행

㉯ 구 성 : 위원장 1인(국무총리) 부위원장 2인을 포함한 20인 이내
관계부처 장관, 근로자대표, 사용자대표, 사회보장 학식과 경험, 변호사자격 대통령 위촉, 사회보험실무위, 사회복지실무위

㉰ 직 무 : 사회보장 장기발전방향, 사회보장제도의개선, 사회보장제도의 도입, 확대의 우선순위 결정, 2개부서 이상 영역에 관련된 주요사회보장정책, 급여 및 부담의 조정, 국가 및 지자체의 비용분담 등에 대해 심의, 의결, 자문이 있다.

㉱ 장기발전 방향 : 매 5년마다 수립, 기본목표 및 추진방향, 추진과제 및 추진 방법, 재원조달, 전달체계, 사회보장관련 기금운용방안 등, 관계 장관과 시도지사는 이에 따라 주요시책 추진방안을 매년 수립, 시행한다.

(7) 사회보장 제도의 운영(법 제25조)

사회보장제도의 기본원칙으로 베버리지 보고서, ILO의 사회보장 기본원칙, 세계노동조합의 원칙을 반영하고 있다. 이들 원칙의 내용을 종합해 보면 보편성의 원칙, 형평성의 원칙, 민주성의 원칙, 효율성의 원칙을 들 수 있다.

동법 제25조에서 사회보장제도의 운영원칙으로 여섯 가지는 보편성, 형평성, 민주성, 효율성, 연계성, 전문성 등이 있다(신섭중 외, 1993).

① 보편성, 형평성, 민주성, 효율성이 있어야 한다.

㉮ 보편성 : 사회보장제도를 운영함에 있어 이를 필요로 하는 모든 국민에게 적용

㉯ 형평성 : 사회보장제도의 급여수준 및 비용부담 등에 있어 형평성을 유지

㉰ 민주성 : 정책결정과정 및 시행과정에 공익의 대표자 및 이해관계인을 참여시켜 민주성을 확보

㉱ 효율성 : 국가 및 지자체는 국민의 다양한 복지욕구를 효율적으로 충

족시키기 위하여 연계성 · 전문성을 갖추어야 하며, 베버리지 보고서, ILO의 사회보장 기본원칙을 반영(연계성, 전문성)

이같이 사회보장제도의 원칙으로 국가와 지방자치단체는 사회보장제도를 필요로 하는 모든 국민에게 적용하고 급여수준 및 비용부담에 있어서 형평성을 유지하여 사회보장의 정책결정 및 시행과정에 공익의 대표자 및 이해관계인을 참여시켜 사회보장제도를 민주적으로 운영하며 실천과정에서 효율적으로 상호 연계시켜 전문성을 발휘하도록 운영한다(박차상 외, 2003).

② 역할(25조)

국가가 지자체와 함께 주도적으로 책임지고 사회보험은 국가가 주도적으로, 공공부조와 사회복지서비스는 국가 및 지자체가 재정형편을 감안하여 이를 조정할 수 있다. 국가는 주된 책임, 지자체는 보조적인 책임을 가지므로 사회보장에 대한 국민의 권리가 약화될 가능성이 상존한다.

③ 민간의 참여(제27조)

민간참여 규정으로는 민간 부문의 참여를 조장하여 정책을 개발, 시행하고 여건을 조성한다. 개인, 법인, 단체의 사회보장에 대한 참여에 소요되는 경비를 지원한다. 제27조의 규정에 의하여 사회보장에 대한 민간부문의 참여를 조장할 수 있도록 다음 시책을 수립 · 시행해야 한다(동법 제14조).

첫째, 국가 또는 지방자치단체의 사회보장행정에 필요한 자원봉사인력의 활용사업

둘째, 사회보장에 관련된 민간의 자원봉사 활성화를 위한 각종지원 사업

셋째, 기타 사회보장에 관련된 민간부문의 참여를 조장하는 데 필요한 사업

그리하여 국가 또는 지방자치단체는 민간참여 조장을 효율적으로 수행하기 위하여 정부조직법 제6조 제3항 및 지방자치법 제95조 제3항의 규정에 의하여 법인 · 단체 또는 그 기관이나 개인에게 이를 위탁할 수 있으며 사업수행에 필요한 비용을 지원할 수 있다(박차상 외, 2003).

④ 사회보장 전달체계(제29조)

사회복지 전달체계는 지역성의 기능을 고려하여 균등하게 균형을 이루도록 하여야 한다. 동법 제29조에서는 원활한 사회보장 전달체계를 다음과 같이 갖추어야 한다. 효율성, 적합성, 통합성, 전문성, 접근성의 원칙을 명시하고 있다고 본다.

⑤ 비용의 부담(제28조)

사회보장비용의 부담은 국가, 지자체, 민간부문 간에 합리적으로 조정하고 사회보험은 사용자, 피용자 및 자영자 부담 원칙으로 하고 있다. 공공부조 및 사회복지서비스 비용의 전부 또는 일부는 국가 및 지자체가 부담하고 있으며 사회복지서비스에는 부담능력이 있는 국민은 수익자 부담원칙, 국가 및 지자체 일부 보조가 가능하다.

일반적으로 사회보장의 비용부담방식은 정부, 사용자, 피용자의 구성과 비율에 의해 단일부담방식, 2자부담방식, 3자부담방식으로 나눌 수 있다.

⑥ 국가와 지자체의 책무(28조)

사회보장전달체계에서 국가, 지자체는 지역적, 기능적으로 고른 분포 전달체계 마련되어야 하고 관계기관 간의 원활한 조정, 협력 가능하도록 전달체계가 국민이 쉽게 이용할 수 있도록 되어야 하며 지역적 균형성, 업무조정, 이용의 (용이성)접근성 필요하다. 전문 인력의 양성(제31조), 정보공개(제33조) 등이 있으며 설명, 상담, 통지는 국가와 지자체에서 국민들에게 설명, 상담(수속적 권리 구체화)되어야 한다.

(8) 사회복지법에 의한 제재

사회복지법에 의한 제재에는 특별한 제재와 일반적인 제재 그리고 청문이 있다(노기남, 2016: 128-129).

① 특별한 제재

특별한 제재의 종류는 다음과 같다.

㉠ 부양의무자에 대한 구상권행사

㉡ 사회보험료의 원천징수

㉢ 장애인고용부담의 부과

㉣ 학대부모의 친권박탈

㉤ 조건부수급자의 자활사업 의무적 참가

㉥ 가입대상자의 법적 가입 강제

② 일반적인 제재

특별한 제재의 종류는 다음과 같다.

㉠ 시설설치기준 미달, 불법행위 발생하는 경우 - 시설 개선 명령 등

㉡ 보조금을 불법 사용하는 경우 - 반환명령

㉢ 신고의무와 보수교육의 위반하는 경우 - 과태료

㉣ 사회복지법상 제재 - 징역, 벌금, 구류, 과태료 등이 있으나, 실제로는 정책과 벌금, 과태료가 주종이다.

③ 청문

행정기관이 규칙의 제정, 쟁송의 재결, 결정처분 등의 행위를 행할 때에 미리 이해관계인의 의견을 듣는 절차이다(다음백과, 2019). 사회복지법령상 청문을 의무적으로 실시해야 하는 경우는 다음과 같다.

㉠ 입양특례법령상 입양기관의 허가 취소

㉡ 사회복지사업법령상 사회복지법인의 설립허가 취소

㉢ 장애인복지법상 시설의 폐쇄, 의치 · 보조기 제조업의 폐쇄, 의치 · 보조기기사의 자격취소

㉣ 한부모가족지원법령상 입양기관의 허가 취소

㉤ 노인복지법령상 사업의 폐지

(9) 사회복지법상의 구제절차방법(전심절차)

사회복지법상의 구제절차방법을 각 법령별로 살펴보면 다음과 같다(국가법령정보센터, 2019).

① 국민기초생활보장법 - 전심절차 : 2차에 걸쳐 이의신청 가능

「국민기초생활보장법」 제7장은 이의신청과 관련이 있다[시행 2019. 10. 24.] [법률 제16367호, 2019. 4. 23., 일부개정].

㉮ 1차 이의신청 : 시장 · 군수 · 구청장에 신청

제38조(시 · 도지사에 대한 이의신청)

제39조(시 · 도지사의 처분 등)

㉯ 2차 이의신청 : 보건복지부장관에 신청

제40조(보건복지부장관 등에 대한 이의신청)

제41조(이의신청의 결정 및 통지)

② 국민연금법 - 전심절차 : 심사청구와 재심사청구

「국민연금법」 제7장은 심사청구와 재심사청구 내용과 관련이 있다[시행 2019. 7. 16.] [법률 제16240호, 2019. 1. 15., 일부개정].

㉮ 심사청구

제108조(심사청구)

제109조(국민연금심사위원회 및 징수심사위원회)

㉯ 재심사청구

제110조(재심사청구)

제111조(국민연금재심사위원회)

제112조(행정심판과의 관계)

③ 국민건강보험법 - 전심절차 : 이의신청과 심사청구

「국민건강보험법」 제7장은 이의신청 및 심판청구 등의 내용과 관련이 있다[시행 2019. 10. 24.] [법률 제16366호, 2019. 4. 23., 일부개정].

㉮ 국민건강보험공단과 건강보험심사평가위원회에 이의신청과 관련 된 법령은 제87조(이의신청)이다.

㉯ 심판청구

제88조(심판청구)

제89조(건강보험분쟁조정위원회)

④ 고용보험법 - 전심절차 : 심사청구와 재심사청구

「고용보험법」 제7장은 심사 및 재심사청구의 내용과 관련이 있다[시행 2019. 7. 16.] [법률 제16269호, 2019. 1. 15., 일부개정].

㉮ 심사와 재심사

제87조(심사와 재심사)

제88조(대리인의 선임)

제89조(고용보험심사관)

제90조(심사의 청구 등)

제92조(보정 및 각하)

제93조(원처분등의 집행 정지)

㉯ 심사관의 권한

제94조(심사관의 권한)

제95조(실비변상)

제96조(결정)

제97조(결정의 방법)

제98조(결정의 효력)

제99조(고용보험심사위원회)

제100조(재심사의 상대방)

제101조(심리)

제102조(준용 규정)

제103조(고지)

제104조(다른 법률과의 관계)

⑤ 노인장기요양보험법 전심절차 : 이의신청과 심사청구 및 행정소송

「노인장기요양보험법」 제10장은 심사 및 재심사청구의 내용과 관련이 있다[시행 2019. 12. 12.] [법률 제15881호, 2018. 12. 11., 일부개정].

㉮ 심사청구

제55조(심사청구)

㉯ 재심사청구

제56조(재심사청구)

제56조의2(행정심판과의 관계)

㉰ 행정소송

제57조(행정소송)

⑥ 산업재해보상보험법 - 전심절차 : 심사청구와 재심사청구

「산업재해보상보험법」 제6장은 심사 및 재심사청구의 내용과 관련이 있으며, 그 내용을 살펴보면 다음과 같다[시행 2019. 7. 16.] [법률 제16273호, 2019. 1. 15., 일부개정].

㉮ 심사청구-근로복지공단

제103조(심사 청구의 제기)

제104조(산업재해보상보험심사위원회)

제105조(심사 청구에 대한 심리·결정)

㉯ **재심사청구-고용노동부의 산업재해보상보험재심사위원회 관할과 관련 된 법령은 다음과 같다.**

제106조(재심사 청구의 제기)

제107조(산업재해보상보험재심사위원회)

제108조(위원의 제척·기피·회피)

제109조(재심사 청구에 대한 심리와 재결)

제110조(심사 청구인 및 재심사 청구인의 지위 승계)

제111조(다른 법률과의 관계)

제106조에 따른 재심사 청구에 대한 재결

⑦ 긴급복지지원법 - 이의신청 제16조

「긴급복지지원법」 제16조는 이의신청의 내용과 관련이 있으며, 그 내용을 살펴보면 다음과 같다[시행 2019. 6. 12.] [법률 제15878호, 2018. 12. 11., 일부개정].

제16조(이의신청) ① 제8조 제3항에 따른 결정이나 제15조 제1항 또는 제2항에 따른 반환명령에 이의가 있는 사람은 그 처분을 고지받은 날부터 30일 이내에 해당 시장 · 군수 · 구청장을 거쳐 특별시장 · 광역시장 · 도지사 · 특별자치도지사(이하 "시 · 도지사"라 한다)에게 서면으로 이의신청할 수 있다. 이 경우 시장 · 군수 · 구청장은 이의신청을 받은 날부터 10일 이내에 의견서와 관련 서류를 첨부하여 시 · 도지사에게 송부하여야 한다. ② 시 · 도지사는 제1항에 따른 송부를 받은 날부터 15일 이내에 이를 검토하고 처분이 위법 · 부당하다고 인정되는 때는 시정, 그 밖에 필요한 조치를 하여야 한다[전문개정 2009. 5. 28.].

⑧ 한부모가족지원법 - 심사청구 : 해당 복지실시기관

「한부모가족지원」 제28조는 심사청구의 내용과 관련이 있으며, 그 내용을 살펴보면 다음과 같다[시행 2019. 6. 19.] [법률 제15989호, 2018. 12. 18., 일부개정].

제28조(심사 청구) ① 지원대상자 또는 그 친족이나 그 밖의 이해관계인은 이 법에 따른 복지 급여 등에 대하여 이의가 있으면 그 결정을 통지받은 날부터 90일 이내에 서면으로 해당 복지실시기관에 심사를 청구할 수 있다. <개정 2014. 1. 21.> ② 복지실시기관은 제1항의 심사 청구를 받으면 30일 이내에 이를 심사·결정하여 청구인에게 통보하여야 한다. [전문개정 2007. 10. 17.]

⑨ 기초연금법 – 이의신청 : 지방자치단체의 장

「기초연금법」 제5장 제22조는 기초연금 수급권자의 권리보호 중 이의신청의 내용과 관련이 있으며, 그 내용을 살펴보면 다음과 같다[시행 2019. 7. 16.] [법률 제16269호, 2019. 1. 15., 일부개정].

제22조(이의신청) ① 제13조에 따른 결정이나 그 밖에 이 법에 따른 처분에 이의가 있는 사람은 특별자치시장·특별자치도지사·시장·군수·구청장에게 이의신청을 할 수 있다. ② 제1항에 따른 이의신청은 그 처분이 있음을 안 날부터 90일 이내에 서면으로 하여야 한다. 다만, 정당한 사유로 인하여 그 기간 이내에 이의신청을 할 수 없었음을 증명한 때에는 그 사유가 소멸한 때부터 60일 이내에 이의신청을 할 수 있다. ③ 제1항과 제2항에 따른 이의신청의 절차 및 결정 통지 등에 관하여 필요한 사항은 보건복지부령으로 정한다.

⑩ 노인복지법 – 심사청구 : 해당노인복지실시기관

「노인복지법」 제6장 50조는 이의신청 등의 내용과 관련이 있으며, 그 내용을 살펴보면 다음과 같다[시행 2019. 6. 12.] [법률 제15880호, 2018. 12. 11., 일부개정].

제50조(이의신청 등) ① 노인 또는 그 부양의무자는 이 법에 따른 복지조치에 대하여 이의가 있을 때에는 해당 복지실시기관에 이의를 신청할 수 있다. <개정 2017. 10. 24.> ② 제1항에 따른 이의신청은 해당 복지조치가 있음을 안 날부터 90일 이내에 문서로 하여야 한다. 다만, 정당한 사유로 인하여

그 기간 이내에 이의신청을 할 수 없었음을 증명한 때에는 그 사유가 소멸한 날부터 60일 이내에 이의신청을 할 수 있다. <신설 2017. 10. 24.> ③ 제1항의 이의신청을 받은 복지실시기관은 그 신청을 받은 날부터 30일 이내에 이를 심사·결정하여 청구인에게 통보하여야 한다. <개정 2017. 10. 24.> ④ 제3항의 심사·결정에 이의가 있는 자는 그 통보를 받은 날부터 90일 이내에 행정심판을 제기할 수 있다. <개정 1999. 2. 8., 2017. 10. 24.> ⑤ 제46조 제3항의 규정에 의하여 부양의무자가 부담하여야 할 보호비용에 대하여 보호를 행한 자와 부양의무자 사이에 합의가 이루어지지 아니하는 경우로서 시장·군수·구청장은 당사자로부터 조정요청을 받은 경우에는 이를 조정할 수 있다. <개정 2004. 1. 29., 2017. 10. 24.> ⑥ 시장·군수·구청장은 제5항의 조정을 위하여 필요하다고 인정하는 경우 부양의무자에게 소득·재산 등에 관한 자료의 제출을 요구할 수 있다. <개정 2017. 10. 24.> [제목개정 2017. 10. 24.]

⑪ 장애인복지법 – 심사청구 : 해당장애인복지실시기관

「장애인복지법」 제8장 제84조는 이의신청의 내용과 관련이 있으며, 그 내용을 살펴보면 다음과 같다[시행 2019. 7. 1.] [법률 제15904호, 2018. 12. 11., 일부개정].

제84조(이의신청) ① 장애인이나 법정대리인등은 이 법에 따른 복지조치에 이의가 있으면 해당 장애인복지실시기관에 이의신청을 할 수 있다. <개정 2017. 2. 8., 2017. 12. 19.> ② 제1항에 따른 이의신청은 복지조치가 있음을 안 날부터 90일 이내에 문서로 하여야 한다. 다만, 정당한 사유로 인하여 그 기간 이내에 이의신청을 할 수 없었음을 증명한 때에는 그 사유가 소멸한 날부터 60일 이내에 이의신청을 할 수 있다. <신설 2017. 12. 19.> ③ 장애인복지실시기관은 제1항에 따른 이의신청을 받은 때에는 30일 이내에 심사·결정하여 신청인에게 통보하여야 한다. <개정 2017. 12. 19.> ④ 제3항에 따른 심사·결정에 이의가 있는 자는 「행정심판법」에 따라 행정심판을 제기할 수 있다. <개정 2017. 12. 19.> [제목개정 2017. 12. 19.]

⑫ 기타

사회복지사업법, 아동복지법 등은 권리구제에 관한 규정을 명시하고 있지 않다. 의료급여법의 이의신청은 그 처분에 이의가 있는 자의 경우 시장 · 군수 · 구청장에게 이의신청할 수 있고, 이의신청은 처분이 있는 날부터 90일 이내에 문서로 하여야 하며, 시장 · 군수 · 구청장 및 급여비용심사기관은 이의신청을 받은 때에는 그로부터 60일 이내에 결정하여야 한다(남기민 외, 2014).

위에서 살펴본 바와 같이 심사청구 및 재심사청구 등에는 일정한 기간의 제한이 따른다. 권리구제의 권한을 사용하지 않고 장기간 유예하는 것은 국가의 법질서 및 행정질서에 차질을 가져올 수 있기 때문에 청구사유가 발생하면 일정 기간 내에 이를 행사해야 하는 것이다. 또한 사회복지법상 전심절차의 청구기간과 기간을 산정할 때 그 기산점이 법마다 차별적으로 규정되어 있다. 그러나 그 이유에 대해 합리적 근거를 찾을 수 없고, 행정심판법은 처분이 있음을 안 날로부터 90일, 처분이 있은 날로부터 180일이 청구기간으로 되어 있다(「행정심판법」 제18조 제1항 및 제3항). 이에 비하면 사회복지법상 심사청구 및 재심사청구 기간은 매우 짧은 것으로 앞으로 이에 대한 조정이 필요하리라 본다(김수정, 2017: 416-417).

⑬ 의무이행소송의 도입문제

사회복지법상 구제 절차에서 행정청의 거부처분 또는 부작위에 대하여 독일의 경우는 행정법원 제42조가 정하고 있는 의무이행소송에 의하여 법원이 판결로 행정청에 신청된 처분을 하거나 법원의 판단을 존중하면서 어떠한 처분을 할 것을 명하게 된다. 이에 대하여 우리나라의 경우에 거부처분에 대하여는 취소소송에 의하여, 그리고 부작위에 대하여는 부작위위법확인소송에 의하여 원고의 권리구제를 꾀하고 있다.

우리나라도 행정청의 거부처분 또는 부작위에 대하여 독일의 경우처럼 의무이행소송을 도입하는 것도 바람직하다고 볼 수 있다(노기남, 2016: 138).

4 문제점 및 개정방향

법조항의 체계화는 이념적으로 토대가 취약한 선별주의를 택하고 국가 및 지자체의 역할 불명확, 미흡한 것이 현실이며 사회보장의 기본원칙(제24조)으로 선언적 · 형식적 규정, 개별입법으로 구체화가 더 필요하다. 사회적 위험규정이 포괄적 규정으로 사회적 위험현상에 대한 기술보다는 사회적 위험의 본질적 내용을 포함하고 있다. 그러므로 직업병, 불완전 취업, 폐질, 개호 확대가 필요하며 사전적 예방조치 및 소득보장으로 확대되어야 한다.

요컨대, 「사회보장기본법」은 「헌법」 제34조의 이념에 따라 사회보험, 공공부조, 사회복지서비스, 기타 관련복지제도(법 제3조)에 대한 법률을 총체적으로 지휘하는 「헌법」의 하위규범이자 법률의 상위규범으로서 의의를 갖는다. 따라서 이러한 지위에 적합한 규범체계를 확보하는 것이 기본법적 과제라고 할 것이다(박차상 외, 2003).

핵심요약

⇨ 현재 우리나라는 네덜란드, 독일, 영국, 미국, 캐나다 등의 국가와 사회보장협약을 맺고 있다.

용어정리

- **구상권** : 다른 사람을 위하여 그 사람의 빚을 갚은 사람이 다른 연대 채무자나 주된 채무자에게 상환을 요구할 수 있는 권리
- **소득보장** : 일정 생활수준을 유지할 수 있도록 소득을 보장하는 정책
- **사회보험** : 질병이나 노령, 근로 능력의 상실 따위로 생활을 유지할 수 없는 사람의 생활을 보장하기 위한 사회 정책적인 보험. 의료 보험, 연금 보험, 실업 보험, 산업 재해 보상 보험의 네 종류가 있으며 보험료는 정부, 사업주, 피보험자가 공동으로 부담하는 경우가 많다.
- **균일기여** : 급여원칙은 근로소득에 관계없이 정액으로 기여한다. 이는 평등주의에 입각한다.
- **호혜협정** : 우리나라 근로자가 외국에서 외국근로자가 우리나라에서 근로할 때 호혜협정을 맺은 국가끼리 의료혜택을 주는 것
- **자산조사** : 소득, 재산, 노동능력, 부양가족 등을 종합적으로 알아본다.
- **무기여무갹출** : 기여 정도에 상관없이 그냥 국가에서 주는 것을 말한다.

Chapter 09

사회보험법

사회보장은 여러 가지 제도를 포함하고 있지만, 사회보장제도에서 규모가 가장 큰 프로그램이 사회보험이다. 사회보험은 강제가입 보험방식을 사용하여 사회구성원이 겪는 사회적 위험에 대해 공동으로 대비하는 제도라고 볼 수 있다. 사회보험의 가장 큰 목적은 국민의 소득을 안정되게 유지하는 것이다. 정부가 사회보험제도를 운영하거나 감독하며 필요한 재정과 급여는 법에 명시되어 있다.

1 사회보험법 개념과 원리

(1) 사회보험법의 개념

「사회보장기본법」 제3조 제2호에는 사회보험은 국민에게 발생하는 사회적 위험을 보험방식에 의하여 대처함으로써 국민의 건강과 소득을 보장하는 제도이다. 사회보험의 특성으로는 강제성, 최저생활보장, 국가 독점, 비용예측 곤란, 재정적 부족, 공동부담, 능력 비례부담, 인적 보험이 있다. 또한 사(민간)보험의 계약은 희망소득 보장, 경쟁, 비용예측 가능, 완전한 재정 준비, 본인부담, 개인의 선택, 인적·물적 보험이 가능하다.

✣ 사회보험과 사(민간)보험의 차이

구분	사회보험	사보험
가입	강제 가입	임의 가입
보험료·기여금 부과기준	소득수준	위험 정도·급여수준
보호의 양	최저 소득보호	더 많은 보호 가능
강조	사회적 적절성	개인적 적절성
급여 근거	법에 따라 결정	계약에 따라 결정
운영형태	정부 독점	경쟁
비용 예측	어려움	비교적 쉬움

(계속)

구분	사회보험	사보험
완전한 재정 준비	필요하지 않음	필요함
목적 · 결과 관련 의견	다양함	대체로 일치
투자 방식	대체로 정부 업무	주로 민간 분야
인플레이션 보장	세금을 통해 바로 가능	인플레에 아주 약함

출처 : 노병일(1999). 사회보장론 재인용.

(2) 사회보험법의 원리

① 최저생활보장의 원리

사회보험에서 보장하는 소득수준은 최저생계비에 근거하여 최저생활보장을 하며 퇴직 전 생활보장까지 근접하는 것을 기준으로 한다.

② 소득재분배의 원리

기여금의 납부는 소득비례, 누진율을 적용하여 소득재분배의 효과를 거두며 급여의 지급은 소득과 무관한 욕구에 따라 지급함에 따라 소득재분배의 효과를 거둔다.

③ 보편주의 원리

전 국민을 대상으로 하며 일반적인 것을 원칙으로 한다. 또한 비용분담의 원리로 비용부담은 사용자가 무과실 책임주의를 선택하며 피용자는 자기책임의 원리를 원칙으로 한다. 국가는 국민의 생존권적 기본권을 보장해야 한다.

(3) 사회보험의 구성 체계

① 사회보험의 주체

사회보험의 운영주체는 국가, 국민연금(보건복지부), 군인연금(국방부), 공무원연금(행자부), 사립학교연금(교육인적자원부), 산재보험(노동부) 등 보험의 사무업무는 연금관리공단, 근로복지공단에서 관장하고 있다.

② 사회보험의 대상

전 국민을 대상으로 하며 특수계층(국가의 보호대상자)을 말하며 보험급여의 종류로 금전, 물품, 서비스, 급여의 수준(40~80%) 등이 있다.

③ 재원조달의 방식

국가 전액/사용자 전액/사용자피용자 분담/2자 부담 국가보조/3자 분담 사용자, 피용자 부담, 국가 운영비 보조를 한다.

(4) 사회보험의 특성

강제가입, 예방적 보장, 가입자의 기여금에 의해 조달, 기여, 급여 등 모든 시행절차가 법으로 규정, 비영리 국가사업(국가 운영비), 소득 재분배와 사회통합 등이 있다. 필요한 재원은 기여금인 보험료를 통하여 주로 충당한다.

(5) 사회보험법의 형태

사회보험의 대상, 급여 내용에 따라 국민연금법, 국민건강보험법, 산업재해보상보험법, 고용보험법, 노인장기요양보험법의 종류가 있다.

2 국민연금법

국민연금은 노후에 소득을 보장해 주는 제도이다. 노령화 속도가 빨라지고 출산율이 감소하고 가족의 부양체계가 약화되고 있기 때문에 연금은 필요하다.

(1) 법의 의의

질병, 장애, 노령, 실업, 사망 등의 사회적 위험으로부터 모든 국민을 보호하고 빈곤을 해소하며 국민생활의 질을 향상시키기 위하여 제공되는 관련법으로 노령, 폐질, 사망에 대비 소득보장, 소득분배기능, 예방적 소득보장, 장기보험 등이 있다.

(2) 입법 배경

1973년 국민복지연금법 제정, 1988년 실시, 1991년 5인 이상 사업장 확대, 1995년 농어민 연금제도 실시, 1999년 전 국민 확대 실시, 2007년 국민연금법 개정안 개정논의로 경제성장 위주의 정책, 정치적 기제가 되었다.

(3) 내용

① 가입대상

국내거주 18세 이상 60세 미만 가입자(예외규정으로 65세)이다. 예외자로는 공무원, 군인, 사립학교교원, 노령연금수급권자, 별정직 우체국직원 등이 있으며, 일용직, 1개월 미만 근로자, 소재지불특정, 시간제근로자(월 80시간 미만) 등에 속한 자를 말한다.

② 가입자의 종류

㉮ 사업장 가입자

당연적용사업장 가입자는 1인 이상의 근로자를 사용하는 사업장에 가입적용이 되며, 사업장임의 가입자는 18세 미만의 자가 원할 경우 사업주의 동의를 얻어 가입한다.

㉯ 지역가입자

예외로는 사업장가입자, 지역가입자, 임의 계속가입자, 별정직 우체국직원, 노령, 퇴직연금수급권자 배우자로서 소득이 없는 자, 18~27세 학생, 군복무로 소득이 없는 자, 국기법에 의한 수급권자를 대상으로 한다. 기타로 임의가입자(18세 미만), 임의계속가입자(60세 이상)로 하고 있다.

(4) 가입자 자격의 취득 및 상실

① 자격의 취득

사업장 가입자의 대상으로는 사용자, 근로자가 된 때 지역가입자에는 사업장가입자의 자격을 상실한 때, 제외자에 해당되지 아니한 때, 소득이 없던 배우자가 소득이 있게 될 때, 18~27세로 소득이 발생하여 임의가입자로 국민연금관리공단에 가입 신청이 수리된 때로부터 한다.

② 자격의 상실

사업장가입자는 사망한 때, 국적을 상실하거나 국외로 이주한 때, 사용관계가 끝난 때, 60세가 된 때 중 어느 하나에 해당하게 된 날의 다음 날에 자격을 상실한다. 다만, 제6조 단서에 따른 국민연금 가입 대상 제외자에 해당하게 된 때에는 그에 해당하게 된 날에 자격을 상실한다.

지역가입자는 사망한 때, 국적을 상실하거나 국외로 이주한 때, 제9조 제1호에 따른 배우자로서 별도의 소득이 없게 된 때, 60세가 된 때 중 어느 하나에 해당하게 된 날의 다음 날에 자격을 상실한다. 다만, 제6조 단서에 따른 국민연금 가입 대상 제외자에 해당하게 된 때, 사업장가입자의 자격을 취득한 때에는 그에 해당하게 된 날에 그 자격을 상실한다.

임의가입자는 사망한 때, 국적을 상실하거나 국외로 이주한 때, 제10조 제2항에 따른 탈퇴 신청이 수리된 때, 60세가 된 때, 대통령령으로 정하는 기간 이상 계속하여 연금보험료를 체납한 때 중 어느 하나에 해당하게 된 날의 다음 날에 자격을 상실한다. 다만, 사업장가입자 또는 지역가입자의 자격을 취득한 때, 제6조 단서에 따른 국민연금 가입 대상 제외자에 해당하게 된 때에는 그에 해당하게 된 날에 그 자격을 상실한다.

(5) 관장 기구

관장 운영주체로는 국민연금관리공단(위탁방식)이 있으며 관장주체 보건복지부 장관(국영 방식)으로 이루어지고 있다.

국민연금관리공단의 주된 업무로는 가입자 보험료징수, 급여의 결정, 지급 복지시설의 설치, 운영, 자금의 대여, 기금운용 관리의 임원으로는 이사장, 사용자, 근로자, 지역가입자 대표, 당연직 이사, 임기 3년, 당연직이사는 재임기간, 기금이사는 계약기간으로 하고 있다.

(6) 연금의 특징

① 사회보장연금이 인플레를 억제하는 효과가 있다.
보험료를 징수하면 가처분소득감소, 저축증가, 소비지출감소, 인플레 억제의 효과가 있다. 그러나 연금은 저축을 증가시키기도 하지만, 소비를 증가시키기도 한다. 인플레를 억제시킬 수도 있고, 야기시킬 수도 있다.

② 실업의 함정에 빠질 수 있다.
소득대체율(실업급여액 ÷ 임금)은 높은데 보험료가 적을 경우 일자리 찾으려는 인센티브가 감소하여 실업에서 벗어나려는 노력을 의도적으로 덜 할 수 있다.

3 국민건강보험법

건강보험은 국민의 질병과 부상에 대한 예방, 진단, 치료, 사망 및 건강증진에 대하여 보험서비스를 제공하여 국민건강을 증진시키기 위한 사회보장제도이다.

(1) 법의 의의

법의 목적으로 국민의 질병, 부상에 대해 예방, 치료, 진단, 재활, 출산, 사망 및 건강진단에 대해 보험 급여를 실시함으로써 국민 건강 향상, 사회보장증진 법의 적극적 · 포괄적 통합주의 방식으로는 사회통합, 소득재분배 기여에 있다.

(2) 입법 배경과 연혁

1963년, 의료보험법 제정
1976년, 의료보험법 전면 개정
1977년, 500인 이상 사업장, 의료보호실시, 공무원, 사립학교직원 의료보험
1985년, 직장의보, 지역의보 실시
1988년, 농어촌, 도시지역주민의보 실시
1999년, 국민건강보험법 제정
2000년, 실시

(3) 국민건강보험법 내용

① 가입자

적용제외 대상자(의료급여 수급권자)를 제외한 전 국민, 외국인과 재외국민 중 신청자에 한한다. 가입자의 분류로는 직장가입과 지역가입이 있으며 직장가입자로는 1개월 이상 근로자, 현역병, 무보수 선출직공무원이 있으며 기타(비상근 근로자, 월 80시간 미만, 소재지 불특정 제외)로 한다. 또한 지역가입자로는 직장가입자, 피부양자 제외자 등이 있다.

② 자격의 상실과 취득

㉮ 자격취득과 변동

수급권자가 제외된 날, 유공자 등 의보대상자가 제외된 날, 직장가입자의

피부양자가 그 자격을 잃은 날 등이 있다. 자격변동과 신고로는 직장가입자의 사용주, 지역가입자의 세대주가 14일 이내에 신고하여야 한다.

㉯ 운영조직

운영조직으로는 주무부서가 보건복지부 장관이며 운영주체로는 국민건강보험공단이다. 주 업무로는 가입자, 피부양자관리, 보험료징수, 보험급여의 관리 등이 있으며, 재정운영위에서는 보험료 조정, 보험재정과 관련한 주요사항을 심의, 의결한다. 국민건강보험 심사평가원 요양급여의 적정성에 대한 평가를 하며 국민건강보험심의조정위 요양급여의 기준과 요양급여비용에 대한 주요사항의 심의를 보고 있다.

(4) 의료보험급여

법정급여에는 요양급여, 요양비지급급여, 건강검진, 임의급여 등이 있다.

① 의료요양급여

요양급여에는 질병, 부상, 출산에 진찰, 검사, 약제, 처치, 수술, 예방, 재활, 입원, 간호, 이송이 있으며, 요양기관으로는 보건소 등 제외, 종합전문요양기관, 전문요양기관 등이 있다. 비용의 일부 부담이 시행령 제22조, 20% 선으로 되어 있으며 요양급여비용의 산정으로 요양급여비용 계약체결은 공단 재정운영위의 심의, 계약 미체결 시 보건복지부의 건강보험 심의조정위 심의, 요양보험의 상대가치점수를 반영(시간, 노력 등 업무량, 인력, 시설, 장비 등 자원의 양, 위험도 반영)하여 약제, 치료제는 심의조정위 고시한 금액 내에서 지급이 된다. 요양비는 가입자, 피부양자에게 부득이한 사유로 요양기관 미이용 시 현금급여가 가능하다.

② 건강검진

직장가입자, 지역가입자 중 세대주, 40세 이상의 지역가입자, 피부양자는 2년마다 건강검진을 시행하고 있다. 임의급여로는 장제비 25만 원, 간병수당 등이 있다.

③ 장애인에 대한 특례

장애인에 대한 특례로는 장애인 가입자, 피부양자에게 보장구 급여 등이 있다.

(5) 재정, 의료보험료 및 국고 보조

재정의 확보로는 본인 기여금, 국가부담액, 본인일부 부담금이 있으며, 보험료 조달방식으로는 정액, 정률 등이 있다.

① 의료보험료의 산정

㉮ **직장**－표준월보수액의 8%, 표준월보수액 28～5,080만 원으로 100등급

㉯ **지역**－부과표준소득－소득, 재산, 생활수준, 직업

㉰ **국가**－매년 예산

㉱ **보험료율**－단기보험으로 보험재정의 안정성, 효과성이 있으며 8% 재정운영위의 심의 참작, 대통령령, 국외의무 직장가입자 50% 할인이 있다.

② 의료보험료의 부담

직장가입자의 보험료 부담으로는 근로자, 사업주 50/100 부담, 교직원인 경우 학교 30/100, 국가 20/100이 있으며, 지역가입자로 국가 일부 부담이 가능하다.

③ 의료보험료의 징수, 면제

보험료의 징수로는 국세, 지방세, 담보채권을 제외한 기타채권에 우선 징수하며 면제로는 국외에서 업무, 교도소수용, 단기복무하사 등 학교재학 등으로 소득이 없는 경우에 면제받는다. 의료보험료의 납부는 직장에서 사업주가 지역으로 세대원 전원이 가산금 5%, 과오납금일 때 환급할 수 있다.

❖ 가산금 부과방식 및 가산율 변경(안 제71조)

현행	최초 체납 시 5%, 이후 3개월 단위로 5%씩, 최고 15% 가산
개정안	최초 체납 시 3%, 이후 매월 1%씩, 최고 9% 가산

(6) 의료보험급여 수급권의 제한과 보호

① 수급권의 제한

수급권의 제한으로는 고의, 중대과실, 범죄행위, 고의로 사고 유발, 요양기관지시 불응 등이 있으며, 타 법령에 의해 급여지급 시, 3개월 이상 체납 시 등이 있다.

② 구상권

보험급여사유를 발생하게 한 자에 대해 손해배상청구권 취득, 수급권의 양도, 압류 불가 등을 할 수 있다.

(7) 이의 및 심사청구

① 이의신청

공단에서 자격, 보험료율, 보험급여 등에 대해 이의신청할 수 있으며, 심사평가원으로 요양급여비용 등에 이의가 있는 경우 90일 내 문서로 이의신청이 가능하다.

❖ 이의신청 제기기간 기산점 변경(안 제76조)

현행	처분이 있은 날부터 90일 이내
개정안	처분이 있음을 안 날부터 90일, 처분이 있은 날부터 180일 이내

② 심사청구

공단, 심사평가원의 결정에 이의가 있으면 건강보험분쟁조정위에 심사청구를 할 수 있다.

③ 행정소송

이의, 심사청구에 불복이 있는 자는 행정 소송을 할 수 있다.

(8) 진료비 본인 부담제

① 정률제는 의료이용자가 의료서비스 비용의 일정비율을 부담하는 제도이다.

② 정액제는 서비스 비용에 관계없이 일정액을 부담시키는 방식이다.

③ 공제제는 일정액까지는 본인 부담하고, 그 이상의 금액은 사회보험에서 보장한다. 이때 소액진료비는 전부 자부담이다.

(9) 문제점과 개정방향

① 급여확대

급여확대로 점차적인 본인부담률 인하, 필수의료서비스 및 보험급여 확대, 재원조달은 직장가입자에게 상대적으로 불리하며 지역가입자는 국고지원이 되며 고소득자영업자들의 소득파악이 가능하다. 직장가입자의 피부양자 및 자영업자는 면제받을 수 있으며 의보재정을 위한 목적세로는 담배소비세가 있다.

② 심사, 평가체계

진료행위별수가제에 의해 심사, 청구 복잡, 적정진료보다는 과잉진료억제체계, 진료의 질에 대한 평가 미흡, 포괄수가제 도입 실시 중이다.

③ 관리운영의 효율화

민주성 향상으로 건보심의조정위 재정운영위원이 있으며, 효율성 향상으로 징수체계의 통합하여 일원화하였다. 건보심사평가원의에서는 공정성, 전문성 향상에 두고 있다.

4 산업재해보상보험법

(1) 법의 의의

사업주로부터 소정의 보험료를 징수하며 국가가 직접적으로 보상한다. 노사관계의 안정화, 청구권 행사가 용이하고 보상의 안정성이 있다.

① 사업주 - 보험가입자

② 근로자 - 수급권자

(2) 입법배경

산재보험법시기로는 산업혁명 이후 산재사고자가 다수 발생함에 따라 산재보험을 도입하였으며 입법의 시기로 보통법 적용시기로 고용주 상대 소송제기, 고용주의 부주의, 태만 입증책임을 가지게 된다. 또한 고용주책임법제정시기로는 근로자의 입증책임이 완화되었다. 연대별로 살펴보면 다음과 같다.

① 1953년 - 근로기준법 제정, 개별사용주책임주의

② 1963년 - 산재보상보험법 시행

③ 1995년 - 산재보험업무를 근로복지공단

④ 1999년 - 사회안전망 기능 강화(급여수준, 간병급여 등)

⑤ 2000년 - 5인 미만 사업장에 적용한다. 현재는 모든 사업장으로 확대되었다.

(3) 산재보험법의 내용

① 목적과 적용의 범위

근로자의 생활안정과 재해예방에 주안점을 두고 있으며 재해로 인한 사업자의 위험이 분산되고 근로자 노동력의 보전이 가능하다.

모든 사업장의 가입자를 대상으로 하며 노동부장관의 위탁을 받아 근로복지공단에서 보험 업무를 담당하고 있다. 사업의 적용으로는 당연적용사업–대통령령에 의해 강제적용이 배제되는 사업체는 제외가 된다. 임의적용사업–공단의 승인을 얻어 가입한 사업장으로 한다.

② 근로복지공단

근로복지공단의 주 업무로는 보험가입자, 수급권자 관리, 보험료, 보험급여에 관한사항을 관리하고 있으며, 산업재해보상 보험심의위원회에서는 산재보험에 관한 주요사항을 심의한다. 또한 요양급여심의위원회에서 요양급여에 관한 주요사항들을 처리하고 있다.

③ 산재보험관계의 성립과 소멸

보험관계의 성립으로 사업개시일, 도급자는 원수급인이 보험가입자일 때로 보며 소멸로는 사업폐지 다음 날, 해약의 경우 다음 달로 한다.

④ 산재보험급여의 종류

요양급여, 휴업급여, 장해급여, 유족급여, 상병보상급여, 장의비 등이 있다.

❖ 상병보상연금표(산재보험법 제44조 제2항 관련 별표 3)

폐질등급	상병보상연금
제1급	평균임금의 329일분
제2급	평균임금의 291일분
제3급	평균임금의 257일분

㉮ 요양급여

요양배제–3일 이내의 요양으로 치유 가능한 경우 적용배제, 치료효과가 없는 경우

㈏ 휴업급여

요양으로 인해 취업불가 시 평균임금의 70/100, 최저임금법상 최저임금 이상으로 한다.

㈐ 장해급여

치유되었으나 상당 인과관계가 있는 장해로 하며, 장애로 질병 외상으로 치유 당초의 상병과 상당한 인과관계가 의학적으로 인정되어 발생한 노동력의 손실자로 한다.

㈑ 유족급여

일시금으로 제한적이며 유족보상일시금으로 평균임금의 1,300일로 하며 유족보상연금이다.

✣ 유족급여(동법 제43조 제2항 관련 별표 2)

유족급여의 종류	유족급여의 금액
유족보상연금	유족보상연금액은 다음의 기본금액과 가신금액을 합산한 금액으로 한다. 1. **기본금액** 급여기초연액(평균임금에 365를 곱하여 얻은 금액)의 100분의 47에 해당하는 금액 2. **가산금액** 유족보상연금수급권자 및 그에 의하여 부양되고 있는 유족보상연금수급자격자 1인당 급여기초연액의 100분의 54에 상당하는 금액의 합산액. 다만, 그 합산금액이 급여기초연액의 100분의 20을 넘을 때에는 급여 기초액의 100분의 20에 상당하는 금액으로 한다.
유족보상일시금	평균임금의 1,300일분

㈒ 상병보상연금

2년 이상의 장기요양을 요할 때이며, 1~3급의 폐질등급으로 장기간 요양급여, 휴업급여를 신청할 수 있다.

㈓ 기타급여

장의비－평균임금의 120일분,

간병급여－장해 1~2등급인 경우,

특별급여－산재, 민사상의 배상책임 등이 있다.

⑤ 국가별 산재보험의 운영 형태

사회보험방식	민간보험방식	혼합방식
영국, 독일, 오스트리아, 캐나다, 그리스, 이탈리아, 일본, 대만, 네덜란드, 뉴질랜드, 노르웨이, 스페인, 브라질, 멕시코, 한국 등	미국, 핀란드, 포르투갈, 덴마크	호주, 스위스, 벨기에

우리나라는 영국이나 독일, 기타 나라들과 같은 사회보험방식의 산재보험을 운영한다.

⑥ 산재보험료

보험료로는 사업주가 부담, 국가 일부 운영비 보조가 가능하다. 보험료 산정으로 임금 총액 기준으로 보험료율을 정하며, 보험료율 산정은 개별실적요율주의로 사업의 개별실적에 따라 보험료율을 결정한다.

⑦ 근로복지사업

근로복지사업으로 재해근로자의 복지증진과 장애인의 고용촉진이 있다.

5 고용보험법

(1) 법의 의의

실업급여를 통한 생활안정과 취업활동 촉진을 유발하며 그로 인해 실업예방, 고용구조 개선, 직업능력개발사업 등을 들 수 있다.

소극적 실업급여, 적극적 노동시장 정책으로 1993년 고용보험 도입으로 4대 보험 정착 등이 있다.

① 고용보험제도의 성격

㉮ 적극적 고용정책적 성격

실업보험+휴업 및 전직훈련은 고용구조의 개선을 가져오며 직업선택지원, 고용안정, 기업의 경쟁력 강화와 고용안정사업과 직업능력개발사업 등이 있다.

㉯ 노동시장 정책적 성격

노동시장 정책으로 산업사회에 요구되는 노동력 생산, 공급, 배치가 있으며 노동시장 정책적 내용으로 경제구조의 고도화, 고용기회의 창출, 완전고용, 실업대책, 직업훈련 대책 등이 있다. 고용보험으로 실업급여+고용안정사업+직업능력개발사업(실업급여 : 저부담, 저복지)

㉠ 고용안정 사업에서는 노동시장의 유연화, 노동시장의 이중구조 해소

㉡ 직업능력개발 사업으로는 노동시장의 유연화에 따른 노동력의 수급불균형, 숙련 형성을 들 수 있으며 노동복지정책이 노동시장정책에 종속

② 입법배경 및 연혁

고용보험의 입법배경으로 실업급여, 산업구조조정 지원으로 신인력정책(1993).

1980년대 후반 인력수급의 불균형으로 정책이 수반되었으며, 1993년 고용보험법 제정, 1998년 모든 사업장 적용이 되었다.

(2) 고용법의 내용

① 적용범위

적용대상 사업장 분류로는 적용제외사업장에 농·어업 중 상시 4인 미만 사업장 등이 있으며, 적용제외근로자로는 60세 이후 고용, 65세 이상, 일용직, 공무원, 사립학교연금법 적용 대상자로 하고 있다.

② 고용보험가입자

보험가입자의 분류로는 당연가입자, 임의가입자 등이며 보험가입자 사업주, 근로자, 원수급인 임의가입자－당연가입사업이 아닌 사업주가 승인을 얻어서 한다.

의제가입－당연직 가입 사업장의 변동으로 제외로 한다.

③ 관장기구

관장 기관으로는 노동부, 근로복지공단이 있으며 근로복지공단에서는 사업장관리, 보험료 징수가 있으며, 고용지원센터에서는 실업급여 지급(앞에서설명 누락) 등이 있다.

④ 고용보험 사업

㉮ 고용안정 사업

고용조정의 지원으로 고용유지지원금, 채용장려금이 있고 고용촉진의 지원으로 고령자고용촉진장려금, 장기실업자, 여성, 직장보육시설지원금으로 하고 있다.

㉯ 직업능력개발사업

사업주지원으로 직업훈련사업 지원 등이 있으며 근로자지원으로 비용지원, 징수장려금, 학자금 대부 등이 있다.

㉰ 실업급여

㉠ 구직급여 : 수급요건으로 이직일 이전 18개월 내 180일 이상 근로기간으로 하고 있으며 근로의사, 능력불구 미취업, 자기 귀책사유로 해직, 자기 사유로 이직한 경우가 아닐 것, 구직노력을 적극적으로 할 것 등이 있다. 실업신고와 수급자격 인정 신청.
(급여기초임금일액－임금일액 평균임금에 의해 산정－통상임금보다 저액일 경우)

㉡ 통상임금 : 구직급여일액은 기초일액×50/100, 최저기초일액×90/100이고 수급 기간으로 이직 다음 날로부터 12개월 내에 90일~240일이다. 연장사유-직능개발 훈련은 최대 2년, 개별연장급여 60일 이내 : 취업곤란 생계 곤란 자, 특별연장급여 60일 이내이며 특별사유 발생 시 2주 1회씩 지급이 가능하다. 그 외에 취직촉진 수당(조기재취직수당), 직업능력개발수당, 광역구직활동비, 이주비가 있다.

⑤ 고용보험료산출 및 결정

근로자의 기준으로 임금총액×실업급여보험요율×1/2이며, 사업주의 경우 임금총액×실업급여보험요율×1/2, 직능개발비가 있다.

보험료율은 보험수지의 추이와 경제상황 등을 고려하여 1,000분의 30의 범위 내에서 고용안정사업의 보험료율, 직업능력개발사업의 보험료율 및 실업급여의 보험료율로 구분하여 대통령령으로 정한다. 또한 개산보험료란 당해 연도의 추정임금총액에 보험료율을 곱한 금액이며, 확정보험료의 보고 및 납부와 정산으로의 계산은 다음과 같다.

㉮ 개산보험료=당해 연도 추정임금총액×보험료율

㉯ 확정보험료=당해 연도 확정임금총액(실제 지급한 임금총액)×보험료

✣ 구직급여의 소정급여일수(제41조 제1항 관련)

구분		1년 미만	1년 이상	3년 이상	5년 이상	10년 이상
이직일 현재 연령	30세 미만	90일	90일	120일	150일	180일
	30세 이상 50세 미만	90일	120일	150일	180일	210일
	50세 이상 장애인	90일	150일	180일	210일	240일

용어정리

- 소득재분배 : 정책적으로 소득 분포를 수정하는 일. 조세나 사회 보장 제도 따위를 통하여 소득의 불평등과 그로 인한 생활의 격차를 줄이기 위하여 행한다.
- 국민연금 : 늙거나 질병, 사망 따위를 당했을 경우에 본인이나 가족들의 생활 보장을 위하여 지급되는 연금
- 통상임금 : 기본급료뿐만 아니라 단체협약이나 근로계약에 의하여 근로의 대가로 근로자에게 지급하여야 할 임금을 말한다.
- 수급자 : 급여를 받는 자를 말한다.
- 피부양자 : 수급권자를 부양할 책임이 있는 자로서 수급권자의 직계혈족과 그 배우자, 생계를 같이 하는 2촌 이내의 혈족을 말한다.
- 보장기관 : 급여를 행하는 국가 또는 지방자치단체
- 수급품 : 수급자에게 급여하거나 대여하는 금전 또는 물품

10 Chapter

공공부조법

1 공공부조법의 이해

(1) 공공부조법의 의의

공공부조란 국민의 건강하고 문화적인 최저생활의 보장에 목적이 있으며 광의적인 부분으로는 빈곤한 자에 대한 경제적 보호와 협의적인 부분으로 사회보장의 일환이다. 자본주의의 모순으로 발생한 빈곤에 대해 국가가 개인의 필요 정도에 의해 최후적으로 행하는 문화적인 최저한도의 생활보장이 되며 「사회보장기본법」 제3조에 국가나 지방자치단체가 국민의 최저생활보장, 자립을 지원하는 제도가 있다.

급여의 권리로는 보호대상자 수급권자 · 보호기관 — 보장기관, 생존권 규정(「헌법」 제34조)에 대한 구체적 입법인 공공부조법이다. 이 공공부조법으로는 1999년 국민기초생활보장법, 2001년 의료급여법이 있다.

(2) 공공부조제도의 목적

우리나라의 공공부조법인 「국민기초생활보장법」상에는 공공부조의 목적에 대해 「헌법」상 국민의 생존 보장이념에 근거를 두며 생활유지의 능력이 없거나 생활이 어려운 자에게 필요한 급여를 행하여 이들의 최저생활을 보장하고 자활을 조성하는 것을 목적으로 한다.

(3) 공공부조법의 특징

최후의 사회적 안전망, 선별주의 방식, 조세에 의한 재원조달, 소득재분배에 기여한다.

사회적 안전망의 개념
- 광의 : 사회적 위험에 대비한 공적 · 사적 제도 및 자원
- 협의 : 노동자 보호를 위한 공직 대책
- 일반 : 사회적 위험에 대비한 공적 대책

① 공공부조는 법적으로 전 국민이 보호대상이나 실질적으로 최저한도의 생활을 유지할 수 없고, 스스로 자립적인 생활을 할 수 없는 요보호 상태에 있는 자를 대상으로 하고 있다.
② 국가나 지방자치단체 등 공적인 기관에 의해 행해지는 것을 법적으로 명시하고 있다. 따라서 개인이나 민간단체에 의해 행해지는 사적 부조와는 수행하는 주체에 있어서 차이가 난다.
③ 법적으로 재원부담은 국가나 지방자치단체에 의해 일반세입으로 전액 충당되며 사회보험과는 다르게 본인의 각출금 등을 요건으로 하고 있지 않다. 즉, 공공부조 대상자들은 공공부조급여를 받기 위해 별도로 경제적인 기여를 하지 않고 일방적으로 소득이전을 제공받는 측면이 있다.
④ 공공부조법은 개인의 재정상태와 욕구에 따라서 조정되는 것을 규정하고 있다. 즉, 자산조사나 소득 조사를 실시할 것을 법적으로 규정한다.
⑤ 공공부조법은 최후의 안정망의 역할을 한다. 공공부조법은 다른 사회장제도에 의해 보호를 받은 후에도 생활이 곤란을 벗어나지 못한 경우에 사후적으로 행해지는 보충적이고 최종적인 구제법이다.
⑥ 공공부조법은 대상자를 선정하여 원조를 제공하는 법이며 자격요건을 갖춘 대상자에게 제한하여 제한 급여를 제공한다.
⑦ 재분배 특징을 가지고 있다.
→ 소득이전을 통해 소득의 재분배적 기능을 도모할 수 있다.
⑧ 공공부조법은 제도적으로 빈곤을 보호하려는 목적을 갖고서 절대적인 평등을 실현하려는 제도이다.
⑨ 법적으로 최저생활보장을 위한 정책을 형성함에 있어 상대적 기준이 결여된다. 사회보험이나 사회보상은 급여산정을 함에 있어 개인의 보험료와 같은 상대적 기준이 존재하고, 빈곤정책을 형성하는 데 있어서 인간다운 최저생활이라는 절대적인 기준이 존재할 뿐이다(다음백과, 네이버지식, 2019).

(4) 사회보험과의 차이

구분	사회보험	공공부조
목적	사회적 위험에 대비 사전 대비책(방빈)	사회적 위험에 대한 사후적 대응책(구빈)
급여수준	예상 가능(기여금, 가입연한) 적정선(최저생계+최저임금) 비례급여원리	예상 불가, 사회적 최소한(최저생계비) 무차별평등주의
수급자격요건	기여금 · 가입기간 요건	욕구조사 · 자산조사 필요
재원조달	기여금(보험료), 지정된 조세	일반조세
대상자선별	보편주의	선택(선정)주의
수혜자 범위	모든 참여자(전 국민)가 피보험자, 특정시점부터 일부 수혜자	직접 참여자는 모두 수혜자 소수의 빈곤층
낙인여부	당연한 권리로 인식(채권성격)	낙인으로 인식, 신청기피(권리성 취약)
근로능력	근로능력자 위한 제도	무능력자 원조 제도

(5) 공공부조의 기본원리

곡공부조의 기본원리의 내용을 자세히 살펴보면 다음과 같다(다음백과, 네이버지식, 2019).

① 생존권 보장의 원리

생존권 규정을 구체적 · 직접적으로 실현하는 법적 근거가 되며 최후의 보루, 사회적 안정망으로써 기능하는 제도적 장치이다.

② 국가책임의 원리

1차적으로는 개인이나 가족의 책임이 주어지며 궁극적으로는 사회 및 국가의 책임이다.

③ 최저생활보장의 원리

건강하고 문화적인 생활수준 유지(생존유지)와 1980년대 이후 '신보수주의 정책기조'에서 엄격한 대상자 선정, 낮은 급여수준으로 현재화한다. 생존권보장을 위하여 최소한의 삶을 보장하고 유지할 수 있도록 보호해 준다는 원리이고, 단순한 최저생활이 아니라 건강하고 문화적인 생활을 유지할 수 있는 최저한도의 생활이 보장되어야 한다는 원리이다. 또한 공공보조란 빈민들이 건강하고 문화적인 최저수준의 생활을 유지할 수 있는 법제도로써 만약 보호의 수준이 이러한 정도를 충족시키지 못한다면 공공부조 법제의 존재의의는 상실되었다고 볼 수 있다.

④ 자립조장의 원리

잠재능력 개발과 인간다운 생활 확보와 더불어 자립을 지원한다.

⑤ 무차별평등의 원리

인권, 신조, 성별, 신분 등 평등의 원리를 준수한다.

⑥ 보충성의 원리

자산·능력 활용의무, 사적 부양우선, 타법 부조우선, 긴급보호 등 이 원리는 생활의 개인책임을 기초로 한 자본주의 사회의 최종적 또는 포괄적인 생활보장 수단으로서 공공부조의 본질을 가장 잘 나타낸 것으로 개인의 빈곤은 자립을 위한 스스로의 노력을 포함하여 시장경제가 허용하는 모든 수단 또는 사회보상과 사회보험과 같은 사회보장급여를 모두 투입하여 극복되어야 한다는 원리이다. 또한 공공부조법을 받으려는 대상은 개인적으로 가능한 모든 자원을 동원하여 생활유지에 최대한 노력해야 하고 그렇게 노력하더라도 부족할 경우 그 부족한 부분을 법을 통해 보호하고자 하는 원리이다.

⑦ 보편성의 원리

생활보장 수급권으로서 「헌법」 제34조 제1항과 제5항에 규명된 기본권에서 보편성의 원칙을 포함한다. 또한 공공부조법체계에서 개인에게 최저한도의 인간다운 생활을 하는데 저해가 되는 모든 생활상황이 보호대상이 되어야 한다는 원칙과 특정의 빈민만을 보호의 대상으로 하지 않고 빈민이라는 사회적 사고에 직면하는 모든 사람을 그 빈곤의 원인을 묻지 않고 보호되어야 한다는 원칙 그리고 생존권 보장을 위한 실효성 원리이다.

⑧ 사회국가의 원리

사회 연대감과 국가 및 기다의 공행정주제에 대해 사회질서를 사회적 정의에 따라 형성할 권능과 의무를 부여함을 의미, 사회정의는 모든 국민에게 인간다운 생활을 보장하고 적당한 수준의 경제적·문화적 수요를 적정하게 충족시켜주는 상태를 의미하는 것으로, 즉 인간의 생존에 필수적인 수요가 우선한다. 「헌법」 제34조 인간다운 생활을 할 권리, 「헌법」 제119조 국민 경제의 균형적 성장, 안정, 적정한 소득의 분배, 경제민주화 등이 규정하고, 사회국가의 원칙이 헌법상의 기본원리로 되어 있는 한 사회국가의 원칙으로 직접적인 효과는 생활능력이 없는 자에 대한 국가의 보호 의무라고 할 수 있다. 즉, 사회국가의 원칙에 따라 인간다운 생활을 보장하기 위한 필수적인 급부 행정은 국가 기타 행정주체의 권한이자 의무이다. 이것을 구체화한 법률로는 「사회보장기본법」과 「공공부조법」이 있다. 또한 사회국가의 기본원칙은 국가적 공동체에 대해서 뿐만 아니라 그의 구성원인 국민에 대해서도 의무를 부과한다.

⑨ 개별성의 원리

부조의 내용은 보호대상자별로 결정하여 보호대상자의 현재의 구체적인 수요를 충족시켜야 한다는 원칙이고, 구체적인 수요 심사와 자산조사 등이 실시된 후 보호가 이루어진다. 예를 들면, 「국민기초생활보장법」 제7조 생계급여, 주거급여, 교육 급여 등 다양한 형태의 급여의 종류가 규정하며 수급권자들은 구체적인 수요에 개별보장의 원칙의 측면을 볼 수 있다.

⑩ 평등의 원칙

동일한 사실관계에 대하여 동일한 법적 효과를 부여한다는 헌법적 이념에서 나오는 원칙이고, 공공부조법에서는 모든 국민은 공공부조의 법률적 요건을 충족하는 한 인종, 신조, 성별 및 사회적 신분의 여하를 불문하고, 「국민기초생활보장법」 등 공공부조법의 적용상 차별적인 대우를 받지 아니하고 평등하게 보호를 받을 수 있다.

⑪ 과잉급부금지의 원칙

첫째, 적합성의 원칙으로 목적달성을 위해 적합한 수단을 사용해야 한다. 둘째, 필요성의 원칙으로 납세자인 일반국민에게 가장 침약성이 적은 급부를 선택해야 함을 의미한다. 최소 침해의 원칙이라고도 한다. 셋째, 상당성의 원칙(비례의 원칙)으로 특정한 목적 달성을 위해 필요한 수단이 그에 의해 달성되는 효과보다도 더 큰 불이익을 초래한다고 판단되는 때에는 그 수단의 활용이 배제되어야 함을 의미한다.

(6) 공공부조의 입법 체계

① 공공부조의 헌법적 체계

공공부조법은 헌법적 원리와 기본권 조항으로부터 기초하는 헌법적 체계를 가지고 있다. 공공부조법의 일반원리들은 헌법 정신이 구체화되는 모습을 띠고 있으며, 헌법이 보장하는 사회국가원리나 문화국가원리 혹은 민주주의 원리, 법치국가의 원리이고, 헌법 제10조에 따르면 인간의 존엄과 가치 조항, 「헌법」 제11조 평등권 조항, 「헌법」 제34조 제1항 인간다운 생활권 조항, 제2항 사회보장수급권 조항과 같은 국가 원리 차원에서 공공부조법에 영향을 미친다.

또한 사회국가원리에서 헌법은 정의 사회를 구현하기 위하여 사회적 기본권의 폭 넓은 보장을 통하여 사회국가원리를 우리나라의 구조적인 원리로 수용하고 있으며 우리나라의 바로 이러한 원리에 따라 사회국가를 건설

하도록 국가의 정책 방향을 정하고 있다. 즉, 모든 생활무능력자들에게 적어도 최소한도의 인간다운 생활이 보장되며 인간의 존엄성에 알맞은 물질생활 등 생활의 질 향상을 위한 온갖 활동이 보장되는 사회의 실현이 이상을 되어 있다.

문화국가원리에서 헌법은 우리 문화민족의 이념을 존중하여 우리 헌법은 문화국가원리를 실현하기 위한 규정을 두고 있으며, 문화국가원리는 국가의 문화정책과 불가분의 상호관계가 있다(나음백과, 2019).

한편 민주주의원리에서 국가 권력의 창설은 물론 국가 내에서 행사되는 모든 권력의 최후적 정당성이 국민의 정치적 합의에 귀착될 수 있는 통치형태의 원리이다.

법치주의원리는 법우선의 원칙에 따라서 국가 공동생할에서의 지켜야 할 법규범을 마련하고 국가작용을 위해 따르게 함으로써 인간생활의 기초가 되는 자유와 평등, 정의 실현을 시키려는 국가 구조적 원리이다. 사회국가의 원리와 문화국가의 원리는 사회적 약자에게 최저한의 문화적 생활을 줄 수 있어야 한다는 이념이 공공부조법에 영향을 주고 있다.

그러므로 민주주의와 법치주의에서 다수의 공감대를 얻어내는 입법절차로서 구체화시켜 저소득층과 장애인 등 사회 약자 보호에 대한 사회 다수의 공감대를 이루어 민주주의적 정치원리를 통해 구체적으로 법제화되는 것으로 이러한 과정에서 민주주의와 법치주의 원리가 공공부조법에 작용하게 된다.

② 공공부조의 행정법적 체계

사회행정법은 공공부조법률이 속하는 상위영역이고, 사회의 안전을 도모하는 것을 내용으로 하는 법률이며, 사회안정, 사회적 정의의 실현을 위하여 사회적 약자에 대한 보호와 사회보험을 내용으로 하는 행정법이다. 또한 근대 사회에 행정영역이 확대되고 사회적 기본권의 인식이 강화되면서 주목받게 된 분야이고, 사회행정법은 헌법상의 사회국가의 이념을 구체화하며 실현하는 것을 그 목적으로 한다. 사회행정법의 성격은 사회행정법의 전제로써 더불어 사는 사회를 만드는 것이고, 빈곤층, 노령자, 장애인 등 사회적 약자에게 국민들의 세금을 바탕으로 하여 정부 차원의 보조가 필요하게 되는 것이며, 사회행정법이 공공적이고 기술적인 내용을 많이 갖게 되고 그 내용은 국가의 정책의 방향에 따라 정해짐을 의미하기도 한다. 또한 사회행정법은 탄력적이고, 인간다운 삶의 보장, 실현을 위한 것으로 기본적인 급부행정의 중심영역이다(나무위키, 2019).

핵심요약

⇨ 공공부조는 조세제도와 함께 가진 자의 부가 극빈계층에 이전되는 수직적 재분배 기능이 소득계층 간에 강력하게 이루어지는 데 반해 사회보험의 경우 수직적 재분배 기능이 공공부조에 비해 상대적으로 미약하다.

2 국민기초생활보장법

(1) 법의 목적

제1조 이 법은 생활이 어려운 자에게 필요한 급여를 행하여 이들의 최저생활을 보장하고 자활을 조성하는 것을 목적으로 한다. 모든 국민이 최저한의 삶을 유지할 수 있도록 최저생계비 이상을 확보하는 제도적 장치이다.

1961년 제정된 「생활보호법」을 대체하는 복지정책으로, 지난 1999년 9월 7일 국민기초생활보장제도가 제정되고 2000년 10월부터 시행되고 있다. 기초생활보장제도는 국가로부터 생계지원을 받더라도 일할 능력이 있으면 자활관련 사업에 참여한다는 조건 아래 매달 생계비를 지급받도록 하고 있다.

(2) 주요내용

• 국가의 보호를 필요로 하는 최저생계비 이하의 저소득층에 대한 기초생

활보장
- 수급권자의 범위의 확대 및 선정기준의 합리화
- 급여종류의 확대 및 급여수준의 증가
- 자활지원서비스의 체계적 지원을 통한 '생산적 복지' 구현
- 「국민기초생활보장법」 시행을 위한 복지 인프라 확충 등이 있다.

① 최저생계보장에 대한 국가 책임성

「국민기초생활보장법」에서는 최저생계보장에 대한 국가 책임을 강조하고 있으며, 국가와 지자체는 최저생활보장의 의무가 있다.

② 종합적 빈곤 대책

빈곤대책으로 긴급급여 지원이 있으며 조건부 수급권자에게는 적극적인 자활정책을 가진다. 급여의 종류로는 기초생활보장급여가 있으며 생계, 교육, 주거, 의료급여+장제, 해산급여 등이다.

③ 기초생활보장 대상자 기준

부양의무자가 없거나 부양의무자가 있어도 부양능력이 없거나 또는 부양을 받을 수 없는 자로서, 소득인정액이 최저생계비 이하인 자

❖ 국민기초생활보장법과 생활보호법의 비교

비교 기준	국민기초생활보장법(2000)	생활보호법(1961)
법적 성격	국가의 의무와 시민의 권리 권리성(수급자, 수급권자, 보장기관)	시해성 보호 시해성(피보호자, 보호대상자, 보호기관)
대상자 구분	대상자 구분폐지(무차별 평등원칙) -부양의무자 부재 -부양의무자 부양능력 부재 -소득인정액 〈 최저생계비 -단, 재산기준 초과자 제외(소득인정액=가구소득평가액+재산소득환산액)	대상자 확인 인구학적 기준에 의한 대상자 구분 -거택보호자 : 18세 미만, 65세 이상 -근로무능력자 -자활보호자 : 인구학적 경제활동 가능 근로능력자 * 연령, 재산, 소득 모두 충족해야 한다.

(계속)

비교 기준	국민기초생활보장법(2000)	생활보호법(1961)
대상 선정 기준	매년 가구규모별 최저생계비 조사(12/1) －가구별 소득(4인) 928천 원(2001) －2003년도 105만 원 －재산소득환산 : 매년 발표	보건복지부장관이 정하는 소득과 재산 이하의 자(1999) －월소득 1인 234천 원 －가구당 재산 2,900만 원
급여 종류	생계급여(모든 대상자에게 지급) 주거급여(임차료 유지수선비 등)(신설) 의료 / 교육 / 해산 / 장제급여 등 현행과 동일 긴급급여(긴급필요시 우선급여)(신설) (현금부조원칙)	생계보호(거택보호대상자에게만 지급) 의료보호(거택보호－전액, 자활보호－80%) 교육보호(중고생자녀 학비 전액) 장제보호, 해산보호 등
급여 절차	신청 → 조사 → 결정 → 실시(신청보장원칙) 긴급급여, 자활지원계획 채택	
자활 지원	근로능력자 가구별 자활지원 －근로능력, 가구특성, 자활욕구 등 고려 －자활사업 참가조건으로 생계급여	
위원회	중앙 / 광역 / 기초생활보장위원회 존치 －유사기능 위원회가 대신할 수 있음	중앙 / 시 · 도 / 시 · 군 · 구 / 읍 · 면 · 동 생활보호위원회
전달 체계	복지대상자 250명당 1인 기준으로 확대 (3,000명 추가 소요)	복지대상자 417명당 1인 수준(4,200명) 전문요원 수작업에 의한 관리 · 조사 자활지원센터(20개소)
보장 비용	관련 전산망과 연계(관리 · 조사) 보장기관 / 보장시설 자활후견기관 확대(270개소) 자활공동체	
수급자 관리	지자체 재정자립도 고려하여 재정분담비율을 차등 적용	지자체 재정자립도 고려 없음
수급자 의무	청문(자활후견기관, 급여결정 취소 시) 이의신청 급여 압류금지 · 양도금지 조세 · 공과금 면제	
	부양의무자 확인되면 비용 징수 과잉지급분 반환명령 신고 지도 · 지시 벌칙	

2019년 기준 중위소득 및 생계 · 의료급여 선정기준과 최저보장수준 [시행 2019. 1. 1.] [보건복지부고시 제2018-144호, 2018. 7. 24., 제정]

㉮ 기준 중위소득

「국민기초생활보장법」 제2조 제11호에 따라 급여의 기준 등에 활용하는 '기준 중위소득'을 다음과 같이 정한다.

❖ 기준 중위소득 (단위 : 원 / 월)

구분	1인 가구	2인 가구	3인 가구	4인 가구	5인 가구	6인 가구	7인 가구
금액	1,707,008	2,906,528	3,760,032	4,613,536	5,467,040	6,320,544	7,174,048

* 8인 이상 가구의 기준 중위소득: 1인 증가 시마다 853,504원씩 증가(8인 가구: 8,027,552원)

㉯ 생계급여의 선정기준 및 최저보장수준

「국민기초생활보장법」 제6조 및 제8조 제1항과 제2항에 따른 '생계급여의 선정기준 및 최저보장수준'을 다음과 같이 정한다.

❖ 선정기준 (단위 : 원 / 월)

구분	1인 가구	2인 가구	3인 가구	4인 가구	5인 가구	6인 가구	7인 가구
금액	512,102	871,958	1,128,010	1,384,061	1,640,112	1,896,163	2,152,214

자료: 보건복지부(2019). 2019년 기준 중위소득 및 생계·의료급여 선정기준과 최저보장수준.
※ 8인 이상 가구의 기준 중위소득: 1인 증가 시마다 256,051원씩 증가(8인 가구: 2,408,265원)

(3) 입법배경과 연혁

① 사회적 안전망 구축의 필요성

1997년 외환위기 이후 대량실업과 빈곤에 대한 대책마련이 요구되었고, 한시적 생활보호 대상자들에게 사회적인 안전망 구축의 필요성이 있었다.

② 사회, 경제적 환경의 변화

세계화 및 신자유주의적 경제정책, 노동시장의 유연화, 노동시장의 불안정이 가속되면서 산업구조의 고도화에 따른 소득 양극화로 산업 간, 계층 간 사회적 양극화의 심화 및 구조화가 필요로 하는 시점에 사회적 · 경제적 환경의 변화를 가져오게 되었다.

③ 생산적 복지정책

산업구조의 변화에 따른 노동력의 재훈련을 필요로 했으며 복지정책의 의의로 자활, 자립을 지원함으로써 소득 창출기회의 제공, 도덕적 해이 현상 극복, 자원의 효율적 배분에 기여하게 된다. 또한 한계성으로 국가의 최저 생활보장의무가 소홀해지고 근로무능력자 대책이 소홀해지는 단점이 있다.

④ 시민사회단체의 요구

시민사회단체는 참여연대, 또는 자발적인 시민의 참여로 사회의 정책과 제도를 실현하는 동안 일어날 수 있는 그 어떤 것에서도 순수한 시민참여의 사회단체적인 운동과 전개는 「국민기초생활보장법」 제정운동에까지도 영향을 미친다. 1944년 조선구호령, 1961년 「생활보호법」, 1999년 「국민기초생활보장법」 등이 제정되었다.

3 국민기초생활보장법의 급여

(1) 입법의 목적

이 법은 생활이 어려운 자에게 필요한 급여를 행하여 이들의 최저생활을 보장하고 자활을 조정하는 것을 목적으로 하기 위하여 1999년 9월 7일 법률 제6024호로 제정하였다. 그러나 이 법이 2000년 10월 1일부터 시행됨으로써 그동안 생활보호의 근간이 되었던 「생활보호법」은 폐지되었다.

(2) 급여의 종류

생계급여, 주거급여, 의료급여, 교육급여, 해산급여, 장제급여, 자활급여 등이 있다.

급여의 수준은 급여와 수급자의 소득인정액을 포함하여 최저생계비 이상이 되도록 하여야 한다(동법 제7조 제2항).

✣ 급여의 종류

급여 종류		급여 내용	급여 수준
생계급여	일반생계급여	의식주 등 생활필수품	급여충족률 100% 이상 되는 금액
	시설수급자생계급여	의식주 등을 현금 지급	
	조건부생계급여	근로능력자에 자활에 필요한 사업에의 참가조건으로 지급	
	기타	월동대책비, 명절특별위로금	
	긴급생계급여	긴급 시 생계급여	
주거급여		임차료 · 유지수선비 · 주거안정지원비 · 전세자금대여	
교육급여		입학금 및 수업료	고지된 금액 전액
해산급여		분만 전후 필요한 조치 · 보호	정액
장제급여		장제 조치에 필요한 금품	정액
자활급여		자활지원계획에 따른 서비스	조합정관에 의함
의료급여		별도의 의료급여법에 의해 실시	

✣ 급여의 신청

신청주의 원칙
생활이 어려운 저소득가구의 가구주, 가구원, 친족 및 기타 관계인이 직접 신청하는 것을 원칙으로 함(단, 사회복지전담공무원이 생활이 어려우나 급여신청을 하지 않았거나 신청서를 작성할 수 없는 자의 동의를 얻어 직권신청 가능)
신청장소 및 기간
거주지 동 주민센터 및 구 통합조사팀에서 연중 수시접수, 주거가 일정하지 아니한 경우에는 실제 거주지역을 관할하는 자치구(동)에 신청, 복지대상자 보장 · 급여신청서(동사무소에 비치), 임대차계약서, 기타 요구서류(금융거래정보제공동의서 등)
구비서류
복지대상자 보장 · 급여신청서(동사무소에 비치) 임대차계약서, 기타 요구서류(금융거래정보제공동의서 등)

(3) 급여의 전달체계

보건복지부 ⇒ 시 · 도 ⇒ 시 · 군 · 구 ⇒ 읍 · 면 · 동 ⇒ 수혜대상자

(4) 급여의 기준

급여수준은 최저생계비를 기준으로 하며 급여의 개별화는 연령과 가구규모를 참고로 한다.

세대단위 급여기준은 주거와 생계를 같이하는 세대가 바람직하다. 그리고 신청주의 급여는 본인 신청이 원칙이나 사회복지전담공무원 등의 직권으로 신청하기도 한다.

(5) 급여수준

급여수준의 하한선은 최저생계비, 최저임금이 있고 급여수준의 상한선은 퇴직 전의 소득, 80%선으로 하고 있다. 또한 연금 슬라이드제에서 연금수급액의 실질가치하락 방지, 물가를 고려하고 있다.

① 기본연금+가급연금을 급여기준으로 하고 있다.

② 분할 연금이란 배우자 이혼 후 60세에 달한 경우, 60세 이후에 이혼한 경우 등이 있다.

(6) 급여의 기본 원칙

① **최저생활보장의 원칙** – 생활이 어려운 자에게 생계 · 주거 · 의료 · 교육 · 자활 등 필요한 급여를 행하여 이들의 최저생활의 보장

② **보충급여의 원칙** – 급여수준을 생계 · 주거 · 의료 · 교육 급여금액과 수급자의 소득인정액을 포함한 총금액이 최저생계비 이상이 되도록 지원, 즉 가구별 최저생계비와 소득인정액의 차액을 급여

③ **자립지원의 원칙** – 보장기관은 근로능력이 있는 수급자에게 자활사업에

참여할 것을 조건으로 생계급여를 지급

④ **개별성의 원칙** – 급여수준을 정함에 있어서 수급권자의 개별적 특수 상황을 최대한 반영

⑤ **가족부양 우선의 원칙** – 급여신청자가 부양 의무자에 있어서 부양될 수 있는 경우에는 기초생활보장급여에 우선하여 부양 의무자에 의한 보호가 먼저 행해져야 함

⑥ **타 급여 우선의 원칙** – 급여신청자가 다른 법령에 의하여 보호를 받을 수 있는 경우에는 기초생활보장급여에 우선하여 먼저 행해져야 함(TV 시청료, 주민세, 건강보험료 등)

(7) 급여의 병급 조정

동일 수급권자에게 2인 이상의 수급권 발생 시에는 선택할 수 있다(유족연금, 노령연금). 타법에 의한 장애나 유족연금 수령 시에는 국민연금법에 의해 1/2을 지급한다. 손해배상권의 대위를 할 수 있으며, 수급권의 보호를 위해 담보, 양도 불가, 조세감면의 제도가 있다.

핵심요약

⇨ 「국민기초생활보장법」상 급여의 종류는 생계급여, 주거급여, 의료급여, 교육급여, 해산급여, 장제급여, 자활급여의 7개로 구분된다.

(8) 급여의 실시

급여의 신청으로 먼저 신청에 의한 조사가 부양의무자 유무, 부양능력 유무, 소득, 재산조사, 수급권자의 근로능력 등 조사를 실시하며 확인조사로는 매년 1회 이상, 차상위계층도 조사 가능하다[차상위(120%), 차차상위(150%)].

급여의 결정, 통지는 14일 이내, 최장 30일 이내까지 가능하며 긴급급여로 사고, 질병 등 치료비 300만 원 이내, 긴급생계비 지원이 가능하다.

(9) 수급권자의 권리와 의무

수급권자와 수급자는 부양의무자가 없거나 있어도 부양능력이 없거나 부양을 받을 수 없는 자로 소득인정액이 최저생계비 이하인 경우로 하기 때문에 다툼의 여지가 많다. 부양의무자 기준으로 1촌 이내의 혈족, 아들, 며느리, 딸, 사위가 있으며, 수급권자의 권리와 의무로는 급여변경 금지, 압류금지, 양도금지, 신고의 의무가 있다.

(10) 수급자격

수급권자는 급여를 받을 수 있는 자격을 가진 자를 말하며, 수급자격은 소득인정액이 최저생계비 이하일 때 발생한다. 수급권의 발생과 소멸로 수습권의 발생에는 발생주의, 신청주의를 원칙으로 하고 있으며, 소멸수급권자의 사망 등이 있다. 수급권의 부당이득 환수로는 허위, 기타 부정한 방법으로 급여를 지급받을 경우 환수할 수 있다.

(11) 보장기관

국가와 지자체에서 전달체계상 관할 시 · 도와 시 · 군 · 구청장으로 하며, 보장시설로는 생활보호법상 급여를 행하는 사회복지시설, 운영비 국가지원, 보장시설에게 급여 위탁이 있다. 중앙생활보장위원회에서 기본방향 및 대책 수립, 최저생계비, 소득인정액, 급여를 결정하고 위원장은 보건복지부장관으로, 10인 이내로 한다. 시 · 도 및 시 · 군 · 구 생활보장위원회에서 이의신청, 심사를 보고 있다.

(12) 보장비용

보장비용과 부담비용 구분에는 급여실시비용, 국가와 시 · 도, 시 · 군 · 구 보장업무소요비용으로 시 · 군 · 구, 보장업무, 급여비용, 자활공동체로는 국가, 시 · 도, 시 · 군 · 구가 있다.

> **재정비용 부담비율**
> • 특별시 : 국가 50%, 시 25%, 자치구 25%
> • 시도 : 국가 80%, 시 · 도 : 10%, 시 · 군 · 구 : 10%

(13) 권리구제

권리구제로는 특별자치도지사, 시장, 군수, 구청장에게 이의신청을 할 수 있으며, 재판정 결과에 대해서도 수급자가 불복할 경우 법 제38조 및 제40조에 따라 시 · 도지사 및 보건복지부 장관에게 이의신청을 할 수 있다.

4 의료급여법

(1) 법의 의의 및 연혁

생활이 어려운 자에게 국가가 원칙적으로 비용을 부담하여 의료서비스를 제공하며 국민건강보험은 사회보험으로서 본인이 일부 또는 전부를 부담하며 치료와 요양을 기여 없이 제공하는 의료급여이다. 지정병의원제, 본인부담금, 의료급여가 개정되었고 의료보호와 의료급여법의 차이는 의료보호내용의 확충, 1차 진료와 2차 진료, 보호지구의 폐지, 의료보호기금의 설치 등이 있다. 1961년 생활보호법의 의료보호 사업, 1977년 의료보호법, 2001년 의료급여법, 2007년 7월 의료급여법으로 개정되어 왔다.

(2) 법의 내용

① **수급권자** : 기초수급권자, 국가유공자, 무형문화재 등, 급여를 받을 수 있는 자격을 가진 자
② **수급자** : 급여를 받는 자

③ **수급권자의 구분** : 1종, 2종으로 구분한다.

④ **수급품** : 수급자에게 급여하거나 대여하는 금전 또는 물품 등이다.

(3) 의료급여 보장기관

보장기관으로 보건복지부, 시 · 군 · 구청장이 있으며, 의료급여심의위원으로 의료급여기금의 관리 등을 한다. 의료급여기관으로 1차 의료급여기관으로는 통원서비스, 2차 의료로 입원, 3차 의료로 특수진료가 있으며, 의료급여 절차로는 1, 2차 의료기관-3차 의료기관에게 의료급여의뢰를 할 수 있다. 권한의 위임과 위탁에서 의료급여기관관리-시 · 도지사, 의료급여적정성 평가 : 심사평가원, 급여지급 등으로 건강보험공단이 있다. 급여의 내용과 기간으로 투약일수 180일 이내, 필요 시 연장 신청할 수 있으며 급여비용의 부담은 07. 7. 1 실시 예정, 본인부담금신설, 의료급여비의 지급이 있다. 급여비용의 청구와 지급으로 의료급여기관-시 · 군 · 구청장에게 청구-심사기관 심사-의료 급여기관, 시 · 군 · 구청장에게 통보-지급하여야 한다. 급여비용의 대불로는 무이자 3개월 분할상환이 가능하고 급여의 제한으로는 자신, 3자의 범죄, 고의, 과실 등이 있다.

5 긴급복지지원법[제정 2005.12.23. 한시법 2010.12.22]

생계곤란 등의 위기상황에 처한 자를 신속하게 지원하기 위한 법률이다. 2005년 12월 23일 제정(법률 제7739호)되어 5년 동안만 존속하였던 한시법이다. 긴급지원기관은 시장, 군수, 구청장 긴급지원심의위원회이고, 시 · 도지사는 긴급지원기관 조정권이 있었다. 긴급지원대상자는 위기상황과 생계필요성이라는 두 가지 요건을 갖추어야 하였다. 외국인도 인정 가능하였다.

① 위기발생사유(사회적 위험)

㉮ 주 소득자가 사망, 가출, 행방불명, 구금시설에 수용 등의 사유로 소득을 상실하고 가구구성원에게 다른 소득원이 없는 때

㉯ 중한 질병 또는 부상을 당한 때

㉰ 가구구성원으로부터 방임 · 유기 · 학대 등을 당한 때(노인 학대, 아동학대 등)

㉱ 가정폭력을 당하여 가구구성원과 함께 원만한 가정생활이 곤란하거나 가구구성원으로부터 성폭력을 당한 때

㉲ 화재 등으로 인하여 거주하는 주택 또는 건물에서 생활하기 곤란하게 된 때

㉳ 그 밖에 보건복지부장관이 정하여 고시하는 사유가 발생한 때

② 생계유지문제 : 생계유지 곤란, 의료비 감당 곤란, 주거확보의 곤란 및 사회복지시설 이용 서비스를 필요로 하는 상태이다.

③ 필요성(2단계) : 공무원의 확인, 위원회의 적정성 판단

(1) 긴급지원의 종류와 방법(두 가지) : 직접지원과 연계지원

① 금전, 현물 등의 직접지원

㉮ **생계지원** : 식료품비 · 의복비 등 생계유지에 필요한 지원이다. 원칙은 현금지원이나 예외적으로 현물지원도 가능하다. 단, 최저생계비 한도이다.

㉯ **의료지원** : 각종 검사 및 치료 등 의료서비스로 지원하고, 현물지원한다.

㉰ **주거지원** : 임시거소 제공 또는 해당하는 비용을 지원한다. 원칙은 현물지원인 임시거소 제공으로 개인가정 위탁, 무보증월세, 하숙, 여관 등이 있다. 예외적으로 현금지원한다.

㉱ **사회복지시설 이용지원 :** 사회복지시설에의 입소 또는 이용서비스의 제공이나 이에 필요한 비용을 지원한다. 현물지원이며, 비용은 시설운영자나 긴급지원대상자에게 지급한다. 사회복지시설에는 개인운영신고시설도 포함한다.

㉲ **기타 지원 :** 연료비 및 그 밖에 위기상황의 극복에 필요한 비용 또는 현물 지원이다. 그 예로는 연료비, 해산비, 장제비 등이 있다. 원칙은 현금지원, 예외로 현물지원을 한다.

② 민간기관 · 단체와의 연계지원(법 제9조 제1항 2호 각목)

㉮ 대한적십자사, 사회복지공동모금회 등의 사회복지기관 · 단체로의 연계 지원

㉯ 상담 · 정보제공 등 그 밖의 지원

(2) 긴급지원의 절차

① 지원요청 및 신고

㉮ **임의적인 지원 요청자 :** 긴급지원대상자와 친족, 그 밖의 관계인이다(제1항).

㉯ **신고의무자 :** 누구든지 긴급지원대상자를 발견한 경우에는 관할 시 · 군 · 구청장에게 이 사실을 신고하여야 한다(제2항). 강제조항이 없어 임의적인 사항이다.

㉰ **신고와 노력 의무자 :** 의료법에 의한 의료기관의 종사자 초 · 중등교육법 및 고등교육법에 의한 교원, 사회복지사업법에 의한 사회복지시설의 종사자 및 복지위원, 국가공무원법 및 지방공무원법에 의한 공무원이다(제3항). 강제조항이 없어 임의적인 사항이다.

② 현장 확인

방문확인으로, 시 · 군 · 구청장은 긴급지원담당공무원으로 하여금 위기상

황에 대한 확인 조치를 한다(법 제8조). 확인사항은 위기상황 여부, 다른 법률에 의한 지원가능 여부, 기초적인 소득 및 재산 등이다.

③ 긴급지원과 연장지원 실시

1단계 긴급지원(법 제8조 제3항, 제9조)과 2단계 연장지원(법 제10조 제1항, 규칙 제3조)이 있다.

④ 사후조사(시 · 군 · 구청장)

㉮ 의의

긴급지원의 적정성 판단자료를 확보하기 위한 조사이다(법 제13조 제1항). 또한 계속 지원이 필요한 경우에는 「국민기초생활보장법」 등 다른 법률로 연계하여 보호하기 위한 목적도 있다(법 제4조 제1항).

㉯ 조사내역

금융조사를 제외한 소득과 재산조사는 지원 결정일로부터 1월 이내에 완료 완료하여야 한다(영 제7조 제1항). 조사내용은 소득, 재산, 금융재산의 세 가지를 조사한다(영 제7조 제2항). 단, 부양의무자요건은 조사하지 않는다.

⑤ 적정성 심사(긴급지원심의위원회)

㉮ **판단기준** : 소득, 재산, 금융재산 세 가지 기준에 모두 충족되어야 한다(법 제13조 제1항, 영 제7조 2항). 소득은 「국민기초생활보장법」상 최저생계비의 100분의 150 이하, 재산은 합계액이 보건복지부장관이 정하여 고시하는 금액 이하, 금융재산은 120만 원 이하라야 한다.

㉯ **심사결과 처리** : 심사결과가 적정하면 계속 지원이 가능하나, 적정하지 아니하면 지원 중단 또는 비용을 환수 조치한다.

㉰ **적정성심사 예외** : 긴급지원대상자가 「국민기초생활보장법」 또는 「의료급여법」에 의한 수급권자로 결정된 경우에는, 심사를 하지 아니할 수 있다(법 제14조 제2항).

㉣ **적정성심사 특례** : 긴급지원담당공무원의 고의 또는 중대한 과실이 없는 한 불리한 처분이나 대우를 할 수 없다(법 제14조 제3항).

⑥ 대상자 관리처분

㉮ **추가지원 결정**

시·군·구청장은 1, 2단계 지원에도 불구하고 위기상황이 계속되는 경우에는 긴급지원 심의위원회의 심의를 거쳐 지원을 연장한다. 즉, 3단계 지원이다.

㉯ **지원중단 또는 비용환수**

적정성 심사결과 지원이 부적정하다고 결정된 경우 조치로서 3가지 형태가 있다.

㉠ 부정한 방법

거짓 그 밖의 부정한 방법으로 긴급지원을 받은 것으로 결정된 자에 대하여는 시·군·구청장은 긴급지원심의위원회의 결정에 따라 지체 없이 지원을 중단하고 지원한 비용의 전부 또는 일부를 반환하게 하여야 한다(법 제15조 제1항).

㉡ 부적정 결정

긴급지원이 적정하지 아니한 것으로 결정된 자에 대하여는 시·군·구청장은 지원을 중단하고, 지원한 비용의 전부 또는 일부를 반환하게 할 수 있다(법 제15조 제2항).

㉢ 초과지원

지원기준을 초과하여 지원받은 자에 대하여는 시·군·구청장은 초과 지원 상당분을 반환하게 할 수 있다(법 제15조 제3항). 임의규정이다. 환수결정기관과 환수기관은 시·군·구청장이다. 첫째와 둘째의 반환명령(30일 이상의 기한을 준 납부통지와 납부 독촉)에 응하지 아니하는 자에 대하여는 지방세 체납처분으로 징수한다(법 제15조 제4항).

⑦ 행정구제

행정심판인 이의신청과 행정소송이 있다. 이의신청절차는 반환명령에 이의가 있는 자가 그 처분을 고지 받은 날부터 30일 이내에 당해 시 · 군 · 구청장을 거쳐 특별시장 · 광역시장 · 도지사에게 서면으로 이의신청할 수 있다(법 제16조).

⑧ 사후관리

이 법에 의한 지원 후에도 위기상황이 해소되지 아니하여 계속 지원이 필요한 것으로 판단되는 자에 대하여는, 다른 법률에 의한 구호 · 보호 또는 지원을 받을 수 있도록 노력하여야 하고, 타 법률에 의한 지원이 어려운 경우에는 민간기관 · 단체와의 연계를 통하여 구호 · 보호 또는 지원을 받을 수 있도록 노력하여야 한다(법 제4조 제2, 3항).

용어정리

- **보장비용** : 실업자, 노약자, 아동이나 그 밖에 생활 능력이 없는 사람에게 최저생활이나 치료를 받게 하는 데 드는 비용
- **차상위** : 분류상 생활에 꼭 필요한 필수품을 얻을 수 없어 최저생활수준도 유지하지 못하는 절대적 빈곤층의 계층
- **해산급여** : 아이를 낳았을 때, 제공되는 급여
- **기여금** : 연금 급여에 소요되는 비용으로, 공무원이 다달이 봉급에서 내는 금액
- **월동대책비** : 겨울철, 추위에 대비할 수 있도록 제공해 주는 비용

Chapter 11

사회복지서비스법 I

1 사회복지서비스법

(1) 사회복지서비스법의 의의 및 특성

사회복지서비스법이란 사회복지서비스의 제공과 관련되는 법을 말한다. 「사회보장기본법」상에서 사회복지서비스라 함은 사회보험, 공공부조와 더불어 사회복지 영역의 핵심을 이루고 있는 것으로, 국가, 지방자치단체 및 민간부문의 도움을 필요로 하는 모든 국민에게 상담, 재활, 직업소개 및 지도, 사회복지시설 이용 등을 제공하여 정상적인 사회생활이 가능하도록 지원하는 제도를 말한다(「사회보장기본법」 제3조 제4호, 「사회복지사업법」 제2조 제4호). 이는 곧 사회생활상의 곤란 또는 장애를 빋고 있는 자, 즉 아동, 장애인, 노인 등의 요보호자에 대한 보호, 육성, 지도, 치료, 재활 등의 서비스 시책이라고 할 수 있다(현외성 외, 2009).

사회복지서비스를 내용으로 사업을 규정한 법이 사회복시사업법이기 때문에 「사회복지사업법」이 사회복지서비스의 기본법이 된다. 사회복지사업은 좁은 의미의 사회복지, 즉 사회복지서비스를 내용으로 하고 있다.

사회복지서비스는 사회적 환경이 열악하고 불우한 여성, 아동, 장애인, 노인 등 사회적 수행능력이 미약하거나 불가능하여 어려움을 겪거나 문제를 갖고 있는 자에 대하여 사회복지의 전문적 지식과 기술을 활용하여 그들의 문제를 해결하고 원조하여 줌으로써 정상적인 사회생활이 가능하도록 비물질적 · 심리적 · 정신적 서비스를 제공하는 것이다.

한편, 사회복지서비스법의 특성은 사회보험과 공공부조법, 그리고 다른 사회복지 관련법과 함께 국민의 인간다운 생활을 보장하는 데 기여하고 있지만 각각의 법이 갖고 있는 목적과 규율하는 대상이 다르기 때문에 다음과 같은 특성을 갖는다.

첫째, 급여 내용의 차이이다. 사회보험법이나 공공부조법상의 급여는 현금 또는 현물과 같은 금전적 급여가 주된 내용인 데 대하여, 사회복지서비스법의 급여는 상담, 재활 등과 같은 비물질적 · 심리사회적 서비스가 주된 내용이다. 둘째, 급여의 특성상 개별적 처우를 요한다. 사회복지서비스법은 시간이나 대상에 따라 개별적 처우를 제공해야 한다는 점에서 법정화에 의해 획일적 처우를 하는 사회보험이나 공공부조에 비하여 역동적이고 어렵다. 셋째, 사회복지서비스법의 급여는 단순한 현금이나 현물을 전달하는 것이 아니고 심리사회적 치료나 재활, 상담 등의 서비스를 개인적 또는 집단적으로 제공하는 것이기 때문에 전달자의 전문적 지식과 실천기술, 그리고 윤리가 중요한 역할을 한다(김기원, 2002: 516).

(2) 사회복지사업법

「사회복지사업법」에 대한 논의가 최초로 제기된 1966년 당시 이미 몇 개의 사회복지법이 제정되어 시행되고 있었으나, 이 법규들은 단편적이고 구호적인 성격을 지녔다. 각종 사회복지서비스법은 임시방편적 성격을 갖지 않을 수 없었고, 전문적 지식과 기술에 의한 인간관계의 치료와 사회복귀를 목적으로 하는 사회사업적 방법론은 거의 고려 대상에서 제외되었다(장동일, 1997: 430).

「사회복지사업법」은 1970년 1월 1일에 제정되어 본법의 개정과 시행령의 개정이 여러 차례 있었고, 그때마다 문제가 있었던 조항의 개정과 사회변화에 대응하는 규정이 신설되었다.

1983년 1차 개정에서 사회복지사 자격이 신설되었고, 1992년 2차 개정에는 '모자, 영유아복지법'과 사회복지전담공무원 제도가 신설되었다. 1997년 3차 개정에는 '정신보건법'을 포함하여 사회복지사 자격증 변경과 사회복지시설이 신고제로 전환되고 사회복지시설 평가제도가 도입되었다. 1999년 4차 개정에는 '가정폭력방지법'이 포함되고 사회복지사 1급 국가고시가 시행되었으며, 2000년 5차 개정에는 사회복지의 날이 제정되고, 한국사회복지사협회가 설립되었다. 2003년 6차 개정에는 재가복지서비스의 활성화로 가정봉사원 양성제도가 신설되었고, 2004년 7차 개정에는 '농어촌주민의 보건복지증진을 위한 특별법'이 추가되었으며, 2005년 8차 개정에는 사회복지사의 결격사유를 법률에 의해 규정하였다. 2006년 9차 개정에는 '식품기부 활성화에 관한 법률'을 추가하여 16법으로 확대가 되었으며, 2007년 10차 개정에는 '모·부자복지법'을 '한부모가족지원법'으로 법 명칭을 변경하였다.

(3) 법의 목적

「사회복지사업법」은 사회복지사업에 관한 기본적 사항을 규정하여 사회복지를 필요로 하는 사람의 인간다운 생활을 할 권리를 보장하고 사회복지의 전문성을 높이며, 사회복지사업의 공정·투명·적정을 기함으로써 사회복지의 증진에 이바지함을 목적으로 한다(동법 제1조).

'사회복시사업'이라 함은 나음 각 목의 법률에 의한 보호·선도 또는 복지에 관한 사업과 사회복지 상담·부랑인 및 노숙인 보호·직업보도·무료숙박·지역사회복지·의료복지·재가복지·사회복지관운영·정신질환자 및 한센 병력자 사회복귀에 관한 사업 등 각종 복지사업과 이와 관련된 자원봉사활동 및 복지시설의 운영 또는 지원을 목적으로 한다.

핵심요약

⇨ 사회복지서비스법은 사회복지 관련법과 같이 국민들의 인간다운 생활을 보장하는 데 기여하고 있지만 각각의 법이 갖고 있는 목적과 규율하는 것이 다르다.

(4) 법의 내용

사회복지서비스법은 사회복지사업과 관련된 자원봉사활동 및 복지시설의 운영·지원을 목적으로 하는 사업이다.

> ① 아동복지법 ② 영유아보육법 ③ 노인복지법 ④ 장애인복지 ⑤ 한부모가족지원법 ⑥ 정신보건법 ⑦ 성매매방지 및 피해자보호 등에 관한 법률 ⑧ 식품기부 활성화에 관한 법률 ⑨ 성폭력범죄의 처벌 및 피해자보호 등에 관한 법률 ⑩ 입양촉진 및 절차에 관한 특례법 ⑪ 일제하 일본군위안부 피해자에 대한 생활안정지원 및 기념사업 등에 관한 법률 ⑫ 사회복지공동모금회법 ⑬ 장애인 · 노인 · 임산부 등의 편의증진보장에 관한 법률 ⑭ 가정폭력방지 및 피해자보호 등에 관한 법률 ⑮ 농어촌주민의 보건복지증진을 위한 특별법

① '사회복지법인'이라 함은 사회복지사업을 행할 목적으로 설립된 법인을 말한다.

② '사회복지시설'이라 함은 사회복지사업을 행할 목적으로 설치된 시설을 말한다.

③ '사회복지서비스'라 함은 국가 · 지방자치단체 및 민간부문의 도움을 필요로 하는 모든 국민에게 상담 · 재활 · 직업소개 및 지도, 사회복지시설의 이용 등을 제공하여 정상적인 사회생활이 가능하도록 제도적으로 지원하는 것을 말한다.

④ '보건의료서비스'라 함은 국민의 건강을 보호 · 증진하기 위하여 보건의료인이 행하는 모든 활동을 말한다.

사회복지의 기본적 사항으로 사회복지사업의 개념, 사회복지증진의 책임, 사회복지위원회 설치, 사회복지담당자의 지도, 훈련, 사회복지사 자격제도, 사회복지전담 공무원의 배치, 사회복지전담기구의 설치, 사회복지법인의 설립, 사회복지협의회의 설치, 사회복지사업의 비용 등이 있다.

(5) 복지증진의 책임 주체(제4조)

우리나라 「헌법」에 "국가는 사회복지의 증진에 노력할 의무를 진다."(동법제4조 제1항)고 규정하고 있고, 「사회복지사업법」에도 "국가와 지방자치단체는 사회복지를 증진할 책임을 진다"고 규정하여 사회복지증진의 책임이 제1차적으로 국가에 있음을 명백히 하고 있다.

국가와 지방자치단체에서는 「헌법」 제32조 사회보장, 사회복지증진에의 책임을 가지며, 기타 사회복지사업을 하는 자로는 「사회복지사업법」 제4조 제2항에 민간(개인, 단체, 사회복지법인) 등이 있다. 따라서 사회복지증진의 제1차적 책임은 국가, 지방단체에 있지만 개인, 사회복지법인, 기타의 단체도 사회복지증진의 책임을 분담하고 있다.

(6) 최대봉사의 원칙

최대봉사의 원칙법으로(제5조), 차별 없이 최대 봉사가 있다.

(7) 시설물설치방해 금지

시설물설치방해 금지법으로(제6조, 제1항) 누구든지 시설설치를 방해해서는 안 된다(제6조 제2항).

시 · 군 · 구청장의 권한으로 시설 설치를 지연, 제한하는 조치를 금지 할 수 있다.

시 · 도 사회복지위원회의 설치를 하여 시 · 도 단위 지역복지계획 심의를 받을 수 있다.

(8) 지역사회복지협의체

지역사회복지협의체란 지역사회복지계획 심의, 보건복지부 장관에게 보고하고 사회복지, 보건의료서비스의 연계, 협력 강화를 추진하며, 실무협의체로서 지역복지 계획에 복지수용의 측정, 전망(시설), 재가복지에 대한 공급(전달체계)자원의 조달 등이 있다.

(9) 복지위원

시장 · 군수 · 구정장은 읍 · 면 · 농의 사회복지사업을 원활하게 수행하도록 하기 위하여 읍·면·동 단위에 복지위원을 위촉할 수 있다. 복지위원은 명예직으로 하되, 예산의 범위 안에서 수당을 지급할 수 있다. 복지위원의 자격·직무·위촉절차 등에 관하여 필요한 사항은 보건복지부령으로 정한다.

사회복지사업을 원활하게 수행하기 위해 복지위원회를 두고 자원봉사활동의 육성을 지원하게 된다. 국가 및 지방자치단체는 사회복지 자원봉사활동을 지원·육성하기 위하여 다음 각 호의 사항을 실시하여야 한다.

❖ 자원봉사활동 지원·육성 각호 사항

1. 자원봉사활동의 홍보 및 교육
2. 자원봉사활동프로그램 보급
3. 봉사활동 중의 재해에 대비한 시책의 개발
4. 기타 자원봉사활동의 지원에 필요한 사항

국가 및 지방자치단체는 각 호의 사항을 효율적으로 수행하기 위하여 사지복지법인, 기타 비영리법인, 단체에 이를 위탁할 수 있다.

(10) 사회복지사

사회복지사(social worker)는 사회복지 관련 전문지식과 기술을 갖춘 자격인이다. 대한민국은 보건복지부 장관이 사회복지사 자격증 제도를 운용하고 있다.

사회복지사는 1, 2, 3등급으로 나누며 1급은 국가시험, 매년 1회 이상 실시, 매 과목 4할 이상, 총점의 6할 이상을 통과한 자이며, 국가시험과목으로 8과목이 있다. 필수 10과목, 선택 4과목이 있으며 한국사회복지사협회에 위탁으로 하고 있으며 사회복지사로서의 결격사유를 두고 있다. 결격사유로는 한정치산자, 금치산자, 파산, 금고 이상의 실형 선고, 형의 집행이 종료되지 아니한 자 등이 있다.

「사회복지사업법 시행령」 제6조 제1항은 사회복지프로그램 개발 및 운영, 시설 거주자 생활지도 업무, 사회복지를 필요로 하는 자에 대한 상담업무를 수행하는 자를 사회복지사로 채용하도록 규정하고 있다.

(11) 사회복지법인

사회복지법인은 「사회복지사업법」 제2조에서 정한 사회복지사업을 행할 목적으로 동법 제16조에 의거 설립되는 법인으로서 사법인이면서 비영리 공익법인이며, 재단법인의 성격을 동시에 지닌다고 볼 수 있다. 이에 따라 공익성과 공공성이 강한 사회복지사업의 수행을 위해 법인의 설립 · 변경 · 소멸 및 지도 · 감독 등에 관한 사항을 「사회복지사업법」 등에 세부적으로 규정을 해 놓고 있다. 사회복지법인은 사회복지시설을 설치 · 운영하는 법인과 사회복지사업을 지원하는 법인으로 분류된다.

사회복지법인은 허가권자가 보건복지부 장관, 시 · 도지사에게 일부 권한을 위임하고 있으며, 법인의 임원으로 대표이사를 포함한 5인 이상이다. 특별한 관계에서 1/5을 초과해서는 안 된다는 규정을 두고 있으며, 임기로는 이사 임기 3년, 감사임기 2년으로 하고 있으며, 그 임원의 결격 사유로 '제7조 제3항 각 호'의 1에 해당하는 자, 사회복지사 결격 사유가 있다.

결원 시에는 2개월 내에 보충하는 것으로 되어 있고 겸직을 금지하고 있으며, 이사는 법인 설치 시설의 장을 제외한 직원을 겸할 수 없다. 감사는 시설의 장 및 직원 겸직도 금지하고 있다.

사회복지법인의 재산으로 기본재산과 보통재산이 있으며, 기본재산은 목록과 가액을 정관에 기재하고 있으며, 기본재산의 매도, 증여, 교환, 대여, 담보제공, 용도변경 시 1년 이상, 차입은 허가사항이다.

다음은 사단법인과 재단법인의 차이점을 알아보자. 사단법인이란 일정한 목적을 위하여 결합한 사람의 단체, 즉 사단을 실체로 하는 법인이다. 재단법인이란 일정한 목적에 바쳐진 재산, 즉 재단이 그 실체를 이루고 있는 법인이다.

사단법인은 단체 의사에 의하여 자율적으로 활동하는 데 반하여 재단법인은 설립자의 의사에 의하여 타율적으로 구속되는 점이 강하다는 본질적인 차이가 있다. 이러한 차이로 인해 양자 사이에 설립행위, 목적 내지 정관의 변경, 의사기관, 해산사유 등에서 차이가 있다.

(12) 사회복지시설 조건

사회복지시설은 신고제이며 보험가입을 의무로 하고 있으며, 시설의 안전점검이 의무이고 시설장 상근이 의무이다.

시설 운영위원회 설치, 운영으로 시설거주자, 보호자 대표/지역주민/후원자/관계공무원/기타 지식과 경험이 풍부한 자로 5인 이상 10인 이하이다. 시설구비서류 목록으로 법인의 정관, 재산목록, 법인등기부등본, 사업계획서 및 예산서, 시설의 평면도와 배치도, 시설장의 주민등록등본, 자격증 사본 등이 있다.

✣ 운영주체별 사회복지시설의 유형

구분	운영 단체
공립공영시설	국가 또는 지방자치단체가 설립하고 직접운행
공립민영시설	국가 또는 지방자치단체가 설립하고 민간법인에 위탁운영(대부분의 부랑인 시설이 해당)
사립공영시설	민간이 설립해서 그 운영을 국가 또는 지방자치단체에 위탁 또는 헌납
사립민영시설	민간이 설립해서 민간이 직접 운영

① 사회복지시설 신고제도

국가 또는 지방자치단체 외의 자가 시설을 설치·운영하고자 하는 때에는 시장·군수·구청장에게 신고하여야 한다.

② 시·군·구 담당자는 각 개별 법령의 신고 기준을 참고하여 신고 가능부를 확인하되, 100인 이상 대형시설, 중증장애인시설, 치매노인시설 등의 경우 시설 설비 및 종사자 요건을 엄격하게 적용하여 시설생활자의 인권 및 안전에 만전을 기해야 한다.

❖ 사회복지(사업)법상의 시설유형

구분	시설 종류
아동시설	아동양육시설, 아동일시보호시설, 아동보호치료시설, 아동복지관, 아동직업훈련시설, 자립지원시설, 아동단기 보호시설, 아동상담소, 아동전용시설
노인시설	1) 노인주거복지시설 : 양로시설, 실버양로시설, 유료양로시설, 실버노인복지주택, 유료노인복지주택 2) 노인의료복지시설 : 노인요양시설, 실비 및 유료 노인요양시설, 노인전문병원, 유료노인전문요양시설, 노인전문요양시설 3) 노인여가복지시설 : 노인복지회관, 경로당, 노인교실, 노인휴양소 4) 재가노인복지시설 : 가정봉사원 파견시설, 주간보호 및 단기보호시설
장애인시설	장애인생활시설, 장애인지역사회재활시설, 장애인직업지활시설, 장애인유료복지시설
모·부자 복지시설	모자보호시설, 모자자립시설, 부자보호시설, 부자자립시설, 미혼모시설, 일시보호시설, 여성복지관, 모·부자가정상담소
정신요양시설	정신의료기관, 정신질환자사회복귀시설
부랑인시설	부랑인복지시설

③ 시설종사자 기준(시설장 포함)

❖ 시설종사자 기준(명)

시설 규모	종사자 수	시설 규모	종사자 수
5인 시설	1명	**20~30인 미만 시설**	4명
6~10인 미만 시설	2명	**30~50인 미만 시설**	6명
10~20인 미만 시설	3명	**50인 이상 시설**	시·군·구 판단하에 법적 기준의 최대 2명

30인 이상 시설의 경우 종사자 수 완화와 별도로 다음의 자격에 해당하는 시설종사자를 고용하도록 할 것이다.

❖ 30인 이상 시설 종사자

노인주거복지시설	생활복지사	1인
노인의료복지시설	생활복지사, 간호사(조무사)	각각 1인
장애인생활시설	간호사(조무사), (촉탁)의사	각각 1인
아동복지시설	보육사	1인
부랑인복지시설	생활지도원	1인

④ 사회복지시설 설치 가능한 자

국가 또는 지방자치단체, 사회복지법인 또는 비영리법인, 개인 등은 결격 사유가 없는 한 누구나 사회복지시설을 설치 · 운영할 수 있다.

결격사유 예로는 「사회복지사업법」 제34조의 규정에 의해 폐쇄명령을 받고 1년이 경과치 않은 자가 있다.

미리 알아두어야 할 사항

- 국가 또는 지방자치단체는 사회복지시설을 설치 운영할 수 있다.
- 다만, 보건복지부령이 정하는 사회복지사업의 경우에는 법인, 기타 비영리법인이 아닌 자도 군수에게 신고하고 시설을 설치 · 운영할 수 있다.

처리 절차

- 민 원 인 : 신고서 작성 후 군청 종합민원실에 접수
- 절 차 도 :

접 수 → 검 토 → 신고증 작성 → 신고종료

- 처리기간 : 10일
- 취급기관 및 부서 : 사회복지과 사회청소년담당

〉〉 제출처 및 처리기간

제출처	처리기간	신청방법
시 · 민원실(사회복지과)	14일	방문

수수료 및 기타 비용 없음.

(13) 2009년 달라진 「사회복지사업법」

- 부랑인 · 노숙인 용어가 '홈리스'로 변경되었다(제2조 제1호 및 제34조 제4항).
- 복지위원의 조례제정 근거를 부령에서 법으로 상향하였다(제8조 제3항).
- 사회복지법인에 관한 관리권한을 시 · 도로 이양하였다(제16조부터 제18조까지, 제20조, 제22조부터 제24조까지, 제26조, 제30조).
- 사회복지시설의 통합(추가) 설치 · 운영 규정을 마련하였다(제34조).
  즉, 사업목적이 다른 두 개 이상의 사회복지시설을 통합하여 설치 · 운영할 수 있도록 한다. 각 시설의 근거법률에 규정된 사업 이외에 해당 시설에서 법 제2조 제1호의 사업을 추가할 수 있도록 한다.
- 사회복지시설의 재무회계 규칙 적용근거가 마련되었다(제34조 제8항).

2 아동복지법

(1) 아동복지법의 의의

모든 아동과 그 아동이 속해 있는 가정은 원칙적으로 「아동복지법」의 대상으로 삼고 있으며, 「아동복지법」 제1조에서 아동은 건강하게 출생하여 행복하고 건전하게 육성되도록 하는 것을 목적으로 부여하고 있다. 사회복지의 전통적인 대상 분류에 따르면 선별주의와 보편주의를 원칙으로 할 때 보호를 필요로 하는 요보호아동과 일반아동으로 분류하고 있다.

아동복지법의 목적은 「아동복지법」 제1조에서 아동이 건강하게 출생하여 행복하고 안전하게 자라나도록 그 복지를 보장함을 목적으로 하고 있으며, 아동이 독립된 인격으로 권리의 주체자임을 인식하여야 한다. 또한 국제연합의 아동권리선언(1959)에서 "아동은 사회보장의 수혜를 받을 권리를 가진다. 아동은 건강하게 발육 · 성장할 권리를 향유한다."라고 선언함으로써 사회보장에 대한 아동의 권리를 확인한 바 「아동복지법」의 취지와 동일하다고 본다. 또한 아동 양육의 사회화에 의하여 인식될 필요가 있으며 아동복지의 이념적 기초가 되기도 한다.

(2) 전달체계

아동복지의 전달체계는 아동정책의 심의와 조정을 위한 자문기구로 아동정책조정위원회, 협력위원으로 아동위원, 행정공무원으로 아동복지전담공무원, 기타 아동서비스 전달의 시설 및 기관이 있다.

① 아동정책조정위원회

아동정책조정위원회는 아동의 권리증진과 건강한 출생 및 성장을 위하여 종합적인 아동정책을 수립하고 관계부처의 의견을 조정하며, 그 정책의 이행을 감독하고 평가하기 위하여 국무총리 소속하에 설치한 자문기구이다. 이 위원회의 구성은 위원장을 포함한 25인 이내의 위원들이며, 위원장은 국무총리가 되고 위원은 다음과 같다. 기획재정부장관, 교육부장관, 법무부장관, 안전행정부장관, 문화체육관광부장관, 산업통상자원부장관, 보건복지부장관, 고용노동부장관, 여성가족부장관과 아동관련 단체의 장이나 아동에 대한 학식과 경험이 풍부한 자 중 위원장이 위촉하는 15인 이내의 위원이 있다.

② 아동위원

아동위원이란 시·군·구에서 그 관할구역 안의 아동에 대하여 항상 그 생활상태 및 가정환경을 상세히 파악하고 아동복지에 관하여 필요한 원조와 지도를 행하며, 전담공무원 및 관계 행정기관과 협력하는 민간인을 말한다. 아동위원은 명예직으로, 그 활동에 대해서 수당이 지급될 수 있다. 아동위원은 그 업무의 원활한 수행을 위하여 적절한 교육을 받을 수 있다. 기타 아동위원에 관하여 필요한 사항은 당해 시·군·구의 조례로 정한다.

③ 아동복지전담공무원

아동복지에 관한 업무를 담당하기 위하여 특별시·광역시·도 및 시·군·구에 각각 아동복지전담공무원을 둘 수 있다.

아동복지전담공무원은 아동에 대한 상담 및 보호조치, 가정환경에 대한 조사, 아동복지시설에 대한 지도·감독, 아동범죄예방을 위한 현장 확인 및 지도·감독 등 지역 단위에서 아동의 복지증진을 위한 업무를 수행한다. 즉, 보호를 필요로 하는 아동에 대한 적절한 보호조치, 아동 및 그 가족 또는 관계인에 대한 상담, 아동지도에 필요한 가정환경의 조사, 아동에 관한 전문적·기술적 지도를 필요로 하는 경우의 개별지도·집단지도 및 알선, 아동복지시설 또는 보호를 필요로 하는 아동에 대한 조사·지도 및 감독, 지역사회의 학교부적응아, 비행청소년에 대한 예방·지도 및 원조, 기타 아동의 복지증진 및 육성에 관한 업무 등이다(김훈, 2006).

④ 보건소

보건소가 아동복지행정의 일환으로 규정되게 된 것은 1981년의 「아동복지법」이 개정되면서부터 시작되었다. 보건소는 「아동복지법」 제36조에 의해 아동의 전염병 예방조치, 아동의 건강 상담, 신체검사와 보건위생에 관한 지도, 아동의 영양개선 등의 업무를 행한다.

(3) 입법배경 및 내용

① 입법배경

1944년 제정된 조선구호령에 의하여 아동복지문제가 다루어지게 되었고, 일제의 해방 이후 전쟁고아가 대량 발생하고 아동복지시설 난립으로 입법을 서두르게 되었다. 1957년 5월 5일 어린이날에 어린이헌장을 선포하여 어린이의 기본인권을 존중하고 이들의 심신이 아울러 건전하게 자라도록 널리 선언하게 되었다. 아동복지에 관한 최초의 입법은 1961년 12월 30일 법률 제912호에 의해 제정된 「아동복리법」이다. 그리고 1981년 4월 13일 법률

제3438호에 의해 「아동복리법」의 명칭이 「아동복지법」으로 전면 개정·제정되었다. 그 후 1991년 1월 14일 「영유아보육법」의 제정으로 시설탁아와 가정탁아시설은 아동복지시설에서 제외되었다. 1997년 「사회복지사업법」이 개정됨에 따라 「아동복지법」도 일부 개정되었고, 2000년 1월에는 전문개정을 통하여 아동의 권리와 안전 등 보편주의 측면이 강화되었고, 2013년 3월 23일 법률 제11690호로 개정, 현재에 이르고 있다.

❖ 종전규정과 제52조 규정의 아동복지시설

종전규정 아동복지시설	제52조 규정에 의한 아동복지시설
1. 영아시설 및 육아시설	1. 아동양육시설
2. 아동일시보호시설	2. 아동일시보호시설
3. 교호시설	3. 아동보호치료시설
4. 아동직업보도시설	4. 공동생활가정
5. 자립지원시설	5. 자립지원시설
6. 정서장애아시설	6. 아동상담소
7. 아동상담소(보호시설을 갖추지 아니한 경우에 한한다)	7. 아동전용시설
8. 아동전용시설	8. 지역아동센터
9. 보호시설을 갖춘 아동상담소	

아동복지시설의 신설과 시설명칭을 위 표처럼 변경하고 아동복지시설의 사업 종류를 다양화하였다. 사업 종류로는 아동가정지원사업, 아동주간보호사업, 아동전문상담사업, 학대아동보호사업, 공동생활가정사업(그룹홈), 방과 후 아동지도사업 등을 실시할 수 있도록 확대되었다.

② 기본이념(제2조)과 주요개념

아동복지의 기본이념으로 아동의 차별금지, 안정된 가정환경에서 행복하게 자라나야 할 권리, 아동이익의 최우선 원칙이 규정되어 있다(제3조).

㉮ 무차별의 원칙으로 아동은 자신 또는 부모의 성별, 연령, 종교, 사회적

신분, 재산, 장애 유무, 출생지방 등에 따른 어떠한 종류의 차별도 받지 않고 자라야 한다.

㉯ 안정된 가정환경으로 아동은 완전하고 조화로운 인격발달을 위하여 안정된 가정환경에서 행복하게 자라나야 한다.

㉰ 아동최상의 이익의 원칙으로 아동에 관한 모든 활동에 있어서 아동의 이익이 최우선으로 고려되어야 한다.

㉱ 아동의 권리로 생존권, 발달권, 표현권, 자유권 등이 있다.

아동복지의 주요개념으로 아동복지의 대상은 18세 미만의 아동이며, 보호를 필요로 하는 아동, 보호자, 아동학대, 아동복지시설, 아동복지시설 종사자의 개념을 정의하였다.

㉮ '아동'이라 함은 18세 미만의 자를 말한다.

㉯ '보호를 필요로 하는 아동'이라 함은 보호자가 없거나 보호자로부터 이탈된 아동, 또는 보호자가 아동을 학대하는 경우 등 그 보호자가 아동을 양육하기에 부적당하거나 양육할 능력이 없는 경우의 아동을 말한다.

㉰ '보호자'라 함은 친권자, 후견인, 아동을 보호 · 양육 · 교육하거나 그 의무가 있는 자 또는 업무 · 고용 등의 관계로 사실상 아동을 보호 · 감독하는 자를 말한다.

㉱ 아동학대'라 함은 보호자를 포함한 성인이 아동의 건강 · 복지를 해치거나 정상적 발달을 저해할 수 있는 신체적 · 정신적 · 성적 폭력이나 수치 또는 학대행위 및 아동의 보호자에 의하여 이루어지는 유기와 방임을 말한다.

③ 책임주체(제4조)

국가와 지방자치단체는 아동복지의 증진, 시책시행의 의무 아동의 보호자 양육의 책임 국민 권익과 안전, 양육의 사회적 책임을 들 수가 있다(제4조).

④ 법적 금지 행위

아동매매, 음행조장은 10년 이하의 징역 또는 5천만 원 이하의 벌금, 신체적·정서적 학대, 구걸, 곡예, 아동을 위한 금품을 목적 외의 용도사용 시 5년 이하의 징역 또는 3천만 원 이하의 벌금 등으로 규정하고 있다.

⑤ 실천기관

㉮ 보건복지부장관 및 지자체장으로 「아동복지법」상의 제반 보호조치, 시설의 입소 책임자

㉯ 아동정책조정위원회에서 아동정책 및 아동의 권리증진의 기본방향에 관한 사항심의

㉰ 아동위원(제14조)은 아동복지에 필요한 원조와 지도를 행하며, 아동복지전담공무원(제13조)을 시·도 및 시·군·구에 배치하고 아동의 보호조치 등을 담당한다.

㉱ 보건소(제36조) 아동의 전염병 예방 및 영양개선 등이 있다.

⑥ 어린이날 및 어린이 주간(제6조)

매년 5월 5일을 어린이날로 하며, 5월 1일부터 5월 7일까지를 어린이주간으로 한다고 명시되어 있다. 1957년 5월 5일 어린이날을 기하여 '대한민국 어린이헌장'을 선포하여 어린이들에게 기본적 인권을 부여하고, 이들이 건전하게 자라는 데 노력하도록 국가와 사회의 책임을 널리 선언하게 되었다.

⑦ 아동의 안전과 건강(제30, 31조)

아동의 건강과 안전을 위하여 보호자의 책임, 아동복지시설과 아동용품에 대한 안전기준을 정하고 이를 준수하도록 하였으며, 아동복지시설 등의 안전교육을 규정하였다.

㉮ **보호** : 아동의 보호자는 아동의 건강유지와 향상을 위하여 최선의 주의와 노력을 하여야 한다.

㉯ **안전기준** : 아동복지시설과 아동용품에 대한 안전기준을 정하고 아동

물품을 제작 · 설치 · 관리하는 자에게 이를 준수하도록 하여야 한다.

㉰ 안전교육 : 아동복지시설, 영유아보육시설, 유치원, 초 · 중 · 고등학교의 장은 대통령이 정하는 바에 따라 교통안전, 약물오남용 예방 및 재난대비, 안전교육을 실시하여야 한다.

⑧ 보호조치(제15조)

시 · 도지사 또는 시장 · 군수 · 구청장은 그 관할 구역에서 보호대상아동을 발견하거나 보호자의 의뢰를 받은 때에는 아동의 최상의 이익을 위하여 다음과 같은 보호조치를 하여야 한다.

㉮ 아동복지전담공무원 또는 아동위원에게 보호를 필요로 하는 아동 또는 그 보호자에 대한 상담 · 지도를 행하게 하는 것

㉯ 보호자 또는 대리양육을 원하는 연고자에 대하여 그 가정에서 보호 · 양육할 수 있도록 필요한 조치를 하는 것

㉰ 아동의 보호를 희망하는 자에게 보호를 필요로 하는 아동의 보호를 위탁하는 것

㉱ 보호를 필요로 하는 아동에 적합한 아동복지시설에 입소시키는 것

㉲ 약물 및 알코올 중독 · 정서장애 · 발달장애 등으로 특수한 치료나 요양 등의 보호를 필요로 하는 아동에 대하여 전문치료기관 또는 요양소에 입원 또는 입소시키는 것

⑨ 친권상실의 청구(제18조)

시도지사 또는 시장, 군수, 구청장은 아동의 친권자가 그 친권을 남용하거나 현저한 비행, 기타 친권을 행사할 수 없는 중대한 사유가 있는 것을 발견한 경우 아동의 복지를 위하여 필요하다고 인정할 때에는 법원에 친권행사의 제한 또는 친권상실의 선고를 청구하여야 한다.

⑩ 후견인 선임 청구(제19조)

친권자 또는 후견인이 없는 아동을 발견한 경우 그 복지를 위하여 필요하

다고 인정할 때에는 법원에 후견인의 위임 또는 그 유임을 청구하여야 한다. 이 경우 당해 아동의 의견을 존중하여야 한다. 아동복지시설에 입소 중인 보호를 필요로 하는 아동에 대하여는 '보호시설에 있는 미성년자의 후견 직무에 관한 법령'을 적용한다.

(4) 아동복지시설의 설치와 운영

① 아동복지시설의 설치(제50조)

㉮ 국가 또는 지방자치단체는 아동복지시설을 설치할 수 있다.

㉯ 국가 또는 지방자치단체 외의 자는 관할 시장·군수·구청장에게 신고하고 아동복지시설을 설치할 수 있다.

㉰ 아동복지시설의 시설기준 및 설치 등에 관한 필요사항은 보건복지부령으로 정한다.

「사회복지사업법」의 개정과 더불어 아동복지 시설의 설립이 이와 같이 국가 및 지방자치단체, 법인에서 벗어나 개인도 설치가 가능하게 되었다. 그러나 현실적으로 기준의 복잡성 및 자격요건 때문에 개인 설립이 거의 불가능하다는 문제점이 있다.

② 국가와 지방자치단체 그 외의 자로 설치신고(시행규칙 제23조)

㉮ 정관(법인인 경우에 한한다)

㉯ 시설운영에 필요한 재산목록(소유 또는 사용에 관한 권리를 증명하는 서류를 포함)

㉰ 사업계획서 및 예산서

㉱ 재산의 평가조서 및 재산수입조서

㉲ 아동복지시설의 평면도(층별 구조별 면적을 표시하여야 한다) 및 건물의 배치도

㉳ 아동복지시설에 종사할 직원의 명단과 자격증 사본(자격증이 필요한

직원에 한하되, 자격증을 확인한 경우에는 이를 첨부하지 아니한다)

(5) 아동학대 신고의무(제25조)

① 누구든지 아동학대를 알게 된 때에는 아동보호전문기관 또는 전문기관에 신고할 수 있다.

② 제25조 제2항에 해당하는 자는 그 직무상 아동학대를 알게 된 때에는 아동보호 전문기관, 관계기관에 신고하여야 한다.

③ 신고인의 신분은 보호되어야 하며 그 의사에 반하여 신원이 노출되어서는 안 된다. 그리고 아동학대를 예방하고 방지하기 위하여 아동학대의 신고의무와 절차(제25조), 아동학대 신고의무자에 대한 교육(제26조), 아동학대 현장 출동 및 격리 조치 등(세27조), 사후관리(제28조), 아동에 대한 금지행위(제17조)를 규정하였다.

(6) 금지행위(제17조)

① 아동을 매매하는 행위

② 아동에게 음행을 시키거나 음행을 매개하는 행위

③ 아동의 신체에 손상을 주는 학대행위

④ 아동에게 성적 수치심을 주는 성희롱, 성폭력 등의 학대행위

⑤ 아동의 정신건강 및 발달에 해를 끼치는 정서적 학대행위

⑥ 자신의 보호·감독을 받는 아동을 유기하거나 의식주를 포함한 기본적 보호·양육·치료 및 교육을 소홀히 하는 방임행위

⑦ 장애를 가진 아동을 공중에 관람시키는 행위

⑧ 아동에게 구걸을 시키거나 아동을 이용하여 구걸하는 행위

⑨ 공중의 오락 또는 흥행을 목적으로 아동의 건강 또는 안전에 유해한 곡예를 시키는 행위

⑩ 정당한 권한을 가진 알선기관 외의 자가 아동의 양육을 알선하고 금품을 취득하거나 금품을 요구 또는 약속하는 행위

⑪ 아동을 위하여 증여 또는 급여된 금품을 그 목적 외의 용도에 사용하는 행위

(7) 아동에 대한 개선방향

첫째, 아동에 대한 지역사회보호체계 확립차원에서 지역사회체계로는 지역아동센터, 가정위탁, 입양, 공동생활가정 등 지역사회보호체계 확립을 들 수 있고, 지역사회 내 아동보호기관의 네트워크를 구축하는 것이 중요하며, 학대아동에 대한 친권자제한 조치를 강화하여 아동이 절대적으로 보호를 받아야 한다. 그 과정에서 아동중심적인 처우가 개선되어야 하며, 그 처우 개선을 돕는 아동보호 회의 등이 있다.

둘째, 아동복지시설의 육성차원에서 지역아동센터, 공동생활가정 등의 활성화 및 지원 내실화되어야 하며 아동에 대한 사회적 보호대책의 강화로 아동수당제 실시, 아동 양육의 사회화 실현 등이 있다. 「아동복지법」 제3조 제4항에 의하면 시설입소 대상아동을 다음과 같이 규정할 수 있다.

① 보호자가 없거나
② 보호자로부터 이탈된 아동
③ 보호자가 아동을 학대하는 경우
④ 보호자가 아동을 양육하기에 적당하지 않거나
⑤ 보호자가 양육할 능력이 없는 경우

셋째, 아동보호사업은 법에 기초하고 있으며, 그 목적으로는 가정을 강화함으로써 아동을 보호하고 그렇지 못한 경우에는 법률에 의하여 보호를 하려는 취지이다. 또한 아동복지예산의 확충차원에서 사회복지예산 중 2% 수준의 아동복지예산이며, 선진국이 15% 수준이기에 그 수준까지 향상하는 것이 지금의 급선무이다.

(8) 유엔(UN) 아동권리협약

① 의의

아동권리(시민권, 사회권) 보장에 대한 국제적 인식이 필요하며 아동에 대한 차별금지, 특별한 보호의 필요, 아동의 발달을 위한 환경 제공을 위한 국제적 협력 필요성을 가진다.

1924년 아동권리에 대한 제네바 선언, 1959년 유엔 아동권리선언, 1989년 제정, 1991년 우리나라 비준, 당사국은 192개국에 달하고 있다.

② 주요 내용

선언문 전문 1부(제1조~제41조)에는 아동권리(생명권, 발달권, 표현권, 사유권, 학습권 등), 2부(제42조~제54조)에는 아동권리위원회 설치, 5년마다 이행사항 보고가 있다. 대상자의 연령제한은 18세 미만이며 일반적 원칙으로 무차별 원칙(제2조), 아동최상의 이익의 원칙(제3조, 제9조) 등이 있다.

> **아동의 권리**
> 교육권(제28조~제29조), 문화권(제31조) 등이 있고 생명권, 생존권(제6조)이 있고, 발달권(제18조~제27조)은 신체적, 지적, 정신적, 도덕적, 사회적 발달에 적합한 생활수준을 말하며, 표현권(제13조)과 자유권(제14조~제 16조)에 사상, 양심, 종교의 자유, 집회, 결사의 자유, 통신, 사생활보호의 권리가 있다. 사회적, 정신적, 신체적 건강향상을 위한 정보와 자료의 접근권(제17조), 장애아동에 대한 학습권(제23조)의 보호가 있으며, 아동에 대한 고용착취 금지, 성적 착취 금지, 성적 학대 금지(제32조~제37조)가 있다.

(9) 대한민국 유보협약사항

① 대한민국이 유보하고 있는 협약의 세 가지 조항

㉮ 부모와의 면접교섭권 보장(제9조 제3항)

㉯ 입양에 있어서 관계당국의 허가 규정(제21조 제1호)

㉰ 아동재판에 관한 상소권 보장(제40조 제2항 제2호~제5호)이다(1차보고서 제11항).

대한민국은 1990년 9월 2일 국제법으로 발효된「아동권리에 관한 국제협약」에 1990년 9월 25일에 서명하였고, 협약의 내용 중에서 현행 관련법들과 상치하는 일부 조항들에 대해서는 유보를 조건으로 1991년 11월 20일 비준서를 기탁하였다. 이에 따라 대한민국은 1991년 12월 20일자로「아동의 권리에 관한 국제협약」의 당사국이 되었으며, 1994년 11월 8일 동 협약의 제44조 규정에 따라 제1차 국가보고서를 제출한 바 있다.

핵심요약

⇨ 국가와 지방자치단체는 아동학대를 예방하고 수시로 신고를 받을 수 있도록 긴급전화를 설치하고 있는데, 이 긴급전화번호는 129번이다.

② 1988년 대한민국 어린이헌장 개정

1998년 새로운 청소년 헌장 개정을 통하여 아동과 청소년의 권리를 선언하고 있다.

대한민국은 아동권리에 관한 협약을 비준하기 전부터 아동의 권리를 실현하기 위하여 법적·제도적·행정적 조치를 취하여 왔다. 1981년 아동복지법 개정 및 관련법규를 보완하고, 아동권리 실현을 위한 법제도적 기반을 확보하였다(권리의 내용은 제1장 제2항 참조).

가정폭력으로부터 아동을 효과적으로 보호하기 위하여 1997년 12월「가정폭력범죄의 처벌 등에 관한 특례법」을 제정하여 1998년 7월부터 이를 시행하고 있으며, 아동학대 및 방임에 대한 전문적인 개입을 위하여「아동복지법」 개정안에 아동학대 신고, 아동학대 범죄자에 대한 조치, 전문아동보호기관 신설, 긴급전화 설치 등을 포함시키고 있다. 또한 각종 유해 환경으로부터 청소년들을 보호하기 위한「청소년보호법」이 1997년 7월 제정되었으며, 미성년자들이 유흥업소 등 유해업소에 유인 고용되는 사례를 방지하기 위해 1997년 12월「직업안정법」에 18세 미만자에 대한 직업소개 제한규정(「직업안정법」 제21조의3 및「동법 시행령」 제26조의2)을 신설하였다.

③ 아동 최우선의 원칙(협약 제3조)

부모는 아동성장에 있어서 가장 중요한 존재이므로, 대한민국의 아동복지 정책은 부모에게 아동양육의 일차적인 책임을 부여하고 있다. 국가와 지역 사회는 부모가 자녀를 올바르게 키울 수 있도록 지원해야 하며, 아동은 부모의 부적절한 양육이나 학대로부터 보호받아야 한다.

「아동복지법」(제1조)은 "아동이 건강하게 출생하여 행복하고 안전하게 자랄 수 있도록 아동의 복지를 보장하는 것"을 목적으로 하여 아동복지정책을 수립·실천토록 하고 있다.

「아동복지법」(제4조, 제5조)에서는 국가와 지방자치단체는 보호자와 더불어 아동을 건전하게 육성할 책임을 진다고 명시하고 있다. 가정에서 양육될 수 없는 불우한 아동들을 위하여 국가와 지방자치단체는 아동복지시설을 설치하여 운영하고 있으며, 생활능력이 없는 가정에서 양육되는 아동들을 위하여 생계, 교육 및 의료보호를 실시하고 있으며, 아동 최우선의 원칙은 아동과 관련된 정책의 수립에서 우선적으로 고려된다.

핵심요약

⇨ 아동복지시설의 종류로는 아동양육시설, 아동일시보호시설, 아동보호치료시설, 공동생활가정, 자립지원시설, 아동상담소, 아동전용시설, 지역아동센터 등으로 나누어져 있다. 2004년 「아동복지법」의 개정으로 추가된 공동생활가정은 아동에게 가정과 같은 주거 여건과 보호를 제공하는 것을 목적으로 하는 시설이다.

3 저출산 · 고령사회기본법[법률 제12449호, 2014. 3. 18. 일부개정]

(1) 특징

저출산과 고령인구 문제에 대한 법적 · 제도적인 기틀 마련, 저출산에 대한 전반적인 대책을 임신 · 출산 · 양육 · 교육 등으로 구분하여 국가 등의 책임으로 강행규정화, 고령자를 보호받을 주체가 아니라 생산 가능한 주체로 규정하여 그 대책을 강행규정화, 정책의 효율성과 효과성 등에 대한 국회검증과 국민의 감시가 필요한 것이 특징이다.

(2) 저출산 · 고령사회정책의 기본방향(2가지)[본조신설 2012. 5. 23.]

① 저출산 대책의 기본방향

- 제7조(인구정책) 국가 및 지방자치단체는 적정인구의 구조와 규모를 분석하고 인구변동을 예측하여 국가 및 지방자치단체의 지속적인 성장과 발전을 위한 인구정책을 수립 · 시행하여야 한다.
- 제7조의2(인구교육) 국가 및 지방자치단체는 국민이 저출산 및 인구의 고령화 문제의 중요성을 이해하고, 결혼 · 출산 및 가족생활에 대한 합리적인 가치관을 형성할 수 있도록 하는 인구교육을 활성화하여야 하며, 이에 필요한 시책을 강구하여야 한다.
- 제8조(자녀의 출산과 보육 등) ① 국가 및 지방자치단체는 모든 자녀가 차별받지 아니하고 안전하고 행복한 생활을 영위하며 교육과 인성함양에 도움을 주는 사회환경을 조성하기 위한 시책을 강구하여야 한다.
- 제9조(모자보건의 증진 등) 국가 및 지방자치단체는 임산부 · 태아 및 영유아에 대한 건강진단 등 모자보건의 증진과 태아의 생명존중을 위하여 필요한 시책을 수립 · 시행하여야 한다.
- 제10조(경제적 부담의 경감) 국가 및 지방자치단체는 자녀의 임신 · 출산 · 양육 및 교육에 소요되는 경제적 부담을 경감하기 위하여 필요한

시책을 강구하여야 한다. <개정 2012. 5. 23.>

② 고령사회정책의 기본방향

- 제11조(고용과 소득보장) 국가 및 지방자치단체는 일할 의욕과 능력이 있는 고령자가 최대한 일할 수 있는 환경을 조성하여야 한다.
- 제12조(건강증진과 의료제공) ① 국가 및 지방자치단체는 성별 · 연령별 건강상의 특성과 주요 건강위험요인을 고려하여 국민의 건강증진을 위한 시책을 강구하여야 한다. <개정 2014. 3. 18.>
- 제13조(생활환경과 안전보장) 국가 및 지방자치단체는 노후생활에 필요한 기능과 설비를 갖춘 주거와 이용시설을 마련하고 노인이 안전하고 편리하게 이동할 수 있는 환경을 조성하는 등 쾌적한 노후생활환경을 조성하고 재해와 범죄 등 각종 위험으로부터 노인을 보호하기 위하여 필요한 시책을 강구하여야 한다.
- 제14조(여가 · 문화 및 사회활동의 장려) 국가 및 지방자치단체는 노후의 여가와 문화활동을 장려하고 이를 위한 기반을 조성하여야 한다.
- 제15조(평생교육과 정보화) 국가 및 지방자치단체는 모든 세대가 평생에 걸쳐 학습하고 능력과 적성에 따라 교육을 받을 수 있도록 교육의 기회를 제공하고, 이를 위한 교육시설의 설치 · 인력의 양성 및 프로그램의 개발 등 필요한 시책을 강구하여야 한다.
- 제15조의2(노후설계) 국가 및 지방자치단체는 국민이 행복하고 활기찬 노후생활을 설계하기 위하여 재무, 건강, 여가, 사회참여 등 각 분야에서 적절한 상담과 교육을 받을 수 있도록 필요한 시책을 강구하여야 한다. [본조신설 2012. 5. 23.]
- 제16조(취약계층노인 등) 국가 및 지방자치단체는 저출산 · 고령사회정책을 수립 · 시행함에 있어서 여성노인 · 장애노인 등 취약계층의 노인에 대하여 특별한 배려를 하고 도시 · 농어촌지역 간 격차 등 지역의 특수한 상황을 반영하여야 한다.
- 제17조(가족관계와 세대 간 이해증진) 국가 및 지방자치단체는 효행을

장려함으로써 노인이 가정과 사회에서 공경받을 수 있도록 하고 세대 간 교류의 활성화와 세대 간 이해를 증진함으로써 민주적이고 평등한 가족관계가 형성되도록 필요한 사회환경을 조성하여야 한다.

- 제18조(경제와 산업 등) 국가 및 지방자치단체는 인구의 고령화에 따른 경제 · 산업구조 및 노동환경의 변화에 부응하는 시책을 수립 · 시행하여야 한다.
- 제19조(고령친화적 산업의 육성) ① 국가 및 지방자치단체는 인구의 고령화에 따른 상품 및 서비스 수요의 변화에 대비한 새로운 산업을 육성하기 위한 기반을 구축하여야 한다.

(3) 정책의 수립과 추진체계

- 제20조(저출산 · 고령사회기본계획) 정부는 저출산 · 고령사회 중 · 장기 정책목표 및 방향을 설정하고, 이에 따른 저출산 · 고령사회기본계획(이하 "기본계획"이라 한다)을 수립 · 추진하여야 한다. <개정 2008. 2. 29., 2010. 1. 18.>
- 제21조(연도별 시행계획) 중앙행정기관의 장은 기본계획에 따라 소관별로 연도별 시행계획(이하 "시행계획"이라 한다)을 수립 · 시행하고, 지방자치단체의 장은 기본계획 및 중앙행정기관의 시행계획에 따라 당해 지방자치단체의 시행계획을 수립 · 시행하여야 한다. <개정 2008. 2. 29., 2010. 1. 18.>
- 제22조(업무의 협조) 국가 및 지방자치단체는 기본계획 및 시행계획의 수립 · 시행을 위하여 관계 공무원 또는 관계 전문가의 의견을 듣거나 관계 기관 및 단체 등에 필요한 자료제출 등 협조를 요청할 수 있다. <개정 2008. 2. 29., 2010. 1. 18.>
- 제23조(저출산 · 고령사회위원회) 저출산 · 고령사회정책에 관한 중요사항을 심의하기 위하여 대통령 소속하에 저출산 · 고령사회위원회(이하 "위원회"라 한다)를 둔다. <개정 2010. 1. 18., 2012. 5. 23.>

- 제24조 삭제 <2008. 2. 29.>
- 제25조 삭제 <2008. 2. 29.>
- 제26조(관계행정기관의 협조) 위원회는 저출산 · 고령사회정책을 심의하기 위하여 필요한 경우 관계 행정기관에 자료를 요청할 수 있다. 이 경우 관계 행정기관의 장은 특별한 사정이 없는 한 이에 따라야 한다.
- 제27조(국회보고) 정부는 기본계획 · 시행계획 및 이에 대한 평가 등을 확정한 후 지체 없이 국회에 보고하여야 한다.

용어정리

- **아동수당제** : 자녀가 2명 이상인 부모에게 양육 수당을 지급하는 제도
- **요보호자** : 보호가 필요한 사람을 말한다.
- **결격** : 필요한 자격을 갖추고 있지 못함을 의미한다. '자격이 모자람'으로 순화
- **담보제공** : 보증이 되는 물건을 갖출 수 있도록 해 준다.

12 Chapter

사회복지서비스법 II

1 노인복지법

「노인복지법」은 노인의 질환을 사전예방 또는 조기발견하고 질환상태에 따른 적절한 치료·요양으로 심신의 건강을 유지하고, 노후의 생활안정을 위하여 필요한 조치를 강구함으로써 노인의 보건복지증진에 기여함을 목적으로 한다(동법 제1조).

고령화의 심화로 인한 노인인구의 증가가 사회적인 문제로 대두되면서 급격한 노인 증가율은 UN에서 정한 전 국민 대비 65세 이상 인구의 고령화 사회 비율인 7%를 넘어, 고령사회의 비율인 14%, 초고령사회 비율인 20%로 진행하고 있는 현실이다. 「노인복지법」의 제정에 대한 관심은 1970년을 전후로 노인문제를 해결하고자 하는 시대적인 요청과 노인의 심리적·정신적·사회적 서비스에 관한 전문적개입이 노인의 복지증진에 기여함을 목적으로 하고 있으며, 국가는 노인의 복지향상을 위한 정책을 실시할 의무가 있음을 구체화한 핵심 내용으로 된 입법임을 밝혀 두는 바이다.

(1) 입법 배경 및 내용

노인문제의 해결을 위한 「노인복지법」의 입법 배경은 노령인구의 증가와 핵가족화에 따른 가족기능 약화, 노인의 지위 및 역할상실로 1970년 전후 이를 사회적 문제로 인식함에 있다. 경제성장과 더불어 산업화, 도시화, 핵가족화의 급속한 현상은 노인문제의 심각성을 말하여 준다. 따라서 1981년 6월 5일 현재의 「노인복지법」이 입법화되었으며 2004년 노인 학대 정의를 확립하였고, 2007년 기초노령연금과 「노인장기요양보험법」이 제정되었다.

❖ 노인의 환과고독

환과고독(사궁)		
	환	60세 이상의 자로서 처가 없는 자
	과	50세 이상의 자로서 부가 없는 자
	고	16세 이하의 자로서 부모가 없는 자
	독	60세 이상의 자로서 자식이 없는 자

주요내용은 다음과 같다.

① 목적(제1조)

노인의 질환예방과 조기발견 및 치료, 심신의 건강유지, 노후의 생활안정을 위하여 필요한 조치를 강구함으로 노인복지증진에 기여함을 목적으로 한다. 또 이 법에서 사용하는 '부양의무자', '보호자', '치매', '노인 학대' 등의 용어를 정의하고 있다.

'부양의무자'라 함은 배우자와 직계비속 및 그 배우자를 말하며, '보호자'란 부양의무자 또는 업무·고용 등의 관계로 사실상 노인을 보호하는 자를 말한다. '치매'란 「치매관리법」 제2조 제1호에 따른 치매를 말하며, 노인에 대하여 신체적·정신적·정서적·성적 폭력 및 경제적 착취 또는 가혹행위를 하거나 유기 또는 방임하는 것을 '노인 학대'라 한다.

국가는 노인복지정책을 통해 사회문제로 등장한 노인문제를 해결하기 위해 경로우대제도, 노령수당의 지급, 기초노령연금제도를 시행하고 있다. 현재 전면 개정된 「노인복지법」은 앞으로의 노인의 건강과 생활의 안정을 위한 복지정책수립요청으로 노후보장에 앞장서고 있는 것이 국가적인 상황이기도 하다.

② 기본 이념(제2조)

「노인복지법」의 이념은 노인의 존경, 건전하고 안정된 생활의 보장(동법 제1조 제1항), 능력에 따라 적당한 일에 종사하고 사회적 활동에 참여할 기회의 보장(동법 제2조 제2항)이다. 이것은 노인이 후손의 양육과 국가 및 사회의 발전에 기여해 온 어르신이기 때문이다.

노인의 안정된 노후 생활보장과 사회참여 기회보장을 하며, 사회발전에 기여하는 것을 그 기본 이념으로 하고 있다.

㉮ 노인은 후손의 양육과 국가 및 사회의 발전에 기여하여 온 자로서 존경받으며 건전하고 안정된 생활을 보장받는다.

㉯ 노인은 그 능력에 따라 적당한 일에 종사하고 사회적 활동에 참여할 기회를 보장받는다.

㉰ 노인은 노령에 따르는 심신의 변화를 자각하여 항상 심신의 건강을 유지하고 그 지식과 경험을 활용하여 사회의 발전에 기여하도록 노력하여야 한다.

③ 노인복지의 책임주체(제3조)

노인복지의 이념에 따라 국가사회는 노인의 복지에 책임을 맡으며, 한편 노인들도 노령에 따르는 심신의 변화를 자각하여 항상 심신의 건강을 유지하고 그 지식과 경험을 활용하여 사회의 발전에 기여하도록 노력하여야 한다. 또한, 국가뿐만 아니라 일반 국민도 경로효친의 미풍양속에 따른 건전한 가족제도가 유지·발전되도록 노력하여야 한다(동법 제3조). 그리고 노인의 일상생활에 관련되는 사업을 경영하는 자도 그 사업을 경영함에 있어 노인의 보건복지가 증진되도록 노력하여야 한다(동법 제4조). 그러므로 노인복지의 발전을 위해서는 국가, 노인 자신, 노인복지사업자, 일반 국민 모두가 함께 노력해야 한다.

이처럼 국가와 지자체에서는 노인의 보건 및 복지증진의 책임이 있으며 노인의 일상생활에 관련되는 사업을 경영하는 자나 그 사업을 경영함에 있어 노인의 보건복지가 증진되도록 노력하여야 한다. 노인 실태조사로는 매 3년마다 보건복지부장관령으로 하고 있다. 또한, 보건복지부장관은 제1항에 따른 실태조사를 위하여 관계기관·법인·단체·시설의 장에게 필요한 자료의 제출 또는 의견의 진술을 요청할 수 있다. 이 경우 관계기관·법인·단체·시설의 장은 정당한 사유가 없으면 그 요청에 따라야 한다.[신설 2015.

1. 28.]

㉮ 노인에 대한 사회적 관심과 공경의식을 높이기 위하여 매년 10월 2일을 노인의 날로, 매년 10월을 경로의 달로 한다.

㉯ 부모에 대한 효자상을 앙양하기 위하여 매년 5월 8일을 어버이날로 한다.

(2) 노인복지사업의 주체

① 국가와 지방자치단체

노인복지의 실시 주체는 원칙적으로 국가와 지방자치단체이다. 이를 복지실시기관이라고 한다. 민간에게 위탁하는 경우가 있더라도 국가의 노인복지 실시의 책임은 경감되지 않는다.

② 노인복지상담원

노인의 복지를 담당하게 하기 위하여 시 · 군 · 구 자치단체에서는 노인복지상담원을 둔다(동법 제7조 제1항). 노인복지상담원은 다음과 같은 직무를 담당한다(동법 시행령 제13조).

㉮ 노인 및 그 가족 또는 관계인에 대한 상담 및 지도

㉯ 노인복지에 필요한 가정환경 및 생활실태에 관한 조사

㉰ 법 제28조의 규정에 의한 조치에 필요한 상담 및 지도

㉱ 노인의 단체 활동 및 취업의 상담

㉲ 기타 노인의 복지증진에 관한 사항

위와 같은 직무를 맡을 노인복지상담원은 「사회복지사업법」 제11조의 규정에 의한 사회복지사 3급 이상의 자격증 소지자 중에서 시장 · 군수 · 구청장이 공무원으로 임용한다(동법 시행령 제12조 제1항).

③ 노인복지명예지도원

노인복지실시기관은 양로시설, 노인공동생활가정, 노인복지주택, 노인요양공동생활가정 입소노인의 보호를 위하여 노인복지명예지도원을 둘 수 있다(동법 제51조). 이 지도원은 당해 지역사회의 실정에 밝고 노인복지에 관한 학식과 경험이 풍부한 자 중에서 위촉하여야 한다. 이들의 업무는 다음과 같다(동법 시행령 제25조 제2항).

㉮ 양로시설 · 노인공동생활가정 · 노인복지주텍 · 노인요양시설 및 노인요양공동생활가정 입소노인의 의견수렴 및 수렴된 의견의 복지실시기관에의 건의

㉯ 제1호에 따른 시설 운영에 관련된 위법사항의 복지실시기관에의 신고

제24조 지역봉사지도원 위촉 및 업무
① 국가 또는 지방자치단체는 사회적 신망과 경험이 있는 노인으로서 지역봉사를 희망하는 경우에는 이를 지역봉사지도원으로 위촉할 수 있다.
② 제1항의 규정에 의한 지역봉사지도원의 업무는 다음 각호와 같다.[개정 2015. 1. 28]
1. 국가 또는 지방자치단체가 행하는 업무 중 민원인에 대한 상담 및 조언
2. 도로의 교통정리, 주 · 정차 단속의 보조, 자연보호 및 환경침해 행위단속의 보조와 청소년 선도
3. 충효사상, 전통의례 등 전통문화의 전수교육
4. 문화재의 보호 및 안내, 4의2. 노인에 대한 교통안전 및 교통사고 예방교육
5. 기타 대통령령이 정하는 업무

(3) 노인복지시설의 종류

「노인복지법」 제31조에 근거한 노인복지 시설은 65세 이상의 노인의 삶의 질을 향상시키기 위해 필요한 서비스 및 프로그램의 제공을 목적으로 마련된 시설들을 말한다.

노인주거복지시설, 노인의료복지시설, 노인여가복지시설, 재가노인복지시설, 노인보호전문기관, 노인일자리지원기관, 학대피해노인전용쉼터 등 7가지 종류가 있다(「노인복지법」 제38조; 2019개정 요양보호사양성표준교재: 39).

① 생활시설의 종류

㉮ **노인주거복지시설**

㉠ 양로시설 : 노인을 입소시켜 급식을 위주로 제공한다.

㉡ 노인공동생활가정 : 노인들에게 가정과 같은 주거여건과 급식, 일상생활에 필요한 편의를 제공한다.

㉢ 노인복지주택 : 노인에게 주거시설을 분양 또는 임대하여 주거의 편의, 생활지도 상담 및 안전관리 등 일상생활에 필요나 편의를 제공함을 목적으로 하는 시설이다.

- 입소대상 : 65세 이상의 「국민기초생활보장법」에 따른 생계급여나 의료급여수급자, 부양의무자로부터 부양받지 못하는 자이며, 노인복지주택의 경우는 단독취사 등 독립된 주거생활을 하는 데 지장이 없는 60세 이상의 자 등이다.
- 입소비용 : 수급자나 부양의무자가 없을 경우 국가 및 지방자치단체가 전액부담하며, 실비대상자의 경우에는 국가나 지방자치단체가 일부부담하고, 노인복지주택입소자는 본인이 전액 부담한다.

㉯ **노인의료복지시설**

㉠ 노인요양시설 : 치매·중풍 등 노인성 질환 등으로 심신에 상당한 장애가 발생하여 도움을 필요로 하는 노인들을 입소시켜 급식·요양과 그 밖에 일상생활에 필요한 편의를 제공한다.

㉡ 노인요양공동생활가정 : 치매·중풍 등 노인성 질환 등으로 심신에 상당한 장애가 발생하여 도움을 필요로 하는 노인에게 주거여건과 급식·요양, 그 밖에 일상생활에 필요한 편의를 제공한다.

- 입소대상 : 장기요양급여수급자, 생계급여 수급자, 의료급여 수급자로서 65세 이상의 자와 부양의무자로부터 적절한 부양을 받지 못하는 65세 이상의 자이다.
- 입소비용 : 대상에 따라 차이가 있으며, 장기요양급여수급자는 노인장기요양보험법령에 따르며, 수급자는 국가 및 지방자치단체가 전액부담

한다.

② 이용시설의 종류

㉮ 노인여가복지시설

㉠ 노인복지관 : 노인의 교양·취미생활, 사회참여활동에 대한 서비스 제공, 건강증진 및 질병예방과 소득보장·재가복지, 노인복지증진에 필요한 서비스를 제공한다.

㉡ 노인교실 : 사회활동 참여욕구증진을 위한 취미생활·노인건강유지·소득보장, 학습프로그램을 제공함을 목적으로 한다(60세 이상).

㉢ 경로당 : 지역노인들이 자율적으로 친목도모·취미활동·공동작업장 운영 및 각종 정보교환과 기타 여가활동을 할 수 있도록 장소를 제공한다(65세 이상).

양곡구입, 전기, 수도, 가스요금 일부에 대해 국가보조를 받거나 감면 혜택을 받는다.

㉯ 재가노인복지시설

㉠ 방문요양서비스 : 가정에서 신체적·정신적 장애로 어려움을 겪고 있는 노인에게 필요한 각종 편의를 제공하여 안정된 노후를 영위하도록 하는 서비스이다.

㉡ 주 · 야간보호서비스 : 부득이한 사유로 가족보호를 받을 수 없는 심신이 허약한 노인과 장애노인을 주간 또는 야간 동안 보호시설에 입소시켜 필요한 각종 편의를 제공한다.

㉢ 단기보호서비스 : 부득이한 사유로 가족보호를 받을 수 없어 일시적으로 보호가 필요한 심신이 허약한 노인과 장애노인을 보호시설에 단기간 입소시켜 노인 및 노인가정의 복지증진을 도모한다.

㉣ 방문 목욕서비스 : 목욕장비를 갖추고 재가노인을 방문하여 목욕을 제공하는 서비스이다.

㉤ 재가노인지원서비스 : 재가노인에게 노인생활 및 신상에 관한 상담을 제

공하고 재가노인 및 가족 등 보호자를 교육하여 각종 편의를 제공하여 지역사회 안에서 안정된 노후생활을 돕는다.

㉥ 방문간호서비스 : 장기요양요원인 간호사 등이 의사, 한의사 또는 치과의사의 지시서(이하 "방문간호지시서"라 한다)에 따라 수급자의 가정 등을 방문하여 간호, 진료의 보조, 요양에 관한 상담 또는 구강위생 등을 제공하는 서비스이다.

• 대상 : 장기요양급여수급자, 심신이 허약하거나 장애가 있는 65세 이상의 자이다.

• 비용 : 장기요양급여수급자, 생계급여수급자와 의료급여수급자, 부양의무자로부터 부양받지 못하는 자는 국가 및 지방자치단체가 전액부담하며 이외의 자는 이용자본인의 전액부담으로 이용이 가능하다.

㈐ 노인보호전문기관

국가는 노인학대예방을 위해 노인인권보호관련 정책제안이나 연구 및 프로그램을 개발한다. 노인학대 예방의 홍보, 교육자료의 제작 및 보급을 위해 중앙노인보호전문기관을 설치·운영하고 있다. 또한, 기관에서는 노인학대 신고전화운영, 노인학대 의심사례 현장조사, 피해노인 및 가해자상담 등이 이루어진다.

㈑ 노인일자리지원기관

• 시니어클럽 : 노인의 사회적 경험 및 지식을 활용할 수 있는 다양한 노인 적합형 일자리를 개발하고 보급하여 지역 사회와 함께 일을 통해 노인복지를 실현하는 대한민국 노인 일자리 전담기관이다.

노동시장에서 소외된 노인일자리를 창출·보급하여, 소득 창출 및 사회참여 기회를 제공하고 사회구성원으로의 성취감 고취 및 건강하고 활기찬 노후생활을 보장하기 위함이다. 노인일자리기관에는 노인인력개발기관, 노인일자리지원기관, 노인취업알선기관이 있다(「노인복지법」 제23조의2).

• 대상: 만 60세 이상의 신체노동이 가능한 분이다.

㉮ **학대피해노인전용쉼터**

국가와 지방자치단체는 노인학대로 인하여 피해를 입은 노인을 일정기간 보호하고 심신치유프로그램을 제공하기 위하여 학대피해노인전용쉼터를 설치 운영할 수 있다. 주요업무는 학대피해노인의 보호와 숙식제공 등의 쉼터생활 지원, 학대피해노인의 심리적 안정을 위한 전문 심리상담 등 치유프로그램 제공, 학대피해노인에게 학대로 인한 신체적·정신적 치료를 위한 기본적인 의료비 지원 등이 있다(「노인복지법」 제39조의19).

(4) 주요 노인복지시책

① 노인사회참여 지원

국가 또는 지방자치단체는 노인의 사회참여 확대를 위하여 노인의 지역봉사 활동기회를 넓히고 노인에게 적합한 직종의 개발과 그 보급을 위한 시책을 강구하며 근로능력이 있는 노인에게 일할 기회를 우선적으로 제공하도록 노력하여야 한다(동법 제23조 제1항). 국가 또는 지방자치단체는 노인의 지역봉사 활동 및 취업의 활성화를 기하기 위하여 노인지역봉사기관, 노인취업알선기관 등 노인복지관계기관에 대하여 필요한 지원을 할 수 있다(동법 제23조 제2항). 또한 「노인복지법」 제24조 제1항에서는 지역봉사를 희망하는 노인에게 국가와 지방자치단체는 일정한 업무를 부여하도록 규정되어 있다. 지역봉사지도원으로 위촉받고자 하는 자는 이력서 및 주민등록표등본을 주소지 관할 시장 · 군수 · 구청장에게 제출한다(동법 시행규칙 제7조 제1항). 이들에 대한 활동비는 국가 또는 지방자치단체에서 예산의 범위 안에서 지급하며, 이들의 업무는 다음과 같다(동법 제24조 제1호~제4호).

- 국가 또는 지방자치단체가 행하는 업무 중 민원인에 대한 상담 및 조언
- 도로의 교통정리, 주 · 정차단속의 보조, 자연보호 및 환경침해행위단속의 보조와 청소년 선도
- 충효사상, 전통의례 등 전통문화의 전수교육
- 문화재의 보호 및 안내

② 생업지원 및 노인일자리사업 지원

국가 또는 지방자치단체, 기타 공공단체가 설치 · 운영하는 공공시설 안에 식료품 · 사무용품 · 신문 등 일상생활용품의 판매를 위한 매점이나 자동판매기의 설치를 허가 또는 위탁할 때에는 65세 이상자의 신청이 있는 경우 이를 우선적으로 반영하여야 한다(제25조).

노인일자리사업 지원(동법 제23조, 「저출산고령사회기본법」 제11조)은 고령사회에서 발생할 수 있는 다양한 노인문제에 대한 사전 예방에 대비하여, 적극적 사회참여 확대를 통한 사회적 가치 창출 극대화의 목적으로, 노후소득보장 사각지대 해소에 기여하는 데 있다. 또한 노인인력 활용에 대한 사회적 인식개선 및 민간 참여 도모와 노인의 적극적 사회참여 기회제공을 위한 교육 · 훈련의 강화를 사업목적으로 하고 있다.

공공분야와 민간분야로 나누어서 공공분야는 사회공헌형과 인큐베이터형이며, 민간분야는 인력파견형과 자립사업단형으로 나누어서 실시한다.

- 사회공헌형 : 공익형(환경개선사업, 각종 행정지원사업, 시설관리지원사업, 지역특화사업), 교육형(학습지도강사파견, 여가활용강사파견, 전문해설사업, 지역특화사업), 복지형(돌봄서비스, 복지서비스지원, 문화복지지원, 지역특화사업)
- 인큐베이터형 : 시장형(제조유통사업, 수주하청사업, 서비스업, 전문강사, 지역특화사업)
- 민간분야 : 인력파견사업(인력풀 운영사업, 맞춤형 파견사업), 소득창출형(정부재원 없이 사업단의 수익금 또는 출자금 등으로 자체운영, 장기적 근로와 노인욕구 충족을 위한 사업)

③ 건강보장 사업

- 노인장기요양보험사업 : 정부는 65세 이상 노인을 대상으로 노인장기요양보험 시범사업을 2008년 7월까지 실시하고, 2008년 7월 1일부터 장기요양보험제도를 실시할 예정이다.

- 노인복지시설(의료) : 노인성 질환 등으로 요양을 필요로 하는 자로서 무료시설은 65세 이상 기초생활수급 대상 노인 등이며, 실비시설 · 유료시설은 도시근로자 월평균소득 가구 노인대상이다(2008년 4월 노인복지법시행규칙 개정에 따라 무료 · 실비 및 유료시설이 노인요양시설로 통합되었다).
- 재가노인복지사업, 치매상담센터 운영, 노인 건강진단은 65세 이상 노인을 대상으로 실시하며, 치매조기검진사업, 노인 안검진 및 개안수술 사업은 60세 이상 노인을 대상으로 실시한다.

④ 독거노인생활관리사 파견사업

국가 또는 지방자치단체는 홀로 사는 노인에 대하여 방문요양서비스 등의 서비스와 안전 확인 등의 보호조치를 취하여야 한다(동법 제27조 제1항). 이 법의 추진배경은 독거노인이 사망 후 상당기간 지나서 발견되거나 고립생활에 따른 우울증 및 자살 등 사회문제로 대두되어 거동불편 독거노인에 대해 정기적 안전 확인 및 사회적 접촉이 긴요하게 되었다. 이 사업은 시 · 군 · 구 단위로 독거노인에 대해 효율적으로 보건 · 복지서비스를 제공하기 위하여 사전계획을 수립하고 독거노인 생활관리사를 활용하여 독거노인 지원을 위한 보건 · 복지서비스 연계구축을 마련하고, 구축된 연계체계 내에서 독거노인의 욕구에 따라 서비스 중복이나 누락 없이 효율적으로 서비스를 제공한다. 또한 결식우려가 있는 노인을 대상으로 무료급식을 실시하고 있다.

독거노인 서비스 생활관리사 및 서비스관리자는 독거노인의 욕구를 파악하여 개인별 서비스 제공계획을 수립하고, 지역사회 내 다양한 보건복지 자원을 발굴하여 필요로 하는 서비스를 연계 및 조정해 주는 독거노인에 대한 종하적인 사례관리사(care manager)의 역할을 수행하는 것으로 한다. 단, 독거노인 서비스관리자는 사회복지사 자격증 소지자이며, PC 및 엑셀프로그램 능통자여야 한다. 그러나 독거노인 생활지도사는 65세 미만으로 신체건강한자이며, 지자체에서 실시하는 집합교육 이수자여야 한다.

(5) 기초노령연금제

① 목적

노인이 후손의 양육과 국가 및 사회의 발전에 이바지하여 온 점을 고려하여 생활이 어려운 노인에게 기초노령연금을 지급함으로써 노인의 생활안정을 지원하고 복지를 증진함을 목적으로 한다.

② 제정목적

국민연금은 앞으로 상당기간이 경과되기까지 현 세대 노인계층을 포괄하는 데 한계성이 있으며, 경로연금제도 역시 대상자가 소수이고, 지급액이 낮아 저소득 노인계층의 생활안정이 미흡한 것이 현실이며, 기초연금제도는 현 세대 노인계층의 사각지대 해소에는 도움이 될 수 있으나, 급격한 노령화에 따라 더 많은 부담을 후세대에게 전가할 가능성이 있다.

각종 소득자료 및 재산자료에 기초하여 65세 이상의 특정 자산규모 이하의 노인을 대상으로 국가 및 지방자치단체가 전액 부담하는 '기초노령연금제도'를 도입하여, 전체노인 중 실제 도움이 필요한 노인 약 60%를 대상으로 기초노령연금을 지급하되 국민기초생활보장수급자 및 차상위 저소득노인은 10만 원, 일반노인은 7만 원을 각각 차등 지급함으로써 노인의 생활안정에 기여할 수 있도록 하고자 한다.

③ 주요내용

- 기초노령연금의 지급대상을 65세 이상인 자로서 「국민기초생활보장법」 제2조 제8호의 규정에 의한 본인가구(본인 및 배우자에 한한다)의 소득인정액이 대통령령이 정하는 금액 이하인 자로 한다(제2조).
- 기초노령연금의 지급액은 「국민연금법」에 따른 금액의 100분의 5에 해당하는 금액으로 하고, 본인 및 그 배우자가 모두 연금을 지급받을 권리를 가지는 경우에는 각각에 대하여 연금의 1천분의 165를 감액한다(위원회 수정)(제4조).

- 연금의 지급은 연금을 지급받고자 하는 자 또는 그 친족 그 밖의 관계인의 신청에 따라 지급하도록 한다.
- 연금지급 여부 결정 등을 위한 조사·질문 및 공부상 자료이용의 근거를 마련한다.
- 연금의 지급기간은 연금지급을 신청하여 수급권자로 결정된 경우 신청한 날이 속하는 달부터 연금을 지급받을 권리가 소멸한 날이 속하는 달까지 지급하노록 한다(제7조).
- 노인의 기초생활을 보호하기 위하여 수급권은 이를 양도·압류하거나 담보에 제공할 수 없도록 한다(제12조).
- 국가가 부담하는 연금지급비용의 부담비율은 100분의 90 내지 100분의 40의 범위 안에서 대통령령으로 정하도록 하고, 국가부담제외분에 대한 시·도·군·구의 부담비율은 노인인구 비율 및 재정여건 등 시·도의 조례로 정하면서 미리 보건복지부장관과 협의하도록 한다(제18조).

2 장애인복지법

(1) 법의 의의

① 목적

「장애인복지법」은 장애인의 인간다운 삶과 권리보장을 위한 국가와 지방자치단체 등의 책임을 명백히 하고, 장애발생 예방과 장애인의 의료·교육·직업재활·생활환경개선 등에 관한 사업을 정하여 장애인복지대책을 종합적으로 추진하며, 장애인의 자립생활·보호 및 수당지급 등에 관하여 필요한 사항을 정하여 장애인의 생활안정에 기여하는 등 장애인의 복지와 사회활동 참여증진을 통하여 사회통합에 이바지함을 목적으로 한다(동법 제1조). 「장애인복지법」은 다른 사회복지서비스법과는 달리 급여대상자인

장애인의 인간다운 삶과 권리보장을 위한 국가와 지방자치단체의 책임을 명확히 하고 장애인 복지대책을 위한 종합적인 장애인복지 조치내용을 포함하고 있는 점 등이 특징이라고 할 수 있다.

이는 장애인문제와 권리에 대한 사회적 인식과 그 해결을 위한 국가 사회적 책임의식이 커진 데 있다는 것이다. 국가와 지방자치단체는 「장애인복지법」의 목적을 달성하기 위하여 필요한 법제상 및 재정상의 조치를 강구하여야 한다고 규정(동법 제14조)하고 있는 것이 그것이다(강희갑, 2006).

(2) 기본이념

「장애인복지법」의 기본이념은 장애인의 완전한 사회참여와 평등을 통한 사회통합을 이루는 데 있다(동법 제3조). 이것은 개인적 차원에서는 장애인으로 하여금 완전한 사회 참여가 평등한 생활을 영위하게 하고 사회적 차원에서는 장애인에 대한 사회구성원 전체의 사회통합을 달성하려는 것이다. 이 기본이념은 「장애인복지법」의 실현을 위한 기본적인 지침이 된다. 「장애인복지법」은 이를 더욱 구체화하고 있다. 즉, 누구든지 장애를 이유로 정치적 · 경제적 · 사회적 · 문화적 생활의 모든 영역에 있어 차별을 받지 아니하며, 누구든지 장애를 이유로 정치 · 경제 · 사회 · 문화생활의 모든 영역에서 장애인을 차별하여서는 안 된다고 규정하여 장애인 차별을 금지하고 있다. 또한 누구든지 장애인을 비하 · 모욕하거나 장애인을 이용하여 부당한 영리행위를 하여서는 아니 되며 장애인의 장애를 이해하기 위하여 노력하여야 한다(동법 제8조 제2항)고 규정하고, 이에 따라 모든 장애인은 국가 · 사회를 구성하는 일원으로서 정치 · 경제 · 사회 · 문화 기타 모든 분야의 활동에 참여할 권리가 있다(동법 제4조 제2항)고 하여 장애인의 권리를 보장하고 있다. 특히 여성장애인의 권익을 보호하기 위하여 필요한 시책을 강구하도록 특별한 규정(동법 제9조 제2항)을 마련하고 있다(강희갑, 2006).

(3) 법률상의 지위

「장애인복지법」의 입법 배경과 지위는 먼저 국제적으로 UN이 1981년을 세계장애인의 해로 정하고 모든 국가에 대하여 심신장애인을 위한 복지사업과 기념행사를 추진하도록 권고하였다. 또한 국내법과의 관계에서 사회복지법에 「사회보장기본법」의 적용을 받고 있으며, 장애인복지법에는 「장애인고용촉진 등에 관한 법률」, 「특수교육진흥법」 등이 있다. 국제법과의 관계에서 장애인을 위한 법들이 1971년 정신지체인 권리선언, 1975년 장애인 권리선언이 있다. 그 후 우리나라는 국가나 민간차원에서 장애인의 복지에 대해 별다른 관심을 보이지 않다가 1988년 세계장애인 올림픽을 계기로 장애인에 대한 고정관념적인 인식에서 장애인도 능력이 있다는 인식으로 바뀌기 시작했다. 우리나라는 15종류로 장애를 구분하고 있다.

(4) 장애인복지법의 특징

국가와 지방자치단체의 책임을 명확히 하며, 종합적인 정책(예방, 보호, 생활, 교통, 주거, 자립 등)을 포함하여 장애인의 참여를 강조하고 있다.

「장애인복지법」은 사회복지서비스 관련법으로서 신체적 장애, 정신적 장애의 영역에 해당하는 장애를 가진 사람들에게 각종 세금을 감면해 주고, 장애수당, 생계수당 및 장애아동부양수당이 지원되는 다양한 혜택을 주는 복지법이다.

(5) 주요내용

① 장애인의 정의(동법 제2조)

'장애인'이란 신체적 · 정신적 장애로 오랫동안 일상생활이나 사회생활에서 상당한 제약을 받는 자를 말하며, 이 법을 적용받는 장애인은 제1항에 따른 장애인 중 다음 각 호의 어느 하나에 해당하는 장애가 있는 자로서 대통령령으로 정하는 장애의 종류 및 기준에 해당하는 자를 말한다. 장애의 유형으로 신체적 장애 등이 있다. 그러나 이 법의 적용을 받는 장애인은 이 모든 장애인을 말하는 것이 아니라,

㉮ '신체적 장애'란 주요 외부 신체 기능의 장애, 내부기관의 장애 등을 말한다.

㉯ '정신적 장애'란 발달장애 또는 정신 질환으로 발생하는 장애를 말한다. 또한 장애인은 장애 정도에 따라 등급을 구분하되, 그 등급은 보건복지부령(동법시행규칙)으로 정한다.

장애인의 종류 및 기준(동법 제2조 관련)은 다음과 같다.

가) 지체장애	나) 뇌병변장애인
다) 시각장애인	라) 청각장애인
마) 언어장애인	바) 정신지체인
사) 발달장애인	아) 정신장애인
자) 신장장애인	차) 심장장애인
카) 호흡기장애인	타) 간장애인
파) 안면장애인	하) 장루 · 요루
거) 간질장애인	

② 장애인의 권리(제4조)

㉮ 장애인은 인간으로서 존엄과 가치를 존중받으며, 그에 걸맞은 대우를 받는다.

㉯ 장애인은 국가 · 사회의 구성원으로서 정치 · 경제 · 사회 · 문화, 그 밖의 모든 분야의 활동에 참여할 권리를 가진다.

㉰ 장애인은 장애인 관련 정책결정과정에 우선적으로 참여할 권리가 있다.

이러한 권리는 장애인을 한 인간으로서 존엄성과 가치를 지닌 존재로 존중받으며, 가정에서나 사회에서 이에 상응하는 대우를 받을 수 있도록 장애인복지정책을 추진해야 한다는 취지이다. 이러한 취지는 장애인은 모든 사회활동에 일반인과 동등하게 참여하고 활동할 권리가 있음을 선언하고 있다. 한편, 장애인은 자기가 가지고 있는 능력을 최대한 활용하여 사회 · 경제

활동에 참여하도록 조력하는 한편, 이를 위하여 그의 가족도 장애인의 자립 촉진을 지원해야 한다는 것을 선언하고 있다(동법 제5조 제2항). 장애인의 사회참여와 자립 · 재활은 무엇보다도 자신과 그 가족의 노력이 중요한 것이다. 또한 사회복지정책 및 법적 보장과 함께 장애인 자신과 그 가족의 주도적인 노력이 있을 때에 장애인의 재활과 장애인에 대한 사회통합이 가능한 것이다(강희갑, 2006).

핵심요약

⇨ 모든 장애인이 자기능력을 최대한 개발하여 적성에 맞는 직업을 가지고 경제 · 사회활동에 참여하여 자립 · 자활을 도모하는 것이라고 할 수 있다.

③ 차별금지(제8조)

㉮ 누구든지 장애를 이유로 정치 · 경제 · 사회 · 문화생활의 모든 영역에서 차별을 받지 아니하고, 누구든지 장애를 이유로 정치 · 경제 · 사회 · 문화생활의 모든 영역에서 장애인을 차별하여서는 아니 된다.

㉯ 누구든지 장애인을 비하 · 모욕하거나 장애인을 이용하여 부당한 영리행위를 하여서는 아니 되며, 장애인의 장애를 이해하기 위하여 노력하여야 한다. 장애인복지의 방향은 장애인들이 사회에서 평등한 인간으로서 완전한 참여를 가능하게 하는 사회적 통합을 이루는 데 있다. 장애인들이 평등한 인간으로서 완전한 사회참여를 한다는 의미는 가정이나 시설에서, 혹은 교육 · 문화 등의 환경에서 정상적인 삶의 리듬을 가진다는 것을 의미한다. 보통사람들과 비슷하게 또는 동일하게 삶을 영위할 수 있도록 하는 것을 보장해야 한다. 장애인들은 사회공동체 내에서 하나의 구성원으로 삶을 영위해 나가야 하는 일반인들과 동일한 인격체이다(김정길, 2004).

④ 주요정책

우리나라는 1981년 「심신장애자복지법」을 제정 · 공포하였다. 특히 1988년 서울장애인 올림픽을 계기로 장애인에 대한 인식 개선과 함께 장애인복지가 발전하게 되었다. 1988년 대통령직속자문기구로 장애인 복지대책위원회를 설치 · 운영하게 되었으며, 1989년에는 「심신장애자복지법」을 「장애인복지법」으로 전면 개정 · 공포하였다. 1990년에는 「장애인고용촉진에 관한 법률」을 제정 · 공포하여 장애인고용의무제를 도입하는 등 장애인을 위한 복지정책의 폭을 확장추진하고 있다(정소연, 2003). 장애인복지의 주요 정책으로는 장애발생의 예방에 중점을 두고 있으며 의료, 재활치료, 사회적응훈련, 교육, 직업재활, 정보에의 접근성, 편의시설과 안전대책, 주거, 경제적부담의 경감 등, 4월 20일을 장애인의 날, 장애인 주간으로 시행하고 있다. 장애인정책조정위원에서 장애인 복지정책뿐만 아니라 장애 전반에 관한정책 조정, 수립하고 있으며 장애인복지상담원, 장애인복지전문 인력, 활동보조인, 기타 보조인력 등으로 장애인정책조정위원에 두고 있다. 복지조사 차원의 실태조사는 매 5년에서 매 3년마다 하고 있으며, 장애인으로 등록된 자는 장애인 재활상담, 입소, 직업훈련, 의료, 교육, 재활의 도움을 받을 수 있으며, 사회경제적 재활로 자금의 대여, 생업지원, 생산품의 구매, 공공시설의 이용, 자동차 등에 관한 지원, 장애수당의 지급 등이 있다.

⑤ 장애인복지시설 및 단체

장애인복지시설은 장애인에게 필요한 서비스를 제공하는 물리적 · 기능적인 장소이다. 여기에는 여러 가지 형태의 장애인 시설이 존재한다. 장애인복지법은 이러한 장애인복지시설을 설치 · 운영하는 내용을 규정하여 장애인들과 그 가족에게 필요한 서비스를 제공하여 복지증진에 이바지하고 있다.

장애인복지시설의 종류로는 다음과 같이 다섯 종류가 있다(동법 제58조).

㉮ **장애인거주시설** : 거주공간을 활용하여 일반가정에서 생활하기 어려운 장애인에게 일정 기간 동안 거주 요양 지원 등의 서비스를 제공하는 동시에 지역사회생활을 지원하는 시설

㉯ **장애인지역사회재활시설 :** 장애인을 전문적으로 상담 · 치료 · 훈련하거나 장애인의 일상생활, 여가활동 및 사회참여활동 등을 지원하는 시설

㉰ **장애인직업재활시설 :** 일반 작업환경에서는 일하기 어려운 장애인이 특별히 준비된 작업환경에서 직업훈련을 받거나 직업 생활을 할 수 있도록 하는 시설

㉱ **장애인의료재활시설 :** 장애인을 입원 또는 통원하게 하여 상담 · 진단 · 판정 · 치료 등 의료재활서비스를 제공하는 시설

㉲ **그 밖에 대통령령으로 정하는 시설 :** 장애인복지시설의 구체적인 종류와 사업 등에 관하여 필요한 사항은 보건복지부령으로 정한다(동법 시행규칙 제42조 별표 3 ; 장애인 복지시설의 종류).

⑥ 급여 및 비용

급여로는 의료비, 자녀교육비, 장애아동 교육수당, 장애인보조기구의 지원 등이 있으며, 비용부담으로 국가와 지자체, 장애인 또는 부양의무자로부터 일부 수납을 받는다. 이러한 비용의 수납은 장애인복지조치의 일부로서 장애인이나 그 가족의 경제적 형편이나 사회적 필요에 따라 유료복지를 실시할 수 있음을 법적으로 정한 조항이라고 할 수 있다. 장애인복지시설실시기관은 당해 장애인 또는 그 부양의무자로부터 대통령령이 정하는 바에 의하여 그 부담한 비용의 전부 또는 일부를 수납할 수 있다(동법 제81조).

국가와 지방자치단체는 대통령령이 정하는 바에 의하여 장애인복지시설의 설치 또는 운영에 필요한 비용의 전부 또는 일부를 매년 예산의 범위 안에서 부담할 수 있으며(동법 제79조), 이때 비용을 보조할 때에는 「사회복지사업법」 제43조의 규정에 의한 시설평가의 결과 등 당해 장애인복지시설의 운영실적을 고려하여 차등 보조할 수 있다(동법 시행령; 강희갑, 2006).

핵심요약

⇨ 장애인이란 신체나 정신상의 장애로 인하여 장기간에 걸쳐 직업생활에 상당한 제약을 받는 자로서 대통령령이 정하는 기준에 해당하는 자를 말한다.

(6) OECD 국가의 장애인복지

장애 출현율은 대부분의 OECD 국가에서 증가하는 추세에 있으나, 유사한 수준의 경제사회 개발 수준에 있는 OECD 국가 간에 장애 출현율이 커다란 차이를 보이고 있는 것은 장애의 정의와 장애급여 지급 평가방법에 있어서의 차이에 따른 것이다.

장애출현율은 대체로 관대한 장애급여 지급체계를 가진 국가에서 높게 나타났으며, 다른 작업 이외의 프로그램에의 접근성과 연관이 있는 것으로 나타났다.

OECD 국가에 있어서 장애인 판정은 50세 이상의 연령층에서 많이 나타나고 있는데, 이는 인구 고령화와 함께 장애 출현율이 증가하고 있음을 시사하는 것이다.

장애인 복지정책의 방향으로서 첫째, 「장애인차별금지법」을 제정하거나, 둘째, 장애인에 대한 고용주의 책임을 강화하는 정책, 셋째, 장애인 복지에 있어서 one-stop 서비스 같은 체계적인 관리를 강조하고 있으며, 마지막으로 장애인의 근로에 대한 유인정책을 개발하여 다양하게 적용하고 있다.

장애개념의 지속적인 확대에 따라 장애 판정 방법 역시 과거의 신체손상에 의한 해부학적 판정 방법에서 탈피하여 개호욕구에 의한 판정방법, 기능능력 평가방법, 경제적 손실 감안 방법 등 새로운 대안이 나타나고 있다.

(7) OECD 국가 유형별 장애인복지정책현황

① 스웨덴

스웨덴의 사회복지는 국가가 주체가 되어 국민 전체를 그 대상으로 하며, 국민이면 누구나 균등한 기회를 가지고 평등하게 잘 살 수 있도록 보호하고 있다. 즉, 스웨덴의 사회복지 프로그램은 국민의 일상생활에 관계되는 모든 문제를 취급하고 있다. 1930년 이전까지의 스웨덴의 사회복지는 기독교 정신에 입각한 자선사업과 지방정부 주관 아래 실시해 온 구빈사업이 주종을 이루었다. 기독교는 스웨덴에서 정치, 경제, 사회, 문화 및 복지생활에 절대적인 영향을 끼치게 되었고, 이때부터 교회는 기독교 정신 아래 가난한 사람, 고아, 무의무탁한 과부, 장애인, 병자, 노인들을 위해 자선사업을 베풀었다. 스웨덴의 초기 공적부조로 들 수 있는 것은 구빈제도이다. 구빈법(1763)에 의해 자조능력이 없는 고아, 노인, 정신, 지체장애인 또는 궁핍한 사람들을 구빈원에 수용 보호하는 제도였다. 스웨덴의 장애인복지정책을 살펴보면 다음과 같다. 첫째, 보편주의원칙에 입각한 정책적인 배려와 보장이다. 보편적 권리는 장애인의 사회참여를 통한 균등한 기회부여가 전제되어야 비로소 가능한 것이다. 스웨덴은 장애인 문제해결을 인권에 기초하여 이뤄 나가고 있으며, 장애인에게 동등한 기회균등을 가로막았던 요인인 사회적 · 물리적 장벽의 제거를 실시하였다. 둘째, 스웨덴에서는 장애인에 관한 모든 정책을 결정함에 있어서 사회통합이 전제되어 이뤄지고 있다. 스웨덴은 1971년 유엔의 정신지체인의 권리선언과 1975년 장애인의 권리선언을 통해 장애인의 사회통합에 대한 내용을 실천하는 방향으로 장애인을 위한 보장구를 포함한 의료적 · 심리적 · 기능적 치료와 재활교육, 직업교육, 원조, 상담, 직업알선 및 기타 장애인의 능력과 기술을 최대한으로 개발하고 그들이 사회통합을 촉진시킬 수 있도록 하는 서비스를 받을 수 있는 권리가 보장되도록 하고 있다. 셋째, 스웨덴의 장애인복지정책은 지역사회중심으로 이뤄지고 있다. 탈수용시설화의 원칙을 지키며, 장애인이 지역사회 안에서 살아가기 위해 구체적인 개발을 촉진하고, 이를 위한 정책을 국가 정책의 일반계획 내에 포함시켜 운영하고 있다. 마지막으로 스웨덴은 장애인복지에 있어서 국가책임주의 원칙을 철저히 지키고 있다. 국가는 장애인의 생계문제, 교육, 의료서비스 등의 기초적인 책임을 다하는 것을 원칙으로 하며, 민간자원이 장애인복지에 참여하는 데 있어서 그 역할 분담은 기초적 책임 이상에서 결정되고 있다(오혜경, 1996). 장애인 고용 관련 개혁은 장애인에게 보호고용뿐만 아니라 경쟁노동시장에 있어서도 선택의 폭을 넓혀 주는 것을 목표로 이루어지고 있으며, 장애 급여와 관련해서는 장애급여에 대한 접근성을 제한하는 정책을 추진하고 있다.

② 독일

독일의 장애인 복지대책은 역사적으로 전쟁과 밀접한 관계를 가지고 있다. 각국의 장애인 복지역사를 살펴보면 전상자를 대상으로 복지대책이 발전되어 온 경향을 발견할 수 있다. 즉, 최초에는 상이군경에 대한 제한적 서비스에서 출발하여 일반 신체장애인으로 대상이 넓어지고 그다음으로 정신장애인들까지 포괄하게 된 것이다. 독일도 장애인복지법의 발달은 제1차 세계대전 이후라고 할 수 있다. 1919년에 최초의 장애인복지법령「중증장해자 고용에 관한 명령」과 1920년「중증상해자고용법」이 제정되었다. 이 법률에는 장애인을 위한 고용이 의무화되어 있으며, 여기서 장애인의 개념을 주로 전쟁 상해자를 대상으로 한 것이다. 독일 장애인복지의 기본 이념은 정상화(Normalization)와 통합화(Intergration)이다. 이러한 이념을 바탕으로 장애의 원인이나 정도에 관계없이 모든 장애인들의 의료적 · 교육적 · 직업적 · 사회적 도움을 받는 것을 목적으로 하는「장애인 재활 촉진을 위한 행동 강령」이 1970년 연방정부 활동계획으로 발표되었다(김명희, 2000). 그 후 2002년 장애인 평등법 제정을 통해 장애인 작업장에 대한 배려, 직업 지원, 시간제 근로자 등의 권리와 함께 할당 고용률의 변경 및 고용주에 대한 의무를 규정하였고, 장애급여에 있어서는 장애급여 수급자격의 강화 및 장애급여 삭감 등이 이루어지고 있으며, 현재는 다른 OECD 국가와 차이를 두지 않고 있다.

③ 미국

미국은 53개 주로 구성된 연방국이기 때문에 사회보장제도, 즉 장애인복지정책도 강한 지방분권적 성격을 갖는다. 각종 장애인복지 정책을 실현하는 데는 연방정부는 대체로 주정부에 강제적인 방법을 사용하지 않고 대부분의 경우 무상의 재정원조를 통해서 주정부의 자발적인 참여를 도모한다. 장애인복지제도의 수혜자와 직접 접촉하는 운영기관이 대부분이며, 초기 식민지 시기부터 현대에 이르기까지 미국사회의 사회보장기능은 사적 · 자발적인 부분이 여전히 미국 사회복지의 주요한 부분을 형성하고 있는 것이 사실이다. 사설기관은 먼저 수혜자들에게 서비스를 제공하고 후에 정부로부터 요금을 지급받게 된다. 특히 사회보장법에서는 제도의 수혜자에 대한 자조의 원칙이 매우 강조되고 있다. 1920년에 제정된 직업재활법은 신체장애인만 대상으로 하였으나, 1048년에는 정신지체인과 정신질환자에게까지 확대되었다. 1990년 미국 장애인법(ADA)은 인권보호를 부여하는 획기적인 법으로, 특히 이 법은 장애인의 진정한 완전참여를 보장하기 위한 고용의 기회균등을 강조하고 있다(백대현, 2008). 장애인 고용과 관련하여 미국 장애인법의 제정을 통해 고용주의 의무를 강조하고 지원고용 제도의 도입을 통한 중증장애인의 고용을 확대하는 개혁이 이루어졌으며, 장애인 급여와 관련해서는 장애급여 수급자격을 엄격히 하고 제도를 강화하는 내용의 개혁이 이루어졌다. 소득보장정책으로는 65세 미만의 영구적 노동 상실 장애인에게 소득을 보장해 주는 제도를 마련하여 고용기관의 임금수준에 따라 매월 보충적 소득보장(SSI)이 지원된다.

④ 영국

복지국가 중의 대표적인 국가인 영국에 있어서 장애인복지법은 대단히 포괄적이고 복잡하며, 그 역사 또한 1601년의 「빈민법」 이래 약 400여 년 가까운 전통을 지니고 있다. 흔히 「엘리자베스 빈민법」이라고 하는 빈민법은 빈곤문제에 대한 국가의 책임을 최초로 확립시켰으며, 장애인은 노동 불가능한 빈민으로서 노인, 아동과 함께 빈민에 혼합수용을 규정하였다.

현대적 의미의 장애인복지법은 1942년 '베버리지 보고서'에 기초하여 복지국가의 출범이 이루어진 이후에 체계화되었다. 즉, 질병, 무지, 불결, 나태, 궁핍 등 다섯 가지 사회악을 일소하기 위한 사회제도로서 국민보건서비스, 교육, 주택, 고용, 소득보장 프로그램이 도입되었으며, 보편성과 포괄성, 평등성의 원칙에 기초하여 장애인복지정책도 복지국가의 틀 내에서 포괄적으로 시행하게 되었다. 1990년부터는 「국민보건서비스 및 사회적 케어법」이 제정되어 지방정부가 장애인을 위한 케어매니저(care manager)를 임명하고, 지역사회에 기초한 시설과 재가서비스에 공공부문뿐 아니라 민간, 자원

등의 참여를 고취하고 있다. 영국의 장애인고용대책은 직업재활서비스와 각종 원조를 주축으로 시행되고 있다(김명희, 2000). 장애인 고용정책은 장애인 개인의 욕구와 개별화된 서비스, 그리고 직업재활에 초점을 두어 장애인의 최저임금제 적용, 장애인 세금감면 확대, 지원고용과 보호고용의 통합 등이 이루어졌으며, 장애급여와 관련해서는 중증장애인 수당의 폐지와 함께 선천적이거나 청소년기에 장애를 입은 장애인의 경우 무능력 급여(incapacity benefit)의 수급을 쉽게 받을 수 있도록 수급 자격기준을 완화하였다.

⑤ 프랑스

프랑스 복지제도는 근본적으로 영국과 마찬가지로 복지국가의 이념에 바탕을 두고 있다. 즉, 누구든지 나이나 신체적·정신적 상태 혹은 경제적 여건으로 인하여 일할 수 없는 사람은 국가나 사회로부터 적절한 생존수단을 제공받을 권리를 가진다.

이 원칙은 1946년 사회보장제도의 일반화 원칙이 선언된 이래 강조되어 온 것으로 장애인복지정책에도 적용되고 있다. 프랑스의 장애인 복지정책은 전통적으로 직업복귀에 중점을 두고 있다. 직업복귀는 할당고용제도를 근간으로 하고 있는데, 제1차 세계대전 후인 1923년부터 퇴역상이군인, 전쟁미망인, 전쟁고아 등을 대상으로 시작되었고, 1957년 「장애근로자 복귀법」의 제정으로 일반장애인도 그 대상에 포함되었다. 그 후 장애인복지기본법 시행을 위하여 '장애아동 및 청소년을 위한 특수시설에 근무하는 교육원의 신분보장', '중도성 장애인 특수요양시설의 신분 보장', '중도성 장애인 특수시설의 설치운영 요강', '공공시설의 장애인 편의시설 설치기준' 등 세분운영 규정이 60여 개나 되어 매우 다원적으로 체계화되어 있는 것이 특징이다(김명희, 2000).

⑥ 네덜란드

장애인 고용정책은 대규모 보호고용프로그램의 효율성을 증진시키는 데 주력하였고, 장애급여의 개혁은 자격기준 등 접근을 엄격하게 함으로써 장애급여 수급자를 감소시키고자 하며, 고용주와 잠재적 수급자에게 제공되는 인센티브를 변경하였다.

(8) 문제점 및 개정방향과 대책

① 문제점

전통적으로 우리 사회는 장애인문제에 있어 회피형에 가깝다. 장애문제 발생에 있어 본질적으로 발생되는 구조적인 문제를 제거하기 위해 국가와 사회가 책임을 지기보다는 당사자나 가족에게 그 책임이 떠넘겨져 있다. 이러한 결과 장애인 복지정책의 방향은 아직도 재활패러다임을 벗어나지 못하고 있는 실정이다. 유엔은 이미 1981년 '세계장애인의 해'를 결의하면서 "완전참여와 평등"을 목적으로 의제 결의를 한 바 있다. 이는 복지서비스의 확대보다는 인권에 초점을 맞추고 있다는 의미이다. 이는 구체적으로 1970년대까지는 장애인복지는 장애인을 환자로 보는 의료모델이 주류였다면, 1980년대에 들어서면서 장애문제를 인권차원에서 보면서, 장애인 문제가 개인 차원에서 일어난다고 하기보다는 사회적 억압환경에 의해 장애문제가 발생된다는 사회적 모델로의 전환으로 볼 수 있다(김정열, 2004).

우리나라 장애인 정책의 문제점을 몇 가지 살펴보면 다음과 같다.

첫째, 장애인의 편의시설 제공이 충분히 이루어지지 않고 있다.

둘째, 장애인은 고용에 있어서도 불이익을 받고 있다.

셋째, 통합교육을 실시하기 위한 특수교육시설이 매우 부족하다.

넷째, 생활안정 대책이 미흡하다.

장애인 범주를 확대해야 하며, 장애인을 위한 사회적 인프라가 부족(생활시설, 복지, 교육)하다. 예방적 조치 미흡, 산업구조, 교통 환경의 변화에 따른 안전대책의 미흡, 수급권자인 장애인에 제한된 의료보호조치의 확대 등

저조한 장애인 고용 실적으로 국가, 지자체 등 의무고용업체의 낮은 고용율과 통합교육 등 특수 교육의 확대와 장애인소득보장 대책으로 LPG 보조금 등이 개선되어야 한다.

② 정책방향과 대책

장애인복지의 성격에 따라 예방조치, 재활조치, 소득지원조치 등 세 가지로 분류할 수 있으며, 국가와 지방자치단체는 장애의 발생과 원인을 조사하여 조기에 상병을 발견, 치료를 필요로 시책을 강구하고 있다. 하여 보건복지부 장관은 5년마다 장애인의 실태를 조사하여 적절한 대책을 강구해야 하며 장애인과 법정대리인, 대통령령이 정하는 보호자로 하여금 서울특별시장, 광역시장, 도지사에게 장애인 등록을 하도록 의무화하고 있다.

장애인복지의 정책 방향과 대책을 살펴보면 다음과 같다.

㉮ 급여의 적정화를 통한 (중증)장애인이 인간다운 삶을 영위할 수 있기에 충분한 수준의 소득보장대상자의 선정에서의 사각지대 해소를 통한 소득보장의 포괄성 원칙 실현

㉯ 국민연금과 산재보험, 국민기초생활보장제도, 각종 장애인 수당, 그리고 고용 및 직업 재활 정책의 상호 연계추진

㉰ (중증)장애인의 노동권과 소득보장 보호를 위한 장애인연금제도의 도입

㉱ 근로능력에 따른 소득보장체계 구축을 위한 직업적 장애판정 기준 마련

㉲ 근로능력의 손실이 큰 중증장애인을 대상으로 장애급여의 적정화를 통한 소득보장제도의 충실성 도모

㉳ 장애발생요건 완화로 장애연금수급권 확대, 장애인에 대한 연금수급 연령의 특례조치 마련, 장애인기초연금 도입 등을 통한 장애급여의 사각지대 해소

㉴ 장애인의 근로에 대한 유인 정책 개발과 다양한 적용을 통한 장애인의 근로강화 및 장애인 스스로의 노력 등 장애인 의무강화 등을 통한

노동시장 진입 촉진

㉮ 장애수당제도의 전면적 재검토를 통한 장애연금제도 시행

㉯ 장애로 인한 추가비용과 소득감소를 보전해 주기 위한 사회수당식 연금 원칙 적용(장애연금제도 도입 초기에는 재정부담을 고려, 사회부조식을 가미하여 시작할 수 있음)

㉰ 안전하고 편리하게 시설 및 설비를 이용하고 정보에 접근할 수 있는 편의증진보장에 관한 법률에 근거하여(동법 제23조), 도로, 공원, 공공건물 및 공중이용시설 등의 편의시설 설치가 필요한 곳에 정책집행을 반영

㉱ 「특수교육진흥법」에 의거하여 시각장애 · 청각장애 · 정신지체 · 지체부자유 · 정서장애 · 언어장애 · 학습장애 · 기타 교육부령이 정하는 장애로 인해 특수교육을 필요로 하는 사람에 대한 기초교육과 직업교육을 정부지원으로 강화

핵심요약

⇨ OECD 국가에 있어서 최근 15년간은 장애인복지에 있어서 장애급여삭감과 고용 중시 정책의 확산으로 대변할 수 있으며, 이에 따라 대부분의 국가에서 장애급여의 수급비율은 점차 낮아지고 있다. 의무고용률(상시근로자의 2%)이 있는데, 이것을 지키지 않을 경우 미고용 장애인 1인당 사업주 부담액을 21만 6천 원(종전 20만 7천 원)으로 인상하여 2000년 1월부터 시행하였다.

3 장애인차별금지 및 권리구제 등에 관한 법률

[법률 제15272호, 2017. 12. 19., 일부개정]

(1) 목적

이 법은 모든 생활영역에서 장애를 이유로 한 차별을 금지하고 장애를 이유로 차별받은 사람의 권익을 효과적으로 구제함으로써 장애인의 완전한 사회참여와 평등권 실현을 통하여 인간으로서의 존엄과 가치를 구현함을 목적으로 한다.

(2) 장애와 장애인

① 이 법에서 금지하는 차별행위의 사유가 되는 장애라 함은 신체적·정신적 손상 또는 기능상실이 장기간에 걸쳐 개인의 일상 또는 사회생활에 상당한 제약을 초래하는 상태이다.

② 장애인이라 함은 제1항에 따른 장애가 있는 사람을 말한다.

(3) 차별행위 : 다음의 어느 하나에 해당하는 경우

① 장애인을 장애를 사유로 정당한 사유 없이 제한·배제·분리·거부 등에 의하여 불리하게 대하는 경우

② 장애인에 대하여 형식상으로는 제한·배제·분리·거부 등에 의하여 불리하게 대하지 아니하지만 정당한 사유 없이 장애를 고려하지 아니하는 기준을 적용함으로써 장애인에게 불리한 결과를 초래하는 경우

③ 정당한 사유 없이 장애인에 대하여 정당한 편의 제공을 거부하는 경우

④ 정당한 사유 없이 장애인에 대한 제한·배제·분리·거부 등 불리한

대우를 표시 · 조장하는 광고를 직접 행하거나 그러한 광고를 허용 · 조장하는 경우. 이 경우 광고는 통상적으로 불리한 대우를 조장하는 광고효과가 있는 것으로 인정되는 행위를 포함한다.

⑤ 장애인을 돕기 위한 목적에서 장애인을 대리 · 동행하는 자(장애아동의 보호자 또는 후견인 그 밖에 장애인을 돕기 위한 자임이 통상적으로 인정되는 자)에 대하여 제1호부터 제4호까지의 행위를 하는 경우. 이 경우 장애인 관련자의 장애인에 대한 행위 또한 이 법에서 금지하는 차별행위 여부의 판단대상이 된다.

⑥ 보조견 또는 장애인보조기구 등 정당한 사용을 방해하거나 보조견 및 장애인보조기구 등을 대상으로 제4호에 따라 금지된 행위를 하는 경우

(4) 차별로 보지 아니하는 경우

① 금지된 차별행위를 하지 않음에 있어서 과도한 부담이나 현저히 곤란한 사정 등이 있는 경우

② 금지된 차별행위가 특정 직무나 사업 수행의 성질상 불가피한 경우. 이 경우 특정 직무나 사업 수행의 성질은 교육 등의 서비스에도 적용되는 것으로 본다.

③ 장애인의 실질적 평등권을 실현하고 장애인에 대한 차별을 시정하기 위하여 이 법 또는 다른 법령 등에서 취하는 적극적 조치는 이 법에 따른 차별로 보지 아니한다.

(5) 차별판단

차별의 원인이 두 가지 이상이고, 그 주된 원인이 장애라고 인정되는 경우 그 행위는 이 법에 따른 차별로 본다. 이 법을 적용함에 있어서 차별 여부를 판단할 때에는 장애인 당사자의 성별, 장애의 유형 및 정도, 특성 등을 충분히 고려하여야 한다.

(6) 다른 법률과의 관계

장애를 사유로 한 차별의 금지 및 권리구제에 관해 이 법에서 규정한 것 외에 「국가인권위원회법」으로 정하는 바에 따른다.

(7) 차별금지 내용

고용, 교육, 재화와 용역의 제공 및 이용, 사법 · 행정절차 및 서비스와 참정권, 모 · 부성권, 성 등, 가족 · 가정 · 복지시설, 건강권 등이다.

(8) 장애여성 및 장애아동 등

- 제33조(장애여성에 대한 차별금지) 국가 및 지방자치단체는 장애를 가진 여성임을 이유로 모든 생활 영역에서 차별을 하여서는 아니 된다.
- 제34조(장애여성에 대한 차별금지를 위한 국가 및 지방자치단체의 의무) ① 국가 및 지방자치단체는 장애여성에 대한 차별요인이 제거될 수 있도록 인식개선 및 지원책 등 정책 및 제도를 마련하는 등 적극적 조치를 강구하여야 하고, 통계 및 조사연구 등에 있어서도 장애여성을 고려하여야 한다.
- 제35조(장애아동에 대한 차별금지) 누구든지 장애를 가진 아동임을 이유로 모든 생활 영역에서 차별을 하여서는 아니 된다.
- 제36조(장애아동에 대한 차별금지를 위한 국가 및 지방자치단체의 의무) 국가 및 지방자치단체는 장애아동이 장애를 이유로 한 어떠한 종류의 차별도 없이 다른 아동과 동등한 권리와 자유를 누릴 수 있도록 필요한 조치를 다하여야 한다.
- 제37조(정신적 장애를 가진 사람에 대한 차별금지 등) ① 누구든지 정신적 장애를 가진 사람의 특정 정서나 인지적 장애 특성을 부당하게 이용하여 불이익을 주어서는 아니 된다.

(9) 장애인차별시정기구 및 권리구제 등

- 제38조(진정) 이 법에서 금지하는 차별행위로 인하여 피해를 입은 사람(이하 "피해자"라 한다) 또는 그 사실을 알고 있는 사람이나 단체는 국가인권위원회(이하 "위원회"라 한다)에 그 내용을 진정할 수 있다.
- 제39조(직권조사) 위원회는 제38조의 진정이 없는 경우에도 이 법에서 금지하는 차별행위가 있다고 믿을 만한 상당한 근거가 있고, 그 내용이 중대하다고 인정할 때에는 이를 직권으로 조사할 수 있다.
- 제40조(장애인차별시정소위원회) ① 위원회는 이 법에서 금지하는 차별 행위에 대한 조사와 구제 업무를 전담하는 장애인차별시정소위원회(이하 "소위원회"라 한다)를 둔다.
- 제41조(준용규정) 제38조 및 제39조에 따른 진정의 절차 · 방법 · 처리, 진정 및 직권에 따른 조사의 방법에 관하여 이 법에 특별한 규정이 없는 사항에 관하여는 「국가인권위원회법」의 규정을 준용한다.
- 제42조(권고의 통보) 위원회는 이 법이 금지하는 차별행위로 「국가인권위원회법」 제44조의 권고를 한 경우 그 내용을 법무부장관에게 통보하여야 한다.
- 제43조(시정명령) ① 법무부장관은 이 법이 금지하는 차별행위로 「국가인권위원회법」 제44조의 권고를 받은 자가 정당한 사유 없이 권고를 이행하지 아니하고 다음 각 호의 어느 하나에 해당하는 경우로서 그 피해의 정도가 심각하고 공익에 미치는 영향이 중대하다고 인정되는 경우 피해자의 신청에 의하여 또는 직권으로 시정명령을 할 수 있다.
- 제44조(시정명령의 확정) ① 법무부장관의 시정명령에 대하여 불복하는 관계 당사자는 그 명령서를 송달받은 날부터 30일 이내에 행정소송을 제기할 수 있다.
- 제45조(시정명령 이행상황의 제출요구 등) ① 법무부장관은 확정된 시정명령에 대하여 차별행위자에게 그 이행상황을 제출할 것을 요구할 수 있다.

(10) 손해배상, 입증책임 등

• 제46조(손해배상) 누구든지 이 법의 규정을 위반하여 타인에게 손해를 가한 자는 그로 인하여 피해를 입은 사람에 대하여 손해배상책임을 진다. 다만, 차별행위를 한 자가 고의 또는 과실이 없음을 증명한 경우에는 그러하지 아니하다.

• 제47조(입증책임의 배분) 이 법률과 관련한 분쟁해결에 있어서 차별행위가 있었다는 사실은 차별행위를 당하였다고 주장하는 자가 입증하여야 한다.

• 제48조(법원의 구제조치) 법원은 이 법에 따라 금지된 차별행위에 관한 소송 제기 전 또는 소송 제기 중에 피해자의 신청으로 피해자에 대한 차별이 소명되는 경우 본안 판결 전까지 차별행위의 중지 등 그 밖의 적절한 임시조치를 명할 수 있다.

(11) 벌칙

• 제49조(차별행위) ① 이 법에서 금지한 차별행위를 행하고 그 행위가 악의적인 것으로 인정되는 경우 법원은 차별을 한 자에 대하여 3년 이하의 징역 또는 3천만 원 이하의 벌금에 처할 수 있다. <개정 2017. 12. 19.>

• 제50조(과태료) ① 제44조에 따라 확정된 시정명령을 정당한 사유 없이 이행하지 아니한 자는 3천만 원 이하의 과태료에 처한다. <개정 2010. 5. 11.>

Chapter 13

노인장기요양보험제도

1 노인장기요양보험법

노인장기요양보험은 비전문적인 가족요양을 계획적인 전문적 요양, 간호서비스 제공 등으로 대체함으로써 노인의 신체기능호전, 사망률 감소 등으로 삶의 질을 크게 향상시키며 요양시설에 대한 부담을 사회보험을 통하여 부양부담을 경감시키는 제도이다.

(1) 법의 의의 및 배경

① 법의 의의

2007년 4월 2일 「노인장기요양보험법」이 국회 본회의를 사실상 만장일치로 통과 후 4월 27일 공포됨으로써 2008년 7월 1일부터 노인장기요양보험제도가 시행되었다. 이에 따라 「노인장기요양보험법」의 시행을 위해 시행령 및 시행규칙을 정하였다.

노인장기요양보험제도는 노인의 노후생활 안정을 도모하고 그 가족의 부양부담과 치매·중풍 등 노인에 대한 장기간에 걸친 간병, 장기요양문제를 사회연대원리에 따라 국가와 사회가 분담하므로 그동안 가족들이 맡아 왔던 노인문제를 덜어 줌으로써 국민의 삶의 질을 향상하려는 것이다.

② 배경

인구의 고령화 등 일상생활이 어려운 노인들의 수가 날로 증가하고 있으나, 핵가족화·여성의 사회참여 증가 등으로 장기요양이 필요한 노인을 가정에서 돌보는 것이 어렵고 비용부담이 과중하여 노인장기요양 문제는 사회적 문제로 대두되어 노인의 간병·장기요양 문제를 사회적 연대원리에 따라 정부와 사회가 공동으로 해결하는 노인장기요양보험제도를 도입하게 되었다.

(2) 요양보호의 개념과 목적

우리나라 공적노인요양보장 추진기획단이 실시한 공적노인요양보장체계 개발연구보고서에서 장기요양보호(long-term care)의 개념을 '의존상태에 있는 노인 또는 생활상의 장애를 지닌 노인에게 장기간(6개월 이상)에 걸쳐 일상생활 수행능력을 도와주기 위해서 제공되는 보건, 의료, 요양, 복지 등 모든 형태의 보호서비스'라고 정의하고 있다. 또한 그 대상이 신체 또는 정신장애자가 있는 경우의 케어를 의미하고 있다.

① 필요성

의학기술의 발달과 산업화 및 충분한 영양섭취로 인간의 수명이 증가하고 있으며, 출산율이 저하되고, 특히 우리나라의 고령화는 세계에서 그 유래를 찾을 수 없을 정도로 가속화되고 있다. 산업화와 핵가족화, 여성의 사회진출로 노인부양의 문제가 심각한 사회문제로 대두되었다. 곧 도래할 고령사회에 노인성 질환을 가진 노인들이 증가하는 데 따른 노인부양의 문제가 심각한 사회문제가 되고 있는데, 정부는 그동안 가족의 영역에 맡겨져 왔던 치매, 중풍 등 노인에 대한 장기간에 걸친 간병 및 장기요양문제를 사회연대원리에 따라 국가와 사회가 분담함으로써 노후의 건강증진을 도모하고 부양가족의 부담을 덜어 주겠다는 취지로 지난 2007년 4월에 「노인장기요양보험법」이 제정되어 2008년 7월 1일에 시행되었다.

② 목적

대상은 고령이나 노인성 질병 등의 사유로 일상생활을 혼자서 수행하기 어려운 노인 등에게 제공하는 신체활동 또는 가사활동 지원 등의 장기요양급여에 관한 사항을 규정하여 노후의 건강증진 및 생활안정을 도모하고 그 가족의 부양부담을 덜어 줌으로써 국민의 삶의 질을 향상하도록 함을 목적으로 한다.

「노인장기요양법」의 요양급여 대상자는 65세 이상의 노인 또는 65세 미만의 자로서 치매 · 뇌혈관성질환 등 대통령령으로 정하는 노인성 질병을 가진 자를 말한다.

③ 노인장기요양법의 용어

㉮ 장기요양급여

제15조 제2항에 따라 6개월 이상 동안 혼자서 일상생활을 수행하기 어렵다고 인정되는 자에게 신체활동 · 가사활동의 지원 또는 간병 등의 서비스나 이에 갈음하여 지급하는 현금 등을 말한다.

㉯ 장기요양사업

장기요양보험료, 국가 및 지방자치단체의 부담금 등을 재원으로 하여 노인 등에게 장기요양급여를 제공하는 사업을 말한다.

㉰ 장기요양기관

제31조에 따라 지정을 받은 기관 또는 제32조에 따라 지정된 재가장기요양기관으로서 장기요양급여를 제공하는 기관을 말한다.

㉱ 장기요양요원

장기요양기관에 소속되어 노인 등의 신체활동 또는 가사활동 지원 등의 업무를 수행하는 자를 말한다.

④ 노인장기요양급여의 원칙으로 제공

㉮ 장기요양급여는 노인 등의 심신상태 · 생활환경과 노인 등 및 그 가족의 욕구 · 선택을 종합적으로 고려하여 필요한 범위 안에서 이를 적정하게 제공하여야 한다.

㉯ 장기요양급여는 노인 등이 가족과 함께 생활하면서 가정에서 장기요양을 받는 재가급여를 우선적으로 제공하여야 한다.

㉰ 장기요양급여는 노인 등의 심신 상태나 건강 등이 악화되지 않도록 의료서비스와 연계하여 이를 제공하여야 한다.

(3) 노인장기요양보험의 운영

① 정부역할

국가 및 지방자치단체는 노인이 일상생활을 혼자서 수행할 수 있는 온전한 심신 상태를 유지하는 데 필요한 사업(이하 '노인성질환예방사업'이라 한다)을 실시하고, 노인성질환예방사업을 수행하는 지방자치단체 또는 「국민건강보험법」에 따른 국민건강보험공단(이하 '공단'이라 한다)에 대하여 이에 소요되는 비용을 지원한다.

② 관리운영

장기요양보험사업은 보건복지부장관이 관장하고 장기요양보험사업의 보험자는 공단으로 한다. 장기요양보험의 가입자(이하 '장기요양보험가입자'라 한다)는 「국민건강보험법」 제5조 및 제93조에 따른 가입자로 한다.

장기요양보험료는 「국민건강보험법」 제62조에 따른 보험료(이하 이 조에서 '건강보험료'라 한다)와 통합하여 징수한다. 이 경우 공단은 장기요양보험료와 건강보험료를 구분하여 고지하여야 한다. 공단은 제2항에 따라 통합 징수한 장기요양보험료와 건강보험료를 각각의 독립회계로 관리하여야 한다.

장기요양인정의 신청자격은 노인 등으로서 장기요양보험가입자 또는 그 피부양자가 가능하다. 장기요양인정의 신청은 장기요양인정을 신청하는 자(이하 '신청인'이라 한다)는 공단에 보건복지부령으로 정하는 바에 따라 장기요양인정신청서(이하 '신청서'라 한다)에 의사 또는 한의사가 발급하는 소견서(이하 '의사소견서'라 한다)를 첨부하여 제출하여야 한다. 다만, 의사소견서는 공단이 제15조 제1항에 따라 등급판정위원회에 자료를 제출하기 전까지 제출할 수 있다. 그러나 거동이 현저하게 불편하거나 도서 · 벽지 지역에 거주하여 의료기관을 방문하기 어려운 자 등 대통령령으로 정하는 자는 의사소견서를 제출하지 않을 수 있다. 공단은 법률에 따라 조사가 완료된 때 조사결과서, 신청서, 의사소견서, 그 밖에 심의에 필요한 자료를 제52조에 따른 장기요양등급판정위원회(이하 "등급판정위원회"라 한다)에 제출하여야 한다.

등급판정위원회는 신청인이 신청자격 요건을 충족하고 6개월 이상 동안 혼자서 일상생활을 수행하기 어렵다고 인정하는 경우 심신상태 및 장기요양이 필요한 정도 등 대통령령으로 정하는 등급판정기준에 따라 장기요양급여를 받을 자(이하 '수급자'라 한다)로 판정한다.

장기요양인정의 유효기간은 최소 1년 이상으로서 대통령령으로 정하고, 유효기간의 산정방법 그 밖에 필요한 사항은 보건복지부령으로 정한다.

수급자는 장기요양인정의 유효기간이 만료된 후 장기요양급여를 계속하여 받고자 하는 경우 공단에 장기요양인정의 갱신을 신청하여야 하며, 장기요양인정의 갱신 신청은 유효기간이 만료되기 전 30일까지 이를 완료하여야 한다.

국민건강보험법

제5조(적용 대상 등)

국내에 거주하는 국민은 건강보험의 가입자 또는 피부양자가 된다.

다만, 다음 각 호의 어느 하나에 해당하는 사람은 제외한다.

① 「의료급여법」에 따라 의료급여를 받는 사람

② 「독립유공자예우에 관한 법률」 및 「국가유공자 등 예우 및 지원에 관한 법률」에 따라 의료보호를 받는 사람

노인장기요양보험법

제7조(장기요양보험)

① 장기요양보험사업은 보건복지부장관이 관장한다.

② 장기요양보험사업의 보험자는 공단으로 한다.

③ 장기요양보험의 가입자(이하 "장기요양보험가입자"라 한다)는 「국민건강보험법」 제5조 및 제109조에 따른 가입자로 한다.

(4) 장기요양등급대상자

장기요양급여 대상자는 '65세 이상인 자' 또는 '65세 미만이지만 노인성 질병을 가진 자'로 거동이 불편하거나 치매 등으로 인지가 저하되어 6개월 이상의 기간 동안 혼자서 일상생활을 수행하기 어려운 사람이다.

(5) 노인성 질병의 종류(한국표준 질병사인 분류)

가. 알츠하이머병에서의 치매
나. 혈관성 치매
다. 달리 분류된 기타 질환에서의 치매
라. 상세불명의 치매
마. 알츠하이머병
바. 지주막하출혈
사. 뇌내출혈
아. 기타 비외상성 두개 내 출혈
자. 뇌경색증
차. 출혈 또는 경색증으로 명시되지 않은 뇌졸중
카. 뇌경색증을 유발하지 않은 뇌전동맥의 폐쇄 및 협착
타. 뇌경색증을 유발하지 않은 대뇌동맥의 폐쇄 및 협착
파. 기타 뇌혈관 질환
하. 달리 분류된 질환에서의 뇌혈관장애
거. 뇌혈관질환의 후유증
너. 파킨슨병
더. 이차성 파킨슨증
러. 달리 분류된 질환에서의 파킨슨증
머. 기저핵의 기타 퇴행성 질환
버. 중풍후유증
서. 진전

1. 질병명 및 질병코드는 「통계법」 제22조에 따라 고시된 한국표준질병사인 분류에 따른다.
2. 진전은 보건복지부장관이 정하여 고시하는 범위로 한다.
근거: 노인장기요양보험법. 별표1. 노인성 질병의 종류(제2조 관련)

(6) 장기요양인정 신청 및 판정 절차

노인장기요양보험을 이용하고자 하는 자는 다음과 같은 절차를 따른다(보건복지부, 2019).

① 장기요양인정신청

65세 이상 노인 또는 65세 미만 노인성 질환 대상자가 공단에 의사 또는 한의사가 발급하는 소견서를 첨부하여 장기요양인정 신청서를 제출한다. 본인, 가족이나 친족 또는 이해관계인, 사회복지전담공무원(본인이나 가족 등의 동의 필요), 시장 · 군수 · 구청장이 지정하는 자가 신청할 수 있다.

② 방문조사

소정의 교육을 이수한 공단 직원(사회복지사, 간호사 등)이 신청인의 거주지를 방문하여 심신 상태를 나타내는 장기요양인정조사 항목에 대하여 조사한다.

③ 방문조사 1차 판정: 의사소견서

- 공단은 장기요양인정조사표에 따라 작성된 조사결과를 토대로 컴퓨터 판정 프로그램을 통해 장기요양등급을 1차 판정한다.
- 공단은 조사결과서, 의사소견서 등을 등급판정위원회에 제출한다.
- 등급판정위원회는 대통령령이 정하는 등급판정기준에 따라 1차 판정 결과를 심의하여 장기요양인정 여부 및 장기요양등급을 최종 판정한다.

• 판정은 신청서를 제출한 날로부터 30일 이내에 완료한다. 다만 정밀조사가 필요한 경우 등 부득이한 경우에는 연장할 수 있다.

④ 최종판정: 등급판정위원회

장기요양등급 판정 결과와 등급별 상태에 대한 예시는 다음과 같다.

❖ 요양 등급판정 기준

등급	심신의 기능상태	장기요양 인정점수
1등급	일상생활에서 전적으로 다른 사람의 도움이 필요한 상태	95점 이상
2등급	일상생활에서 상당 부분 다른 사람의 도움이 필요한 상태	75점 이상 ~ 95점 미만
3등급	일상생활에서 부분적으로 다른 사람의 도움이 필요한 상태	60점 이상 ~ 75점 미만
4등급	심신의 기능상태 장애로 일상생활에서 일정 부분 다른 사람의 도움이 필요한 상태	51점 이상 ~ 60점 미만
5등급	치매환자(「노인장기요양보험법 시행령」 제2조에 따른 노인성 질병으로 한정)	45점 이상 ~ 51점 미만
인지지원 등급	치매환자(「노인장기요양보험법 시행령」 제2조에 따른 노인성 질병으로 한정)	45점 미만

자료: 보건복지부(2019). 장기요양인정자(1~5등급, 인지지원등급), 등급 외(복지, 예방).

⑤ 판정 결과 통보(「노인장기요양보험법」 제17조 장기요양인정서)

공단은 장기요양등급, 장기요양급여의 종류 및 내용이 담긴 장기요양인정서와 적절한 서비스 내용, 횟수, 비용 등을 담은 표준장기요양 이용계획서를 수급자나 보호자에게 제공한 후 서비스 이용에 대해 교육한다.

장기요양인정 유효기간은 최소 1년 이상으로 한다.

❖ 장기요양 유효기간 원칙

장기요양 유효기간 원칙	유효기간
• 유효기간을 갱신할 때 갱신 직전 등급과 같은 등급으로 판정을 받는 경우	1등급의 경우: 4년
	2등급, 3등급, 4등급의 경우: 3년 5등급, 인지지원등급의 경우: 2년

✣ 등급판정을 위한 방문 조사항목

등급	항 목		
신체기능 (12개 항목)	• 옷벗고 입기 • 식사하기 • 일어나 앉기 • 화장실 사용하기	• 세수하기 • 목욕하기 • 옮겨 앉기 • 대변조절하기	• 양치질 하기 • 체위변경하기 • 방 밖으로 나오기 • 소변조절하기
인지기능 (7개 항목)	• 단기기억장애 • 날짜 불인지 • 장소 불인지 • 나이 · 생년월일 불인지	• 지시 불인지 • 상황 · 판단력감퇴 • 의사소통 · 전달장애	-
행동변화 (14개 항목)	• 망상 • 환각 · 환청 • 슬픈 상태, 울기도 함 • 불규칙 수면, 주야혼돈 • 도움에 저항	• 서성거림 · 안절부절 못함 • 길을 잃음 • 폭언 · 위협행동 • 밖으로 나가려 함 • 의미없거나 부적절한 행동	• 물건 망가뜨리기 • 돈/물건 감추기 • 부적절한 옷 입기 • 대소변 불결행위
간호처치 (9개 항목)	• 기관지 절개관 간호 • 흡인 • 산소요법	• 경관영양 • 욕창 간호 • 암성 통증 간호	• 도뇨관리 • 장루 간호 • 투석 간호
재활 (10개 항목)	운동장애(4개 항목)	관절제한(6개 항목)	
	• 우측상지 • 우측하지 • 좌측상지 • 좌측하지	• 어깨관절 • 팔꿈치관절 • 고관절 • 무릎관절	• 손목 및 수지관절 • 발목관절

✣ 등급판정

등급	심신의 기능상태	장기요양 인정점수
1등급	일상생활에서 전적으로 다른 사람의 도움이 필요한 상태	95점 이상
2등급	일상생활에서 상당 부분 다른 사람의 도움이 필요한 상태	75점 이상 ~ 95점 미만
3등급	일상생활에서 부분적으로 다른 사람의 도움이 필요한 상태	60점 이상 ~ 75점 미만
4등급	심신의 기능상태 장애로 일상생활에서 일정 부분 다른 사람의 도움이 필요한 상태	51점 이상 ~ 60점 미만
5등급	치매환자(「노인장기요양보험법 시행령」 제2조에 따른 노인성 질병으로 한정)	45점 이상 ~ 51점 미만
인지지원 등급	치매환자(「노인장기요양보험법 시행령」 제2조에 따른 노인성 질병으로 한정)	45점 미만

자료: 노인장기요양보험법 시행령 제7조(등급판정기준 등)에 따라 정리함

장기요양급여는 사회적 연대원리에 의해 제공하는 사회보험 제도이다.

노인장기요양보험제도는 수급자에게 배설, 목욕, 식사, 취사, 조리, 세탁, 청소, 간호, 진료의 보조 또는 요양상의 상담 등의 장기요양서비스를 다양한 방식으로 제공하고 있다.

이미 오래전부터 고령화 현상을 겪고 있는 선진국들은 우리나라보다 앞서 다양한 방식으로 장기요양서비스를 제공하고 있다.

핵심요약

⇨ 장기요양급여는 제15조 제2항에 따라 6개월 이상 동안 혼자서 일상생활을 수행하기 어렵다고 인정되는 자에게 신체활동, 가사활동의 지원 또는 간병 등의 서비스나 이에 갈음하여 지급하는 현금 등을 말한다.

(7) 장기요양기관 및 급여비용

① 장기요양기관

장기요양기관을 설치 · 운영하고자 하는 자는 소재지를 관할 구역으로 하는 시장 · 군수 · 구청장으로부터 지정을 받아야 하며, 보건복지부령으로 정하는 장기요양에 필요한 시설 및 인력을 갖추어야 한다. 시장 · 군수 · 구청장은 장기요양기관을 지정한 때 지체 없이 지정 명세를 공단에 통보하여야 한다. 또한 장기요양기관은 매 2년마다 시설평가를 받아야 한다.

② 급여비용

장기요양기관은 수급자에게 재가급여 또는 시설급여를 제공한 경우 공단에 장기요양급여비용을 청구하여야 하며, 공단은 이를 심사하여 장기요양에 사용된 비용 중 공단부담금(재가 및 시설 급여비용 중 본인일부부담금을 공제한 금액을 말한다)을 당해 장기요양기관에 지급하여야 한다.

재가 및 시설 급여비용은 다음과 같이 일부를 수급자가 부담한다. 다만, 수급자 중 「국민기초생활보장법」에 따른 수급권자는 그러하지 아니하다.

재가급여의 경우 당해 장기요양급여비용의 100분의 15이고, 시설급여는 당해 장기요양급여비용의 100분의 20을 요양급여 이용자(수급자) 본인이 부담하도록 하고 있다. 다음과 같은 경우 수급자 본인이 전액 부담한다.

> 이 법의 규정에 따른 급여의 범위 및 대상에 포함되지 아니하는 장기요양급여, 수급자가 제17조 제1항 제2호에 따른 장기요양인 정서에 기재된 장기요양급여의 종류 및 내용과 다르게 선택하여 장기요양급여를 받은 경우 그 차액, 장기요양급여의 월 한도액을 초과하는 장기요양급여이다. 국가는 매년 예산의 범위 안에서 당해 연도 장기요양보험료 예상수입액의 100분의 20에 상당하는 금액을 공단에 지원하며, 국가와 지방자치단체는 대통령령으로 정하는 바에 따라 의료급여수급권자의 장기요양급여비용, 의사소견서 발급비용, 방문간호지시서 발급비용 중 공단이 부담하여야 할 비용 및 관리운영비의 전액을 부담한다.

(8) 장기요양기관의 비용부담과 설치

① 장기요양보험료의 징수(제8조)

장기요양보험 가입자는 건강보험 가입자와 동일하며, 공단은 장기요양보험료와 건강보험료를 통합하여 징수한다. 공단은 통합 징수한 장기요양보험료와 건강보험료는 각각 독립회계로 관리한다. 장기요양보험료는 건강보험료액에 장기요양보험료율을 곱해 산정한다.

장기요양보험료율은 복지부장관 소속 노인장기요양위원회의 심의를 거쳐 대통령령으로 정한다.

② 비용의 분담(제40조)

㉮ 재가급여 : 당해 장기요양급여비용의 100분의 15

㉯ 시설급여 : 당해 장기요양급여비용의 100분의 20

㉰ 국민기초생활보장법에 의한 수급자는 전액 면제

㉱ 의료급여수급권자, 소득·재산 등 보건복지부장관이 정하여 고시하는 일정금액 이하인 자는 본인부담금을 50% 경감

국가 및 지자체의 비용분담(제58조)의 경우, 당해 연도 장기요양보험료

예상수입액의 100분의 20에 상당하는 금액을 국고에서 국민건강보험공단에 지원하며 국가와 지방자치단체는 의료급여수급권자의 장기요양급여비용, 의사소견서 발급비용, 방문간호지시서 발급비용 중 국민건강보험공단이 부담하는 비용 및 관리운영비의 전액을 부담하고 있다.

③ 장기요양위원회의 설치

장기요양위원은 16인 이상 22인 이하로 구성을 하고, 위원장은 보건복지부 차관이 되고, 부위원장은 위원 중에서 위원장이 지명을 한다.

장기요양요원

(「노인장기요양보험법 시행령」 제11조 장기요양급여 종류별 장기요양요원의 범위)

- 장기요양기관에 소속되어 있으며, 장기요양대상자에게 신체활동 또는 가사활동지원 등의 서비스를 제공하는 자를 말한다.
- 요양보호사를 방문요양과 방문목욕의 장기요양요원으로 한다.
- 다음의 사람을 방문간호의 장기요양요원으로 한다.
  - 간호사로서 2년 이상의 간호 업무 경력이 있는 자
  - 간호조무사 중 3년 이상의 간호보조 업무 경력이 있는 자로서 보건복지부장관이 지정한 교육기관에서 소정의 교육을 이수한 자. 이 경우 교육기관 지정 기준 및 절차 등 교육에 필요한 사항은 보건복지부장관이 정한다.
  - 치과 위생사

2 장기요양서비스 이용 지원

장기요양서비스를 이용하고자 하는 노인이나 그 가족은 먼저 국민건강보험공단의 해당 양식에 따라 장기요양인정 신청을 해야 한다. 그러면 국민건강보험공단은 인정조사 등을 통해 등급을 판정하고, 등급판정을 받은 대상자는 다음과 같이 장기요양서비스를 이용할 수 있다.

(1) 장기요양서비스 이용 절차

① 서비스신청접수 및 방문상담

대상자가 장기요양서비스를 이용하기 위해서는 먼저 장기요양기관을 방문하거나 전화로 상담을 받는다. 장기요양기관은 대상자 또는 가족이 장기요양서비스를 신청하면 상담을 통해 해당 기관 서비스를 제공할 수 있는지를 판단한다. 장기요양서비스를 이용하고자 할 때는 장기요양인정서와 표준장기요양이용계획서가 필요하다.

② 서비스 제공계획 수립

대상자 및 가족이 서비스를 신청하면 장기요양기관은 먼저 가정을 방문하여 대상자의 기능상태평가와 욕구평가를 하고, 평가 내용을 바탕으로 서비스의 목표를 설정하고 구체적인 서비스의 내용과 횟수, 비용을 결정한다. 서비스 제공 계획을 수립할 때는 국민건강보험공단이 작성한 표준장기요양이용계획서를 바탕으로 한다.

③ 서비스 이용계약 체결

서비스 제공 계획이 수립되면 대상자와 그 가족에게 서비스 제공 계획 내용을 충분히 설명한다. 대상자와 가족이 서비스 제공 계획에 동의를 하면 서비스 이용 계약을 체결한다. 서비스 이용 계약을 체결할 때는 반드시 계약서 내용을 꼼꼼히 확인하고 서명해야 한다.

④ 서비스 제공

서비스 이용 계약이 체결되면 장기요양기관은 대상자에게 서비스 제공계획서를 바탕으로 서비스를 제공한다. 요양보호사는 서비스 제공 계획서에 기입되어 있는 대상자의 주요 기능상태와 욕구 등을 명확히 인식하고 서비스 내용과 시간, 방법 등을 파악하여 서비스를 제공한다.

⑤ 모니터링실시 / 서비스 종료 혹은 계속

대상자 및 가족에게 만족스러운 서비스가 제공되고 있는지, 새로운 변화가 발생했는지 등에 대해 모니터링한다. 장기요양기관은 이러한 모니터링 결과에 따라서 서비스 제공 계획을 수정할 수도 있다.

장기요양인정을 신청할 때는 필요사항

- 장기요양인정신청서
- 개인정보 이용 및 제공
- 사전 동의서
- 신청자의 신분증
- 대리인이 신청할 경우는 대리인의 신분증 등이 필요하다.

3 노인장기요양 등급외자 지원사업

(1) 노인보건복지사업의 연계

노인장기요양보험 인정신청을 하였으나 등급판정을 받지 못한 대상자를 노인장기요양 등급외자라 한다. 등급외자 역시 장기요양인정조사표의 등급 판정점수에 따라 등급외 A, B, C로 분류된다.

노인장기요양 등급외자는 지역사회에서 노인보건복지사업의 대상자로 다양한 서비스를 지원받을 수 있다. 서비스가 필요한 등급외자에게 노인돌봄기본서비스, 노인돌봄종합서비스, 노인복지관 및 사회복지관 서비스를 지자체에서 제공한다.

(2) 국민건강보험공단 사업연계

국민건강보험공단은 건강증진서비스를 보완하기 위해 장기요양

등급외자는 물론 해당 서비스가 필요한 노인에게 만성질환자 사례관리사업, 노인건강관리사업을 운영한다.

① 만성질환자 사례관리사업 : 고혈압, 당뇨, 관절염 등 만성질환이 있는 등급외자와 서비스가 필요한 노인을 대상으로 건강관리, 의료이용에 관한 정보 제공, 생활습관 개선 등의 상담서비스 제공한다.

② 노인건강관리사업 : 등급외자와 필요 노인에게 노인체조, 게이트볼, 스트레칭, 생활댄스, 탁구 등을 경로당, 마을회관, 운동경기장, 공원 등에서 운영한다.

4 선진국의 장기요양보험제도

✣ 외국의 장기요양

나라 구분	독일	일본	스웨덴	영국	미국
제도명	수발보험 (pflege)	개호보험 (介護)	의료보장일부	국가보건서비스	
도입	요양보험형으로 1995년 4월 장기요양보험 제도 시행	요양보험형으로 2000년 4월 공적개호보험 시행	요양보장으로 지방정부의 노인요양시설 내에서 서비스제공	요양보장형으로 병원 장기입원병동 축소, 민간요양시설 확대로 서비스 급여실시	• 간병서비스 • 주정부의 저소득한정 장기요양서비스제공 (재가중심의 MCP.)
관리체계	사회보험방식	사회보험방식	일반 조세방식 (시 · 군 · 구)	일반 조세방식 (시 · 군 · 구)	민간장기요양 보험 방식
급여대상	• 6개월 이상 요양 필요한 국민 (연령제한 없음) • 1~3등급 구분	• 65세 이상 노인(1호) • 노인성 질환(2호) • 1~5등급, 요지원 구분	• 65세 이상 • 저소득 • 거동 불편자	• 남성 65세 이상 • 여성 60세 이상	

(계속)

구분 \ 나라	독일	일본	스웨덴	영국	미국
재원조달	• 보험료 =100% • 본인부담 =숙박, 식비	• 보험료 = 45% • 정부지원 = 45% • 본인=10%	정부보조금 (대부분) 및 본인부담금	• 국가보건서비스재원 • 본인부담금 =2%	
보험료 부과	• 근로자와 노사 각 = 50% • 자영자 = 100% • 연금자 = 본인 연금보험자	• 근로자와 노사 각= 50% • 자영자 = 본인 50%, 정부50%			
서비스 종류 및 급여형태	• 재가서비스(단기, 주야간, 요양 등) • 시설보호(노인집합주택, 요양홈, 노인종합시설 등) • 현물 및 현금방식(80% 수준)	• 재가서비스(방문개호, 주·단기보호 등) • 시설보호(특별양로노인홈, 노인보건시설, 요양병동 등) • 현물방식(예외로 현금인정)	• 재가서비스 • 시설보호 (양로원, 그룹홈, 요양원, 노인병원 등) • 현물방식	• 재가서비스 • 시설보호 (노인 홈, 노인보호주택, 요양원 등) • 현물 및 현금 혼용	

❖ 선진국의 장기요양보험제도

제공방식	국이
제정방식(국가+지방자치단체)	영국, 호주, 스웨덴, 노르웨이
사회보험방식	독일, 일본, 네덜란드, 룩셈부르크
건강보험의 급여 일종으로 제공하는 방식	미국, 캐나다

용어정리

- 수발보험 : 독일에서 시작된 보험 · 수발보험은 평균수명의 연장과 중증장애인의 증가에 대처하기 위해 1995년 의료보험과 연계하여 시행되고 있다. 수발 및 수발에 드는 전문요원에 대한 모든 경비를 보험이 남당한다.
- 개호보험 : 노인요양서비스만을 전담하는 새로운 사회보험을 만들고, 일반기업이나 시민 단체들이 노인요양서비스 제공의 주체로 참여하는 일본의 보험제도
- 기초노령연금 : 65세 이상의 전체 노인 중 소득과 재산이 적은 노인에게 매달 일정액의 연금을 지급하는 제도. 평생 국가의 발전과 자녀들 양육에 헌신하느라 자신의 노후를 대비할 겨를이 없었던 노인들의 생활안정에 도움을 주도록 마련된 제도이다.

참고문헌

강희갑(2006). 사회복지법제론, 양서원.
고용노동부(2019). 한권으로 통하는 2019 고용노동정책.
곽윤직(1990). 민법총칙, 박영사.
곽효문(2000). 사회복지법제론, 제일법규.
구병삭(1985). 헌법학원론, 박영사.
구자헌(1984). 헌법사회복지사, 홍익제.
국가법령정보센터(2019). www.law.go.kr
권영성(1994). 헌법학원론, 법문사.
김경동(1983). 현대사회학의 쟁점, 법문사.
김근조(2000). 사회복지법제론, 광은기획.
김기원(2002). 사회복지법론, 나눔의 집.
김남진(1979). 행정법의 법원, 고시계.
김남진(1994). 행정법 I, 법문사.
김도창(1996). 행정법론, 청운사.
김만두(1993). 사회복지법제론, 대학출판사.
김상규 외(1982). 사회복지론, 형설출판사.
김수정(2017). 사회복지법제론, 학지사.
김영모(1988). 현대사회문제론, 한국복지정책연구소.
김영모(1990). 한국노인복지정책연구, 한국복지정책연구소.
김유성(1999). 한국사회보장법론, 법문사.
김윤재(2005). 최신사회문제론, 유풍출판사.
김윤재(2008). EBS 사회복지법제론, 와이드프로.
김철수(1994). 헌법학개론, 나남출판사.
김철용(1978). 행정법의 불문법원, 월간고시(4).
김태현(1994). 노년학, 교문사.
김훈(2006). 사회복지법제론, 학지사.
나무위키(2019). https://namu.wiki 한밭대학교 강의자료 참조.
남기민 · 홍성로(2014). 사회복지법제론, 공동체.

남세진 외(1996). 한국사회복지론, 나남출판사.
네이버지식백과(2019). https://terms.naver.com
노기남(2016). 사회복지법제론, 동문사.
다음백과(2019). http://100.daum.net
마지아루(2019). 북한인권법의 발전과정 및 내용분석. 서울대학교 국제대학원 석사학위논문. 10~12.
문홍주(1975). 한국헌법, 해암사.
박상필(1993). 한국노동법, 대왕사.
박석돈(1994). 사회복지서비스법, 도서출판 명인.
박송규(1998). 사회복지법론, 한국법제연구원.
박승두(1996). 사회보장법, 중앙경제사.
박종국(1997). 행정법이론, 진명문화사.
박종삼(1989). 교정사회사업가의 역할. 사회복지전달체계와 사회복지사의 역할, 한국사회사업(복지)대학협의회 편. 한국복지정책연구소출판부.
박홍규 · 권기홍(1998). 사회정책. 사회보장법, 삼영사.
보건복지부(2019). 요양보호사양성표준교재. 39.
_________(2019). 2019년 기준 중위소득 및 생계·의료급여 선정기준과 최저보장수준.
삼육대학교원격평생교육원(2014). 사회복지법제론. 강의자료.
세계인권선언문 제1조.
손준규(1983). 사회보장. 사회개발, 집문당.
신섭중 외(1993). 한국사회복지법제개설, 대학출판사.
신섭중 외(1996). 한국사회복지법제개설, 홍익제.
신수식(1981). 사회보장론, 박영사.
양건(1986). 법사회학, 민음사.
윤찬영(2001). 사회복지법제론, 나남출판사.
윤찬영(2017). 사회복지법제론, 나남.
이두복 외(1991). 빈곤론, 나남출판사.
이두복 외(1992). 국민의료보장론, 나남출판사.
이상광(1988). 사회법, 박영사.
이영준(1989). 민법총칙, 박영사.
이재휘(1988). 사회복지행정론, 홍이제.
이항녕 외(1978). 법률학 대사전, 문성각.

인경석(1999). 한국복지국가의 이상과 현실, 나남출판사.
임완섭 · 노대명 · 이현주 · 전지현 · 김근혜 · 심창학 · 황정하 · 최연혁(2015). 각국 공공부조제도 비교연구: 미국편. 한국보건사회연구원.
장동일(1997). 사회복지법의 이해, 학문사.
장인협 외(1987). 노인복지학, 서울대학교출판부.
전광석(1997). 한국사회보장법론, 법문사.
전광석(2003). 한국사회보장법론, 법문사.
주정일 외(1997). 아동복지학, 교문사.
주정일 외(1997). 참여연대 사회복지특별위원회, 사회복지학교자료집.
최일섭 · 류진석(2003). 지역사회복지론, 서울대출판부.
최종고(1991). 법학통론, 박영사.
허영(2001). 헌법이론과 헌법, 박영사.
허영민(1994). 법학개론, 박영사.
현외성(2001). 한국사회복지법제론, 양서원.
현외성(2009). 사회복지법제론, 공동체.

Alber, M. & Asquith, S.(1981). *Discretion and Welfare*. H. E. B.
Alock, P. & Harris, P.(1982). *Welfare Law and Order*. Macmillan.
Bean, P. et al.(1985). *In Defence of Welfare*. Tavistock Publications.
Borgatta, E. f. & Borgatta, M. L.(1992). *Encyclopedia of Sociology*. Macmillan.
Calvert, H.(1978). *Social Security Law*. 2nd ed. Sweet & Maxwell.
Carrier, J. & Kendall, I.(1992). "Law, and the Social Division of Welfare." *International Journal of the Sociology of Law*, Vol. 20.
Dean, Hartley(1996). *Welfare, Law and Citizenship*. Prentice Hall/ Harvester Wheatsheaf.
Dickson, Donals.(Jul 1976). Law in Social Work: Impact of Due Process. *Social Work* 21.
Dunn, W. N.(1988). 이대희 역. 정책분석론, 대영문화사.
Fink, H.(1983). 김현일 역. 사회철학입문, 풀빛.
Foster, H. H.(1964). *Social Work, the Law and Social Action*. Social Casework.
Frazer, D.(1984). *The Evolution of the Welfare State*. 2nd ed. Macmillan.

Friedlander, W. A. & Apte, R. Z.(1980). *Introduction to Social Welfare*. 5th ed. Prentice-Hall.

George, V. & Wilding, P.(1985). *Ideology and Social Welfare*. 2nd ed. R. K. P.

Gilbert, N. et al.(1993). *Dimensions of Social welfare Policy*. 3rd ed. Prentice-Hall.

Gough, I.(1979). *The Political Economy of the Welfare State*. Macmillan.

Harris, D.(1987). *Justifying State Welfare*. Basil Blackwell.

Hindess, B.(1987). *Freedom, Equality, and the Markert*. Tavistock Publications.

Johnson, H. W., ed.(1990). *The Social Services: An Introduction*. 3rd ed. F. E. Peacock Publishers.

Katkin, D.(1974). Law and Social Work: A Proposal for Interdisciplinary Education.

Kidder, R.(1983). *Connecting Law and Society*. Philadrlphia, PA: Tample University Press.

Lukton, R. C.(1978). *Social Policies, Social Services, and the Law*. Social Casework.

Marmor, T. R. & Mashaw, J. L., eds.(1988). *Social Security: Beyond the Rhetoric of Crisis*. Princeton University Press.

Marshall, T. H.(1950). *Citizenship and Social Class and Other Essays*. Cambridge University Press.

Mommsen, W. J.(1981). *The Emergence of the Welfare State in Britain and Germany*. Croom Helm.

Mullun, E.(1978). The Consrtuction of Personal Models for Effective Practice: A Method for Utilizing Research Findings to Guide Social Intervention.

Plant, R. et al.(1980). *Political Philosophy and Social Welfare*. R. K. P.

Robson, P., ed.(1992). *Welfare Law*. New York University Press.

Stone, D. A.(1988). *Policy Paradox and Political Reason*. Scott, Foresman and Co.

저자 소개

김윤재

- 안양대학교 및 동 대학원(신학)
- 한국교육개발원 학사(사회복지학)
- 한성대학교 대학원 석사(교육행정학)
- 상명대학교 대학원 박사(사회복지학)
- 현 서울한영대학교 사회복지학과 교수

임정숙

- 우석대학교 학사(경영학)
- 인하대학교 대학원 석사(사회복지학)
- 서울한영대학교 대학원 박사과정(사회복지학)
- 인천광역시 시설평가위원/사회복지시설 경력 16년
- 현 진남요양원 원장

최 선

- 총신대학교 석사(역사신학)
- 서울한영대학교 석사(통역학)
- 안양대학교 신대원 및 박사(역사신학)
- 서울한영대학교 대학원 박사과정(사회복지학)
- 현 한국열린사이버대학교 사회복지학과 특임교수

전유림

- 인천대학교 대학원 석사(사회복지학)
- 서울한영대학교 대학원 박사과정(사회복지학)
- 한국어교원자격증/유치원교원자격증
- 호별노인복지케어센터 대표
- 현 한국열린사이버대학교 사회복지학과 특임교수

사회복지법제론

초판 1쇄 인쇄 / 2019년 8월 10일
초판 1쇄 발행 / 2019년 8월 15일

•

공저자 / 김윤재 · 최 선
임정숙 · 전유림
발행인 / 이 중 수
발행처 / **동 문 사**

•

서울특별시 서대문구 홍제동 137-8
Tel : 02)736-3718(대), 736-3710, 3720
Fax : 02)736-3719
등록번호 : 1974.04.27. 제9-17호
가격 : 20,000원

•

ISBN : 979-11-6328-122-1(93330)
E-mail : dong736@naver.com
www.dongmunsa.com